高等职业学校“十四五”规划城市轨道交通专业系列教材

“十四五”职业教育交通运输类专业“双元制”规划教材

城市轨道交通安全管理

主　编　盛海洋

副主编　王志中　张建渊　梁金来　张永红

参　编　吕　佳　杨金凤　林万福

主　审　陈　萍

华中科技大学出版社

中国·武汉

内 容 提 要

本书采用校企合作的“双元制”编写方式，针对城市轨道交通工程技术、运营、交通土建岗位对安全作业的要求，根据新的专业人才培养方案及课程标准，按照实际岗位安全管理工作任务组织编写了16个学习项目，包括安全管理基础、安全文化、安全标志、安全法律法规、员工安全保障、安全事故报告与调查处理、安全系统分析与评价、安全风险管理、应急管理、运营行车安全事故预防、施工安全事故预防、消防安全事故预防、设备安全事故预防、突发事件现场应急处置、职业健康安全管理体系、安全案例分析。每个学习项目由若干个学习任务组成，并给出了项目的学习目标(包括知识目标和能力目标)、学习重点、学习难点，帮助学生掌握基本安全知识、安全技能，提高综合安全素质。

本书可作为高职院校城市轨道交通工程技术、城市轨道交通运营管理、道路桥梁工程技术、港口工程技术相关专业的学习教材，也可作为工程监理、工程管理等相关企业干部与员工的安全培训教材。

图书在版编目(CIP)数据

城市轨道交通安全管理/盛海洋主编. —武汉：华中科技大学出版社，2021.12
ISBN 978-7-5680-7308-0

Ⅰ. ①城…　Ⅱ. ①盛…　Ⅲ. ①城市铁路-交通运输安全-交通运输管理-教材　Ⅳ. ①U239.5

中国版本图书馆CIP数据核字(2021)第252961号

城市轨道交通安全管理　　盛海洋　主编
Chengshi Guidao Jiaotong Anquan Guanli

策划编辑：胡天金
责任编辑：陈　骏
封面设计：原色设计
责任校对：李　琴
责任监印：朱　玢
出版发行：华中科技大学出版社(中国·武汉)　电话：(027)81321913
　　　　　武汉市东湖新技术开发区华工科技园　邮编：430223
录　　排：华中科技大学惠友文印中心
印　　刷：武汉市籍缘印刷厂
开　　本：787mm×1092mm　1/16
印　　张：15.5
字　　数：417千字
版　　次：2021年12月第1版第1次印刷
定　　价：49.80元

前　　言

本书根据新的专业人才培养方案及课程标准，采用校企合作“双元制”编写方式组织编写，以实际工作任务为引领，分为16个学习项目，即安全管理基础、安全文化、安全标志、安全法律法规、员工安全保障、安全事故报告与调查处理、安全系统分析与评价、安全风险管理、应急管理、运营行车安全事故预防、施工安全事故预防、消防安全事故预防、设备安全事故预防、突发事件现场应急处置、职业健康安全管理体系、安全案例分析。每个学习项目分为若干个学习任务，并附有学习目标与要求、知识链接，配以实例和思考与练习，循序渐进、分门别类、突出重点，便于学生学习，帮助学生掌握基本安全知识、安全技能，提高综合安全素质。

通过使用手机扫描二维码，可以获得辅助学习教学短视频、教学课件等立体化教学资源包，并在智慧职教平台免费注册学习（网址：https://www.icve.com.cn/portal_new/courseinfo/courseinfo.html? courseid=0gt3ax6rmateejgzc1cnvg）。

由于本书内容涵盖轨道交通土建类相关专业，不同专业可根据专业需要选用内容。

本书由福建船政交通职业学院盛海洋，重庆建筑工程职业学院王志中、吕佳、杨金凤，甘肃交通职业技术学院张建渊，广西建设职业技术学院梁金来，江西建设职业技术学院张永红，江西现代职业技术学院邹海波，福建路港（集团）有限公司林万福共同编写，由福建省天宇安全环保技术有限公司总经理陈萍主审。

由于编者水平有限，本书难免存在不足之处，敬请读者批评指正。

编　者

前　言

[illegible]

编　者

目　　录

城市轨道交通安全管理课程标准及教案

项目 1　安全管理基础

【学习目标】

1. 知识目标

(1)掌握安全管理的基本概念和基础知识。

(2)了解安全管理的方针。

(3)熟悉安全生产五要素及其相互关系。

(4)熟悉城市轨道交通危险源及风险控制。

(5)了解现代安全生产管理理论。

(6)了解安全管理在工程建设中的地位。

(7)了解城市轨道交通安全的特性。

(8)了解安全生产管理的发展和进步。

安全管理
基础课件

2. 能力目标

(1)能够理解安全管理的基本概念和基础知识。

(2)能够识别城市轨道交通危险源及运用风险控制方法。

(3)能够理解现代安全生产管理理论分析方法。

【学习重点】

安全管理基本概念;安全管理的方针;安全生产五要素及其相互关系;城市轨道交通危险源及风险控制;安全科学理论发展的三个阶段。

【学习难点】

城市轨道交通危险源及风险控制;轨迹交叉理论。

交通运输业的生产活动危险性大,不安全因素多,是事故多发行业之一。城市轨道交通作为公众出行的主要交通工具之一,一旦发生故障或安全事故,影响范围大,后果严重,因此城市轨道交通土建类施工与运营安全是企业各类人员关注与控制的重点。

近几年,我国交通运输业的安全事故死亡率仅次于采矿业,损失巨大,令人痛心。虽然国家强制实行了一系列安全管理法律法规和制度,对建筑市场实行严格的准入控制,并进一步加强了对城市轨道交通土建类施工现场的生产安全检查力度,但伤亡事故仍然时有发生。随着社会经济的持续发展,人民生活水平的不断提高,城市轨道交通土建类企业乃至全社会都对工程建设过程中的安全管理水平提出了越来越高的要求,传统管理模式已经无法适应时代要求。因此,树立新的安全管理理念,建立新的符合城市轨道交通土建类管理规律和项目管理特点的安全管理模式势在必行,以最大限度地减少或杜绝安全事故,如图 1-1 所示。

学习任务 1　安全生产形势

1. 新中国成立后的四次事故高峰

第一次事故高峰出现在社会主义全面建设时期(1956—1966 年)。1958 年以后,由于强调大搞群众运动,生产中的冒险、蛮干、瞎指挥风逐渐盛行,一些行之有效的规章制度受到破坏,

安全在工程建设中的地位视频

图 1-1 安全责任重在落实

工伤事故率开始大幅上升。1960 年出现了第一次事故高峰，即 1960 年大同矿务局“5.9”特大煤尘爆炸事故造成 682 人死亡，伤亡率高达 1.1‰，第二次事故高峰出现在 1966—1976 年。1972 年事故伤亡人数约 6 万人，伤亡率高达 1.18‰。第三次事故高峰出现在 1986 年实行企业承包租赁经营管理形式后。企业内部安全管理失控。第四次事故高峰出现在国有企业实行第二轮承包，1992—1993 年第一轮工业改革时期后。出现诸多影响企业安全生产的问题：企业安全生产投入不足；国家对企业的政策由拨款改为贷款；企业间“三角债”制约企业发展；工资欠发，职工情绪不稳定。这些问题给安全生产带来严重威胁，于 1994 年出现第四次事故高峰。这次事故来势之猛、规模之大、破坏力之强，是历史罕见的，此次事故数据与 1991 年的数据相比，增幅达 37.97%。

2. 20 世纪 90 年代以来的基本情况

(1)20 世纪 90 年代，全国各类事故每年死亡人数大约为 10 万人，死亡 10 人以上的重特大伤亡事故平均每年约发生 100 起，1999 年和 2000 年分别高达 141 起和 122 起(第五次事故高峰期)。

(2)近几年一次死亡百人以上的特大事故时有发生，安全形势严峻。

案例：2002 年 4 月 15 日，中国国际航空公司 CA129 北京-釜山航班在韩国庆尚南道金海市坠毁，确定死亡人数为 122 人，失踪 6 人。2002 年 6 月 20 日，黑龙江省鸡西城子河煤矿西二采区发生特大瓦斯爆炸事故，115 人遇难。2003 年 12 月 23 日，由中国石油四川石油管理局川东钻探公司钻井二公司川钻 12 队承钻的中国石油天然气股份公司川东北气矿罗家 16H 井发生井喷事故，造成243人死亡，就诊病人累计1.4万余人，撤离群众6万余人。2004年11月23日，沙河5家铁矿发生特大火灾事故，造成116名矿工死亡。2004年11月28日，陕西省铜川矿务局陈家山煤矿发生瓦斯爆炸事故，166人遇难。

(3)2001年全国共发生各类事故1000629起，死亡130491人。

(4)2002年全国共发生各类事故1073434起，死亡139393人(平均每天约382人、每小时约16人、每4分钟约1人)。

(5)因生产安全事故造成的损失巨大。我国每年仅生产安全事故造成的直接经济损失经初步测算在1000亿元以上，加上间接损失高达2000多亿元，总损失约占GDP的2.5%，相当于一年损失了一个三峡工程。

(6)职业危害严重是安全管理形势严峻的另一个突出表现。据有关资料统计，全国约有50多万个厂矿存在不同程度的职业危害，实际接触粉尘、毒物和噪声等职业危害因素的职工达2500万人。以尘害为例，目前全国尘肺病患者累计达50万人。近十年来，平均每年新增尘肺病患者约1000人。

此外，无论从接触职业危害人数，还是从职业病患者累积数量、死亡数量和新发现病人数量来看，我国目前都位居世界首位。我国目前共有各类矿山企业15万个，其中煤矿近3万个，其余为非煤矿山，小型矿山占矿山总数的98%以上。我国矿山每年因事故死亡人数目前也位居世界首位。

随着社会经济建设的不断发展繁荣，城市轨道建设规模持续增长。与此同时，由于建筑项目露天作业时间长，环境复杂多变，作业工艺种类繁多、作业量大、劳动密集交叉等危险有害因素多等，安全生产问题一直是施工企业管理的突出焦点。如施工管理手段落后、从业人员素质偏低、生产投入不足、生产技术的管理落后于市场发展、安全保障能力低、环境保护意识差等，都严重制约了行业的健康发展，特别是一些重大生产安全事故频发，给人民生命和财产安全造成重大损失。事故发生的原因主要如下。

①人的不安全行为是酿成事故的直接原因，例如错误操作(启动操作不给信号、忘记关设备)、冒险进入危险场所、未使用防护用品等。

②物(设备)的不安全状态和不良的生产环境，也是造成事故的直接原因。对土建施工行业来说，“物”包括施工过程中所涉及的设备、材料、半成品、燃料、施工机械机具、设施等。如设备、设施、工具、附件有缺陷，生产场地环境不良等，都会造成事故发生。

③安全意识淡薄是事故的重要原因。在工程施工过程中，生产安全事故往往发生在安全意识淡薄的人身上，由于其安全意识差，工作时盲目蛮干、麻痹大意、心存侥幸、图省事等，酿成悲惨事故。特别是如果领导对安全工作的重视不够，员工的安全意识淡薄，因违章指挥、违章操作、违反劳动纪律而造成的安全事故更多。

④安全管理基础薄弱，是事故发生的主要原因。由于一些人安全意识淡薄，重效益、轻安全，致使全生产基础工作做得不到位，安全生产投入严重不足，安全培训教育流于形式，施工现场管理混乱，安全防护不符合标准要求。“三违”现象时有发生的诸多原因最终可追溯为安全管理模式跟不上时代发展。

历史上代价重大的十大安全事故介绍

学习任务 2 安全管理基础知识

安全管理基础知识视频

一、安全生产基本概念

1. 安全

安全:指没有受到威胁,没有危险、危害、损失,人类与生存环境资源和谐相处,互相不伤害,不存在危险、危害的隐患,免除了不可接受的损害风险的状态。安全是在人类生产过程中,将系统的运行状态对人类的生命、财产、环境可能产生的损害控制在人类接受范围内的状态。

2. 安全生产、安全生产管理

安全生产:指在生产经营活动中,为了避免造成人员伤害和财产损失的事故而采取相应的事故预防和控制措施,使生产过程在符合规定的条件下进行。安全生产是指以保证从业人员的人身安全与健康,保证设备和设施免遭破坏,保证生产经营活动顺利进行的相关活动。

安全生产管理:指对安全生产工作进行的管理和控制。企业主管部门是企业经济及生产活动的管理机关,按照“管生产同时管理安全”的原则,在组织本部门、本行业的经济和生产工作中,同时也负责安全生产管理。企业主管部门组织督促所属企业事业单位贯彻安全生产方针、政策、法规、标准,根据本部门、本行业的特点制定相应的管理法规和技术法规,并向劳动安全监察部门备案,依法履行管理职能。

3. 事故、安全事故

事故:指造成死亡、疾病、伤害、损坏或者其他损失的意外情况。

安全事故:指生产经营单位在生产经营活动(包括与生产经营有关的活动)中突然发生的,威胁人身安全和健康,或者损坏设备设施,或者造成经济损失的,导致原生产经营活动(包括与生产经营活动有关的活动)暂时中止或永远终止的意外事件。

4. 危险、风险

危险:指某一系统、产品、设备的内部和外部的一种潜在的状态,其发生可能造成人员伤害、职业病、财产损失、作业环境破坏,以及一些机械类的危害。

风险:指危险发生的可能性与后果的严重程度的度量。

5. 危险源、重大危险源

危险源:指可能导致人员伤害或疾病、物质财产损失、工作环境破坏等的因素。

重大危险源:指长期地或临时地生产、加工、搬运、使用或储存危险物质,且危险物质的数量等于或超过临界量的单元。重大危险源安全警示牌如图 1-12 所示。

6. 职业病、职业病危害因素

职业病:指企业、事业单位和个体经济组织等用人单位的劳动者在职业活动中,因接触粉尘、放射性物质和其他有毒、有害物质等因素而引起的疾病。各国法律都有对职业病预防的规定,一般来说,凡是符合法律规定的疾病才能称为职业病。

职业病危害因素:在生产过程、劳动过程、作业环境中存在的危害劳动者健康的,可能导致职业病的因素。

7. 职业安全卫生、劳动保护

职业安全卫生:指为了保证劳动者在劳动、生产过程中的安全、健康,在改善劳动条件、预

图 1-12 重大危险源安全警示牌

防工伤事故及职业病,实现劳逸结合和为女职工、未成年人提供特殊保护等方面所采取的各种组织措施和技术措施的总称。

劳动保护:国家和单位为保证劳动者在劳动生产过程中的安全和健康所采取的立法、组织和技术措施的总称。

二、安全生产的要素和方针

1. 安全生产的要素

安全文化、安全法制、安全责任、安全科技、安全投入是保障安全生产的五个要素。

2. 安全生产的方针

《中华人民共和国安全生产法》第三条规定:“安全生产工作应当以人为本,坚持安全发展,坚持安全第一、预防为主、综合治理的方针,强化和落实生产经营单位的主体责任,建立生产经营单位负责、职工参与、政府监管、行业自律和社会监督的机制。”“安全第一、预防为主、综合治理”是现阶段我国安全生产管理方针,如图 1-13 所示。

图 1-13 安全生产的方针

三、安全生产监督管理

安全生产监管，即安全生产监督管理，包括对生产型企业、服务型企业的安全生产活动进行监督管理，是各级安全生产监督管理部门的职责。

我国目前实行的是国家监察、地方监管、企业负责的安全工作体制。在国家与行政管理部门之间，实行综合监管和行业监管；在中央政府与地方政府之间，实行国家监察与地方监管；在政府与企业之间，实行政府监管与企业管理。

四、对城市轨道交通安全的认识

1. 安全的普遍性

(1)安全的系统性。对于城市轨道交通这样的开放系统，安全既受内部因素的制约，又受外部环境的干扰。研究和解决安全问题应从系统观点出发，运用系统工程方法进行综合治理。

(2)安全的相对性。安全是相对的，系统发生事故的可能性始终存在，要树立预防事故、防患于未然的思想。

(3)安全的依附性。安全不能脱离具体的生产过程而独立存在，安全是生产的基础和保障，正常有序的生产活动同系统的安全运行和管理是不可分割的。

(4)安全的间接效益性。安全投入所产生的经济和社会效益都是间接的、无形的和难以定量计算的。

(5)安全的长期性。安全问题不是一朝一夕的问题，是长期存在的，解决安全问题需要长期不懈、始终如一地努力。

(6)安全的艰巨性。高技术伴随高风险，随着技术发展和系统日益复杂，事故后果越来越严重，安全工作的任务相当艰巨。

2. 安全的特殊性

(1)安全的动态性。车辆在固定轨道上定向运动，是城市轨道交通最显著的特点，没有车辆的移动，也就没有行车安全问题。

(2)事故后果的严重性。城市轨道交通行车密度大，且行车速度较高，一旦发生事故，不仅会造成巨大的财产损失和人员伤亡，而且造成的社会影响严重性难以估量。

(3)安全对管理的依赖性。城市轨道交通运输生产过程是由多部门和多工种联合作业、协同动作、经过多个环节完成的，涉及设备数量庞大、种类繁多，是复杂的人机动态系统。这样庞大的人机动态系统的安全运行，离不开管理的协调作用。

(4)安全的复杂性。安全受外部环境的影响很大。城市轨道交通运输是在一个开放的环境中进行的，其过程有较大的空间位移和较长的时间延续，自然环境及社会环境均会对运输安全造成影响，而且难以预测和控制。因此城市轨道交通运输环境安全综合治理涉及面广，难度大，具有复杂性。

3. 人员安全素质

人员安全素质是指人员所具有的影响安全工作的各种要素，主要包括生理素质、心理素质、技术素质、思想素质和群体素质。

五、影响城市轨道交通安全的因素

1. 人的影响因素

人的影响因素，应从行车系统人员、客运服务人员、设备检修及维护人员、安全管理人员及系统外人员(如乘客)分别进行分析。对系统内人员，从思想素质、技术业务素质、生理素质、心理素质和群体素质等方面进行详细分析；对系统外人员，从引发城市轨道交通突发事件的因素进行分析，如未遵守乘客守则、人为故意破坏以及无应急技能等。

2. 设备的影响因素

对于设备的影响因素，可从具体设备和总体设备两方面进行分析。具体设备应从可靠性、先进性、操作性和维修方便性等方面衡量其设计的安全性，从运行时间、故障及维修保养方面确定其使用的安全性。总体设备则从设备的布局、配合性、作业能力和固定资产含量等方面分析安全性。

3. 环境的影响因素

环境的影响因素可从内部环境和外部环境分别进行分析。内部环境着重从作业环境(温度、湿度、照明、噪声和振动等)和内部社会环境进行分析，外部环境着重从自然环境(地理、气候、季节和自然灾害等)和外部社会环境(政治、经济、技术、社会治安、家庭、法律和管理等)进行分析。自然灾害(如台风、水灾和地震等)会对城市轨道交通运营安全构成极大威胁，如防控不当会遭到严重破坏。外部社会环境，如社会治安(恐怖事件、人为故意破坏等)、人们的法律意识(安全守则的遵守、设备的维护和正确使用)等，在很大程度上也对城市轨道交通运营安全造成影响。

4. 管理水平

一般而言，管理水平在一定程度上影响着城市轨道交通系统的安全水平。管理是对人、设备、环境的综合控制和协调。如果管理存在缺陷，同样会导致事故的发生。按照社会接受范围内的安全水平，可将系统状态分为正常状态、近事故状态和事故状态。系统无论处于哪种状态，都可将系统状态的数据反馈给管理系统，管理系统便可通过管理改变系统行为，并产生不同程度的安全接受水平和系统状态。系统状态数据还可用于改进系统安全管理方法，从而得到更为安全的系统，由此可看出管理的重要性。对管理因素而言，主要从组织管理、制度管理、技术管理、教育管理、信息管理和资金管理等方面进行分析。

六、城市轨道交通施工危险源及风险控制

城市轨道交通施工危险源及风险控制包括以下内容。

(1)未征得同意，擅自进入轨行区施工，可能会造成人员伤亡。风险控制：在屏蔽门上张贴一些温馨提示；严格执行施工管理规定中轨行区施工作业的有关条款；对车站加强巡视，掌握施工动态；启动人员进入隧道应急处理程序。

(2)隧道区间施工时，防护设置不规范或未设防护，可能会造成人员伤亡。风险控制：严格执行施工管理规定中轨行区施工作业防护设置的有关条款；对车站进行防护确认并加强巡视，掌握施工动态。

(3)隧道区间施工后，延期销点，可能会影响运营。风险控制：严格执行施工管理规定中销点的有关条款；对车站进行监控，如发现此种情况，立即上报控制中心。

(4)隧道区间施工后，人员、设备没有出清线路就销点，可能会发生刷坏列车或碰伤人员的

事故。风险控制：严格执行施工管理规定中销点的有关条款；对车站进行监控，如发现此种情况，立即上报控制中心；启动乘客进入隧道应急处理程序。

学习任务3 现代安全生产管理理论

安全生产管理发展和进步视频

一、安全生产管理发展和进步

1. 古代的安全防灾

早在六七千年前，半坡氏族就知道在自己居住的村落周围开挖沟壕来抵御野兽的袭击。公元七八世纪，我们的祖先就认识了毒气，并提出测知方法。1637年，宋应星编著的《天工开物》一书中，详尽记载了处理矿内瓦斯和顶板的安全技术。防火技术是人类最早的安全技术之一。

古代人类的安全方略包括：居安要思危；长治能久安；有备才无患；防微才能杜渐；未雨也绸缪；亡羊须补牢；曲突且徙薪。

2. 人类安全法规的起源与发展

(1)人类最早的工业法规。

根据有关专家的考证，人类最早的安全法规出自早期工业最发达的国家——英国，其代表法规是《工厂学徒的健康与道德法》(1802年)。

(2)人类最早的交通安全法规。

据考证，世界上最早的交通法规是美国交通学专家威廉·菲尔普斯·伊诺制定的《驾车的规则》。

(3)我国交通安全法规的演变。

1943年，由南京国民政府内务部统一制定了《陆上交通规则》，是我国第一部正式的交通法。1955年我国颁布了《城市道路交通规则》，1988年8月1日开始实施《中华人民共和国道路交通管理条例》。2003年10月28日第十届全国人民代表大会常务委员会第五次会议通过《中华人民共和国道路交通安全法》(主席令第8号，以下简称《道路交通安全法》)，并于2004年5月1日起正式施行。

3. 近代安全科学技术的起源与发展

20世纪70年代，安全科学问世。1990年第一届世界安全科学大会在德国科隆召开。目前，我国已成立了中国劳动保护科学技术学会、中国灾害防御协会、中国消防协会等与安全科学技术相关的研究团体，专门从事安全科学技术的院所达40余所。我国全国安全生产的法律法规和规章共有100多部，标准近500项。

1956年5月25日，周总理亲自主持制定了著名的三大规程，即《工厂安全卫生规程》《建筑安装工程安全技术规程》《工人职员伤亡事故报告规程》。于2002年6月29日闭会的第九届全国人大常委会上《中华人民共和国安全生产法》(以下简称《安全生产法》)获得表决通过，国家主席江泽民签署第70号主席令予以公布，该法于2002年11月1日起正式实施。2003年3月安全生产监督管理局成为国务院直属机构。

我国安全生产的工作思路为抓好“三件大事”、建立“五个支撑体系”、推进“五项创新”。“三件大事”：第一，依据国家赋予的基本职能，进一步完善工作机制；第二，切实加强安全监管和安全监察执法队伍建设；第三，以贯彻《安全生产法》为契机，推动安全生产法制建设。“五个支撑体系”:安全生产法律体系、安全信息工程体系、安全技术保障体系、宣传教育培训体系、特大事故应急救援体系。“五项创新”:思维定式的创新、事故防范机制的创新、安全生产监管手段的创新、非公有制企业安全监管方式的创新、安全生产科技的创新。

4. 安全科学理论发展的三个阶段

(1)经验阶段。从工业社会到 20 世纪 50 年代,主要发展了事故学理论。

(2)预测阶段。20 世纪 50—80 年代,发展了危险分析与风险控制理论。

(3)综合阶段。从 20 世纪 90 年代以来,现代安全科学原理正在不断发展和完善。

5. 人类安全哲学的发展进程

人类安全哲学的发展进程见表 1-1。

表 1-1　人类安全哲学的发展进程

阶段	时　代	技术特征	认识论	方法论
1	工业革命前	农业、畜牧业及手工业	听天由命	无能为力
2	17—20 世纪初	蒸汽机时代	局部安全	亡羊补牢、事后型
3	20 世纪初至 20 世纪 50 年代	电气化时代	本质安全	预防型
4	20 世纪 50 年代至 90 年代	宇航技术	系统安全	系统工程
5	20 世纪 90 年代以来	信息化时代	大安全观	安全管理模式

二、现代安全生产管理理论

1. 事故致因理论

(1)事故致因理论的发展过程。

20 世纪 50 年代以前,一切以机器为中心,工人是机器的附属和奴隶。1939 年英国人法默提出了事故频发倾向的概念,其基本观点是:从事同样的工作和在同样的工作环境下,某些人比其他人更易发生事故,这些人即为事故倾向者。1936 年美国人海因里希提出了事故因果连锁理论,认为伤害事故的发生是一连串的事件按一定因果关系依次发生的结果。1949 年,葛登提出了流行病学方法论,即对于事故,一要考虑人的因素,二要考虑环境的因素,三要考虑引起事故的媒介。1961 年,吉布森提出能量释放理论。1969 年,瑟利提出了瑟利模型,以人对信息的处理过程为基础描述了事故发生的因果关系。20 世纪 80 年代初期,人们提出了轨迹交叉理论,认为事故的发生不外乎是人的不安全行为和物的不安全状态两大因素综合作用的结果,即人、物两大系列时空运动轨迹的交叉点就是事故发生的所在。

(2)事故致因理论的概念。

事故致因理论是从大量典型事故的本质原因的分析中所提炼出的事故机理和事故模型。这些机理和模型反映了事故发生的规律性,能够为事故原因的定性、定量分析,进行事故的预测预防和安全管理的改进工作,从理论上提供科学的、完整的依据。

(3)研究事故致因理论的目的。

①掌握事故发生的普遍规律。

事故包括火灾、爆炸、中毒、机械伤害、物体打击等多种类型和形式,要对每一种乃至每一起事故进行正确分析和研究,需要广泛而深厚的自然科学和社会科学知识,对于一个安全科学工作者来说,几乎是不可能做到的。然而,通过对事故普遍规律的熟练掌握运用,能够明确事故的发生源自何方，应从何处下手进行分析、研究，揭示事故发生的本质，尽快了解真相。

②为正确的安全决策提供依据。

通过对事故致因理论的研究，可以明确影响各系统安全状况的原因及主要原因，预测可能会发生的事故；也可以根据系统存在的各种危险因素数据、资料，评价事故发生可能性及事故损失大小，从而确定事故风险度大小，为最终做出正确的安全决策提供依据。

③提高企业安全管理水平。

以事故致因理论为指导，依照事故发生的普遍规律，可以明确企业安全工作的薄弱环节，采取有针对性的安全措施，提高企业的整体安全水平。在具体系统的设计、制造、试验、使用、维护等过程中，可以以事故致因理论为依据，辨识、分析、评价系统的危险因素，提高系统的安全性。安全工作以事故致因理论为指导开展，可以起到事半功倍的效果。

2. 事故因果连锁理论

(1)事故因果类型。

①连锁型。一个因素促成下一因素发生，下一因素又促成再下一因素发生，互相连锁导致事故发生，如图 1-14 所示。

②多因致果型(集中型)。多种各自独立的原因在同一时间共同导致事故的发生，如图 1-15所示。

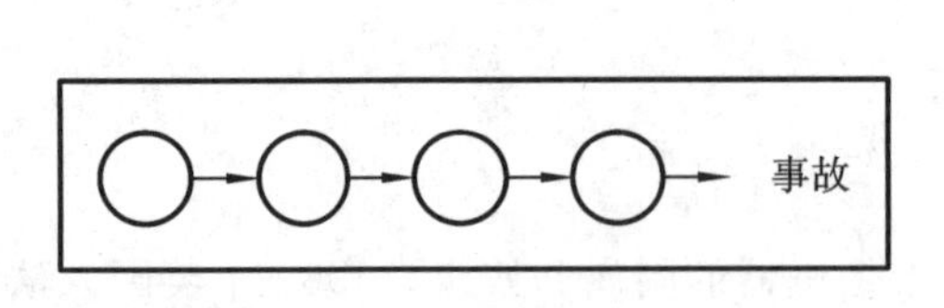

图 1-14 连锁型

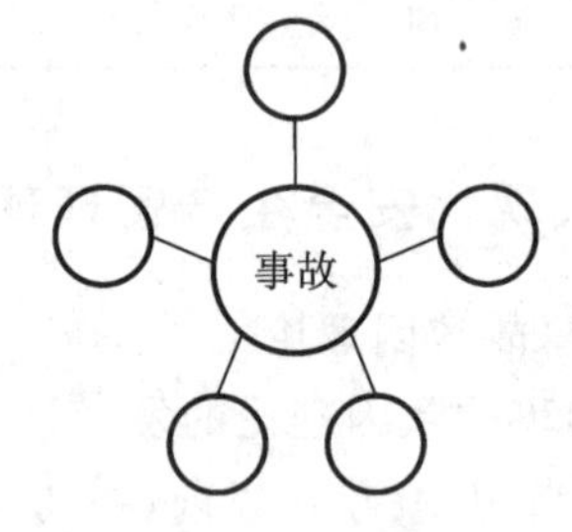

图 1-15 多因致果型

③复合型。某些因素连锁，某些因素集中，互相交叉，复合造成事故。

(2)海因里希提出的因果连锁理论。

美国工程师海因里希于 1941 年出版了《工业事故的预防》这一著作，提出了著名的多米诺骨牌事故致因理论。海因里希认为只要消除了人的不安全行为和物的不安全状态，安全就有保障。这一理论广泛应用于生产实践中，产生了巨大而深远的影响。

海因里希提出的因果连锁理论认为其过程包括如下 5 种因素，如图 1-16 所示。

①遗传及社会环境(M)。遗传及社会环境是造成人的缺点的原因。

②人的缺点(P)。即由于遗传和社会环境因素所造成的人的缺点。

③人的不安全行为和物的不安全状态(H)。这是造成事故的直接原因。

④事故(D)。即由物体、物质或放射线等对人体发生作用受到伤害的、出乎意料的、失去控制的事件。

⑤伤害(A)。即直接由事故产生的人身伤害。

该理论的积极意义在于，如果移去因果连锁中的任意一块骨牌，则连锁被破坏，事故过程中止，如图 1-17 所示。海因里希认为，企业安全工作的中心就是要移去中间的骨牌——防止人的不安全行为或消除物的不安全状态，从而中断事故连锁的进程，避免伤害的发生。

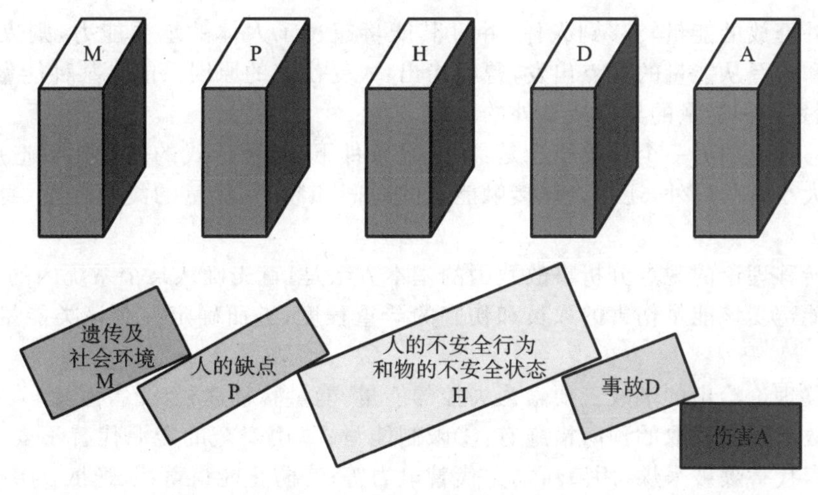

图 1-16　多米诺骨牌事故连锁过程

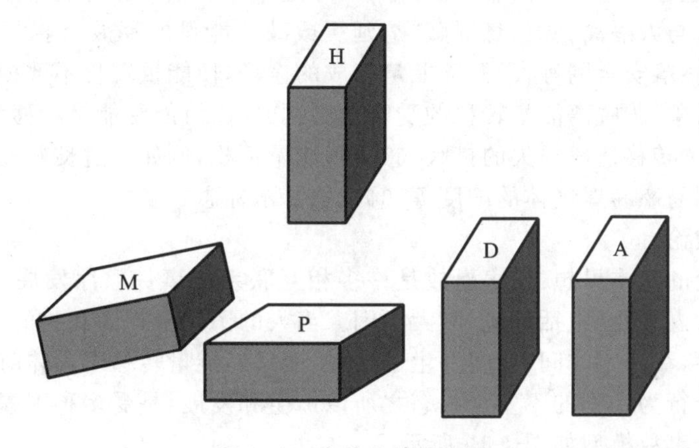

图 1-17　事故连锁被打断

3. 能量转移理论

能量转移理论认为事故是一种不正常的或不被希望的能量释放。人的不安全行为或物的不安全状态使得能量或危险物质失去了控制，是能量或危险物质释放的导火线，如图 1-18 所示。

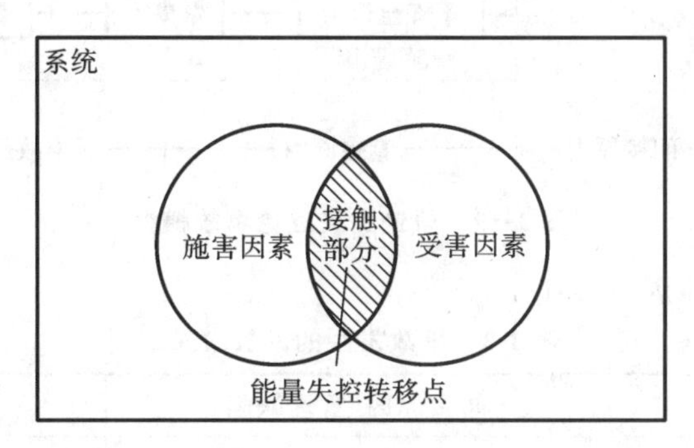

图 1-18　能量转移理论

能量转移理论的基本观点是：人类的生产活动和生活实践都离不开能源，能量在受控情况下可以做有用功，制造产品或提供服务；一旦失控，能量就会做破坏功，转移到人就会造成人员伤亡，转移到物就会造成财产损失。

如果意外释放的能量转移到人体，并且其能量超过了人体的承受能力，则人体将受到伤害。吉布森和哈登从能量的观点出发，曾经指出：人受伤害的原因只能是某种能量向人体的转移，而事故则是一种能量的异常或意外的释放。

能量转移理论的另一个重要概念是：在一定条件下，某种形式的能量能否造成人员伤害，除了与能量大小有关以外，还与人体接触能量的时间和频率、能量的集中程度、身体接触能量的部位等有关。

用能量转移理论的观点分析事故致因的基本方法是：首先确认某个系统内的所有能量源；然后确定可能遭受该能量伤害的人员和伤害的严重程度；进而确定控制该类能量异常或意外转移的方法。

能量转移理论给出的事故三要素为失控的能量、能量转移途径、受害对象。

根据事故三要素采取的预防措施有：①限制能量；②用安全的能源代替不安全的能源，例如用水力采煤代替爆破采煤、用液压动力代替电力等；③防止能量蓄积、逸散；④缓慢地释放能量；⑤在能量转移途径上进行隔离、设置屏障，屏障是一些防止人体与能量接触的物体，在时间上和空间上把能量与人隔离；⑥信息屏蔽；⑦延缓或减弱能量的释放，例如采用减振装置吸收冲击能量、使用防坠落安全网等；⑧开辟能量释放的途径，使能量转移不致损害人或物；⑨保护能量转移的受害对象；⑩脱离能量转移的受害范围；⑪提高可能受能量转移危害的人的自我保护能力；⑫防止能量转移造成损失的扩大；⑬防止能量蓄积，例如通过良好接地消除静电蓄积、采用通风系统控制易燃易爆气体的浓度等；⑭设置警示标志。

4. 轨迹交叉理论

轨迹交叉理论的基本思想：伤害事故是许多相互联系的事件顺序发展的结果。这些事件概括起来不外乎为人和物（包括环境）两大原因。当人的不安全行为和物的不安全状态在各自发展过程中（轨迹），在一定时间、空间发生了接触（交叉），能量转移于人体时，伤害事故就会发生。而人的不安全行为和物的不安全状态之所以产生和发展，是受多种因素作用的结果。

轨迹交叉理论事故模型如图 1-19 所示。

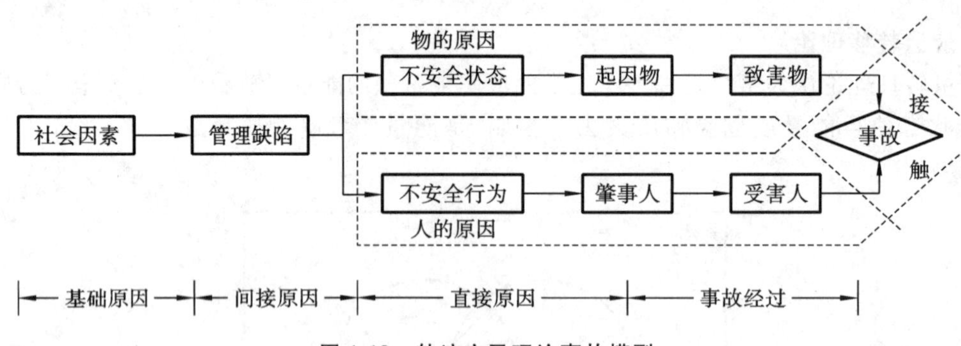

图 1-19　轨迹交叉理论事故模型

事故发生的深层次原因见表 1-2。

表 1-2　事故发生的深层次原因

基础原因（社会因素）	间接原因（管理缺陷）	直 接 原 因
受遗传、经济、文化、教育培训、民族习俗、社会历史、法律影响	受生理和心理状况、知识技能情况、工作态度、规章制度、人际关系、领导水平影响	人的不安全状态

续表

基础原因(社会因素)	间接原因(管理缺陷)	直接原因
设计和制造缺陷、标准缺乏	维护保养不当、保管不良、故障、使用错误	物的不安全状态

轨迹交叉理论也可以理解为:具有危害能量的物(或人)的运动轨迹与人(或物)的运动轨迹在某一时刻交叉,造成事故发生。人和物的运动轨迹均是三维空间的运动轨迹,如图1-20所示。

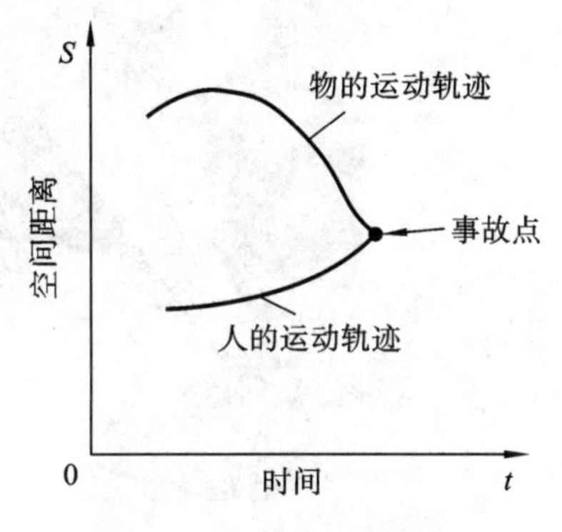

图1-20　人和物的运动轨迹

依据该理论预防事故的措施有:①防止人、物发生时空交叉;②控制人的不安全行为,措施主要有职业适应性选择、创造良好的工作环境、加强教育与培训进而提高职工的安全素质、健全管理体制、严格管理制度;③控制物的不安全状态,主要从设计、制(建)造、使用、维修等方面消除不安全因素,创造安全条件。

小　　结

本项目内容包括安全管理基本概念;安全管理的方针;安全生产五要素及其相互关系;城市轨道交通危险源及风险控制;安全科学理论发展的三个阶段;人类安全哲学的发展进程;事故致因理论;事故因果连锁理论;能量转移理论;轨迹交叉理论。

【思考与练习】

(1)什么是安全、安全生产、安全管理?

(2)简述安全与安全性在概念上的主要区别。

(3)什么是安全事故?

(4)什么是危险、风险和危险源?

(5)危险物质越多,事故风险越大吗?

(6)简述事故与事故后果之间的关系。

(7)简述安全、危险和事故之间的关系。

(8)简述事故的偶然性。

(9)简述事故隐患与危险的联系与区别。

(10)安全管理的方针是什么?

(11)如何恰当运用安全管理手段?

(12)简述现代安全生产管理理论的种类。

(13)简述工程安全管理的发展趋势。

(14)根据海因里希提出的理论,说明未遂事故研究的必要性和可行性。

(15)简述城市轨道交通运营安全的特性。

(16)简述城市轨道交通危险源及风险控制。

(17)讨论题:图1-21中存在哪些不安全行为?

图 1-21　液压伸缩杆更换时的固定栓植入作业

项目2 安全文化

【学习目标】

1. 知识目标

(1)掌握安全文化内涵。

(2)理解安全文化的功能、作用。

(3)掌握安全文化建设的内容。

(4)掌握安全文化在安全生产工作中的地位与作用。

安全文化课件

2. 能力目标

(1)能够理解广义和狭义的安全文化。

(2)能够理解安全文化对于安全生产工作的意义。

(3)能够学习和探索安全文化建设措施。

【学习重点】

安全文化相关概念;安全文化建设的内容;安全文化在安全生产工作中的地位和作用;安全文化建设原则。

【学习难点】

安全文化在安全生产工作中的意义;安全文化建设措施。

学习任务1 安全文化概述

【知识链接】

1986年4月26日当地时间1点24分,苏联的切尔诺贝利核能发电厂4号反应堆发生严重泄漏及爆炸事故,大约有1650平方千米的土地被辐射,如图2-1所示。后续的爆炸引发了

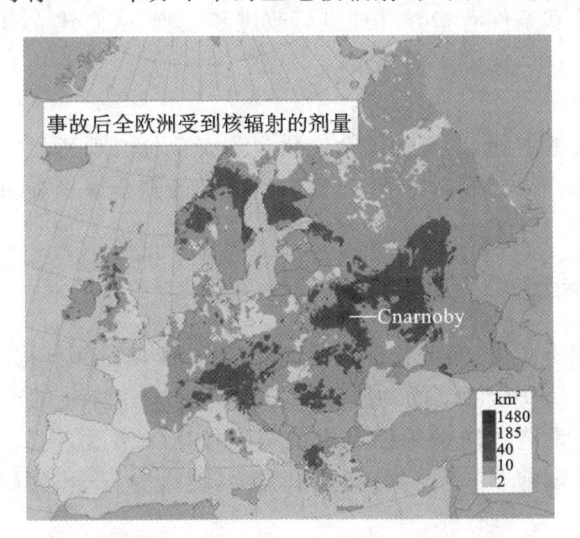

图2-1 切尔诺贝利核泄漏事件

安全文化概述视频

大火并散发出大量高辐射物质到大气层中，影响了大面积区域。这次灾难所释放出的辐射线剂量是广岛原子弹的400倍以上，导致30人当场死亡，上万人因放射性物质的长期影响而致命或患重病，至今仍有受核辐射影响而导致的畸形胎儿出生。

安全文化的概念最先由国际核安全咨询组（International Nuclear Safety Advisory Group，INSAG）于1986年针对切尔诺贝利事故，在INSAG-1（后更新为INSAG-7）报告中提到“苏联核安全体制存在重大的安全文化的问题”。1991年出版的INSAG-4报告给出了安全文化的定义：安全文化是存在于单位和个人中的种种素质和态度的总和。

一、文化与安全文化

安全文化的发展脉络见表2-1。

表2-1 安全文化的发展脉络

发展阶段	时间	观念特征	行为特征
古代安全文化	17世纪前	宿命论	被动承受型
近代安全文化	17—20世纪	经验论	事后型、亡羊补牢
现代安全文化	20世纪中	系统论	综合型、人机环对策
发展的安全文化	20世纪50年代后	本质论	超前预防型

文化是非常广泛和具有人文含义的概念，简单来说，文化就是地区人类的生活要素形态的统称，即衣、冠、文、物、食、住、行等。给文化下一个精确的定义，的确是一件非常困难的事情。但东西方的辞书或百科中却有一个较为共同的理解：文化是相对于政治、经济而言的人类全部精神活动及其活动产品。文化是人类精神财富和物质财富的总称，安全文化和其他文化一样，是人类文明的产物，企业安全文化是为企业在生产、生活、生存活动提供安全生产的保证。

二、安全文化的分类

1. 狭义的安全文化

狭义的安全文化包含安全策略、安全系统、安全知识、安全工艺等，在生产、生活实践中，安全文化对现有技术和管理条件有指导性地进行改进和完善，从而建立更适宜人类生活、工作的系统和环境，预防事故发生，保障生活质量。

2. 广义的安全文化

安全文化有更深层的内涵，广义的安全文化包含安全价值观、安全修养、安全素质、安全情感等，通过“文治教化”的形式，提高企业、建设项目人员的安全修养，使其具有现代社会所要求的安全行为。

三、安全文化的构成

安全文化由安全物质文化、安全管理文化、安全精神文化三部分构成。

(1)安全物质文化，是安全活动的物质条件，同时也是安全文化的产物和结果。其从设计、选址、工艺、布局、装置、设施及防护等技术措施和硬件措施出发，例如绿化美化环境、合理照明、安全通道、防尘防毒设施、噪音控制、安全设施等，使人身安全、健康和工作环境处于安全状况。

(2)安全管理文化，即职业安全、健康（职业危害）的法律法规、管理体系及程序文件、安全规章制度、培训教育、作业文件、操作规程，例如目标责任制、HSE[①] 管理方案、HSE“两书一表”及 HSE 创优升级计划等。

（3）安全精神文化，即安全观念、方针政策、思想意识、文化素质、心理素质、业绩目标、企业形象等，是安全管理的“软件”，例如领导承诺、行为规范、企业精神。

上述三者之间的关系：物质文化是安全文化的本质和基础，是直接反映给社会和外界的，可见于形，是表层文化；精神文化是行动的方向、准则，体现安全文化的核心价值，是深层文化；管理文化是手段和方法，是物质文化和精神文化的载体，是“软件”和“硬件”的结合面，是中层文化。深层文化是核心，起支配和主导作用，表层文化是基础，中层文化是载体，表层文化和中层文化对深层文化也有一定的反作用。

四、安全文化的特性

安全文化的特性包括以下四个方面。

1. 精神层面上的特性

精神文化即信奉价值。信奉价值就是人们喜欢的、认为事物应该处于的状态。

2. 制度层面上的特性

（1）所有人员都要遵守规章制度和程序，出现违反规章制度和程序的行为是安全文化薄弱的信号。

（2）组织机构中职务描述应准确、清晰，责任和分工一定要明确。

（3）要鼓励员工以团队的方式工作，对工作满意程度较高的团队和员工实行奖励制度，激发员工的上进心。

（4）要编制高质量的使用程序和文件，让员工易于理解和使用。

（5）要贯彻系统安全优先的原则，其中一个特别重要的方面是风险评价和风险控制的运用。

（6）要教育员工对工作过程和对工作时间的关注，不要只顾眼前过程而忽略了对他人和未来工作的影响。

3. 行为层面上的特性

（1）最高管理层支持安全的行为必须在员工中显而易见，体现出示范作用，推动安全事业。

（2）管理者必须具备足够的安全知识，与员工讨论安全问题时能充满信心。

（3）各类人员都要习惯性应用自我评价的方法，对工作结果进行批判性检查，依此推动安全绩效的改进。对潜在的缺陷能及时发现并得到很好的解决。

（4）要牢牢树立安全持续改进的观念，这类似于开展“自我批评”。一个强有力的自我评价过程能激励员工在追求安全绩效方面不断改进。

（5）要处理好与管理当局等外部组织的关系，要相互尊重和坦诚交流，有助于互信。

（6）要配置足够数量且称职的员工，否则会增加员工额外的风险。

（7）要求管理者与员工的关系是开放式的和相互尊重的，某些等级观念可能要强一些，但这并不应该影响他们之间的相互交流和相互尊重的和谐氛围。

---

① HSE 是健康（Health）、安全（Safety）和环境（Environment）管理体系的简称。HSE 管理体系是组织实施健康、安全与环境管理的组织机构与职责、做法、程序、过程和资源等要素有机构成的整体，这些要素通过先进、科学、系统的运行模式有机地融合在一起，相互关联、相互作用，形成动态管理体系。

4. 物质层面上的特性

(1)员工应有良好的工作环境和条件,员工的工作不应超负荷,否则会造成他们对安全问题的注意力和警惕性降低。

(2)要恰当地配置各种资源。在核电厂大修期间往往会包括人员和技能在内的更多的资源。

(3)要保持工作场所的整洁度,否则会造成员工情绪低落,管理者对该场所的工作缺乏兴趣。

五、安全文化的功能和作用

1. 安全文化的功能

(1)凝聚功能。安全文化的凝聚功能具体表现为全体成员在安全观念、安全目标和行为准则等方面保持一致,有利于形成强烈的心理认同,表现出强大的凝聚力和向心力,推进安全科技进步。

(2)导向功能。安全文化具有巨大的感召力,通过教育培训,使员工接受共同的价值观念,从而将个人目标引导到企业目标上来,形成强烈的心理认同。

(3)激励功能。企业安全文化能通过发挥人的积极性、主动性和创造性,使员工从内心产生一种奋发进取的情绪。作为自然人,每个人都有力量,有基本思维能力;作为社会人,每个人又都有精神需要,蕴含着巨大的精神力量。无激励时,人发挥的只是物质力量;有激励后,人的精神力量就得到开发,激励越大,精神力量越大。

(4)约束功能。企业安全文化对企业每个员工的思想和行为具有约束和规范作用,这种作用与传统的管理理论所强调的制度约束不同,它虽也有成文的硬制度约束,但更强调不成文的软约束。它通过文化的作用使信念在员工心理深处形成一种定势,构成一种响应机制,只要有诱导信号发生,即可得到积极响应,并迅速转化为预期行为。这种约束机制能够有效地缓解冲突,削弱心理抵抗力,从而产生强大、深刻、持久的约束效果。

(5)协调功能。安全文化的形成,使人们对安全有了共识,有了共同的价值观、态度和信念,不仅便于沟通和协作,而且成为协调矛盾的尺度和准则。

2. 安全文化的作用

安全文化的具体作用可以归纳为以下三个方面。

(1)规范人的安全行为。安全文化使每一位员工都能意识到安全的重要性,对安全的责任及应有的态度,从而能自觉地规范自己的安全行为,也能自觉地帮助他人规范安全行为。

(2)组织及协调安全管理机制。安全管理与其他专业性管理不同,它们不像设计管理、物项管理、设备管理等局限于对企业的某一方面或某一部分人的管理,而是对企业的一切方面、一切人员的管理,它还承担着使安全生产协调运作的功能,不能出现梗阻。要想做到这一点,只有安全文化能使之具有共同的安全行为准则。

(3)单纯靠改善生产设施、设备并不能保证企业安全高效有序地运行,还必须有高水平的管理和高素质的员工。不论是提高安全管理水平,还是提高职工的安全素质,安全文化都是最根本的基础。

总之,安全文化对内可提高安全意识、重视职业道德、改善人际关系、培养企业精神,对外可树立企业形象、提高企业声誉、增强竞争力。

六、安全文化的意义

安全文化的意义在于运用文化的手段,弥补应用安全技术措施和安全管理手段不能杜绝不安全行为的缺陷。安全文化的作用是通过对人的观念、道德、伦理、态度、情感、品行等深层次人文因素的强化,利用领导、教育、宣传、奖惩、创建群体氛围等手段,不断提高人的安全素质和安全意识,改进安全行为,从而使人们从被动服从安全管理转变为主动按照安全要求采取行动,即从“要我安全”转变成“我要安全”。

学习任务2 安全文化在安全生产工作中的地位和作用

一、安全文化在安全生产工作中的地位

安全文化的地位和作用视频

把安全文化的概念引入安全生产工作中,提高全员安全意识和安全理念,积极创建和谐稳定的生产环境,对保障安全生产具有重要意义。

安全文化是安全生产的灵魂,安全文化建设是要让全体劳动者具有现代安全意识、科学安全思维、正确的安全价值观和安全行为,使其能够正确处理安全与效益、安全与发展的关系,确立“安全就是效益”的科学价值观,继而全面提升全体劳动者的安全素质。安全文化建设对于预防事故发生、降低事故损害、提高企业安全生产能力具有基础性意义和战略性意义,是建立安全生产环境的需要,也是构建和谐社会的需要。

二、安全文化在安全生产工作中的作用

(1)引导生产安全化、和谐化发展。安全文化建设的核心是“以人为本”,其重要任务是宣传科学的安全生产知识,提高全员安全技术水平和安全防范能力,从而培养员工的安全理念和安全价值观,引导企业健康和谐地发展。

(2)提高企业凝聚力。安全文化的内涵既包含安全教育、安全管理、安全法制,也包含安全技术、安全工程、安全环境建设等。文化的渗透性会让员工把企业的安全形象、安全目标、安全效益同个人理想、家庭利益紧密结合起来,使之对安全的认识符合企业利益。

(3)规范全员行为准则。安全文化中的价值理念、法规制度、管理办法会促进员工对安全准则的认同,进而形成自我规范、自我约束的局面。安全行为就会从被动消极的状态变成自觉积极的行动,企业和员工真正认识到安全生产的意义。

学习任务3 安全文化建设

一、安全文化建设现状

安全文化建设视频

“十一五”到“十三五”期间,党中央、国务院出台了一系列关于加强安全生产工作的决策部署,安全文化建设工作稳步推进。以人为本、安全发展的理念逐渐深入人心,全民安全意识明显增强。安全社区、安全文化示范企业、安全保障型城市创建等取得新进展;安全生产报刊、图书、网络、音像及文艺创作等不断创新,丰富了群众的安全文化生活,促进了安全文化产业的发展,全社会

形成了重视和加强安全生产工作的良好环境。

但是，受诸多因素所限，安全文化建设与人民群众对安全生产的迫切希望，与不断发展的安全生产形势相比仍然存在一定差距，主要包括以下几点。

(1)以人为本、安全发展的理念在一些地区和单位没有牢固树立。我国企业经历了几十年的计划经济体制，进入市场经济体制以后，一些企业领导人没有真正确立以人为本的思想，安全管理欠缺，法制观念淡薄，导致安全事故频发。

(2)安全文化建设体系不完善。安全文化建设的核心是提高企业人员的安全文化素质，促使企业从技术、科学、管理以及人的生理、心理等方面全面认识安全的本质，最终实现安全操作与安全运行。而有些企业在安全文化建设上缺乏对安全文化的正确把握，把安全文化建设简单理解为开展几次安全文艺活动，满足于写几条安全标语和安全口号，使安全文化建设流于形式。

(3)安全文化建设投入不足，基础薄弱，激励机制不健全。目前，许多企业的安全文化建设的相关政策和资金投入有限，与人力资源、制度设计存在脱节现象，导致理念难以转化成行动，且难以产生持久的效果。

二、安全文化建设原则

(1)坚持以“三个代表”重要思想和科学发展观为指导。安全文化是人类文化的重要组成部分，其发生、发展的轨迹都与科学技术的进步和人类对安全生产认识的提高协调一致。在我国建设社会主义市场经济的当下，应当大力弘扬、培育现代安全文化，将被动型、经验型的安全观转化为系统性、科学性的安全观。同时，借鉴其他国家先进的安全文化理论和方法，不断完善自我。

(2)坚持以人为本的理念。以人为本是安全文化的核心理念。安全管理的根本目的是保护人的安全，因此安全文化建设要坚持以实现人的价值、保护人的生命安全与健康为宗旨，创造一个落实“安全第一”的良好氛围，形成一个互相监督、互相制约、互相指导的安全管理体系。

(3)坚持与安全技术、安全管理工作紧密结合，与推广、应用、开发现代安全科学技术紧密结合。突出实效，注重特色，强化安全生产基层基础，推进安全文化理论创新发展。

(4)坚持围绕中心，服务大局，将安全文化建设与精神文明建设、思想道德建设、思想政治工作紧密结合。统筹兼顾，整体推进，发挥安全文化对安全法制、安全责任、安全科技、安全投入等诸要素的引领作用。

三、安全文化建设观点

(1)安全第一的哲学观。建立安全第一的哲学观，才能处理好安全与生产的关系，处理好安全与效益的关系，做好企业的安全工作。

(2)重视生命的情感观。安全维系生命安全与健康，事故毁灭生存、康乐、幸福、美好。充分认识生命安全与健康的价值，善待生命、珍惜健康，以人为本，尊重与爱护员工。

(3)安全效益的经济观。保护员工的安全与健康，是企业的工作责任和义务，以顺利进行生产，实现企业效益。安全效益包括减损和增值。

(4)预防为主的科学观。生产实践证实，安全生产必须走以预防为主的道路，必须采用超前管理方法、预期型管理方法。

四、安全文化建设内容

与安全文化的构成要素相对应，企业安全文化建设的内容包括：建立稳定可靠、规范的安全物质文化；建立符合安全伦理道德、遵章守纪的安全行为文化；建立健全完善、切实可行的安全制度文化（如图 2-2、图 2-3 所示）；建立“安全第一、预防为主”的安全精神文化。

图 2-2　加强现场管理措施

图 2-3　健全管理资料

（1）建立稳定可靠、规范的安全物质文化。

安全物质文化需要依靠技术进步提高安全程度，包括作业环境安全（控制有害因素，创造舒适、安全的工作条件），工艺过程安全（了解物料性质、正确控制参数），设备控制过程安全（设备的防护能力、可靠性和稳定性，正确使用、精心养护和科学维修设备，开发应用并推广安全新技术、新产品和新设施）。

（2）建立符合安全伦理道德、遵章守纪的安全行为文化。

安全行为文化的建设包括让员工熟练掌握安全操作技能，严格执行安全操作规程。

（3）建立健全完善、切实可行的安全制度文化。

安全制度文化的建设包括建立健全完善、切实可行的安全管理机制（横向到边、纵向到底，高效运作的安全管理网络；奖惩严明、上下结合、有效监督的劳动保护监督体系）；建立完善的安全管理规章制度和奖惩制度。

（4）建立“安全第一、预防为主”的安全精神文化。

首先提高员工的保护意识，包括应急安全保护意识、间接安全保护意识、超前安全保护意识、生产作业安全知识培训、生活安全知识培训。其次，进行安全伦理道德教育，为他人和集体的安全考虑，自觉约束行为，承担责任和义务。

五、企业安全文化建设方式

企业安全文化的建设可通过以下方式进行。

（1）班组及员工的安全文化建设。

运用传统有效的安全文化建设手段：三级教育、特殊教育、日常教育、全员教育、持证上岗、班前安全活动、标准化岗位和班组建设、技能演练等。推进现代安全建设手段：“三群”对策（群策、群力、群管）、班组建设“小家”活动、事故判定技术、危险预知活动、风险抵押制、仿真演练等。

（2）管理层及决策者的安全文化建设。

运用传统有效的安全文化建设手段：全面安全管理责任制、“三同时”“五同时”“三同步”监督制、定期检查制、有效的行政管理手段、常规的经济手段等。推行现代的安全文化建设措施：“三同步”原则、“三负责”制、意识及管理素质教育、目标管理法、无隐患管理法、系统科学管理、人机环境设计、系统安全评价、应急预案对策、事故保险对策、三因（人、物、环境）安全检查等。

（3）生产现场的安全文化建设。

运用传统有效的安全文化建设手段：安全标语（旗）、安全标志（禁止标志、警告标志、指令标志）、事故警示牌（如图 2-4、图 2-5 所示）。推行现代的安全文化建设措施：技术及工艺的本质安全化、“三标”建设、“三防”管理（防尘、防毒、防烟）、“四查”工程（岗位、班组、车间、厂区）、“三点”控制（事故多发点、危险点、危害点）等。

图 2-4　安全标语（旗）

图 2-5　生产现场警示标识

(4)人文环境的安全文化建设。

运用传统有效的安全文化建设手段:安全宣传墙报(如图 2-6 所示)、安全生产月(周、日)、安全竞赛活动、安全演讲比赛、事故报告会等。推进现代的安全文化建设手段:安全文艺(晚会、电影、电视)活动、安全文化月(周、日)、事故祭日、安全贺年(个人)活动、安全宣传的"三个一"工程(一场晚会、一副新标语、一块墙报)、青年员工的"六个一"工程(查一个事故隐患、提一条安全建议、创一条安全警语、讲一件事故教训、当一周安全监督员、献一笔安全经费)等。

图 2-6　安全宣传墙报

案例:某公司通过形式多样的宣传形式创建、深化了企业安全文化,运用多种方式规范、约束安全行为,促进了公司安全生产管理顺利开展,获得了多项安全生产荣誉,如图 2-7 所示。

公司的安全文化建设可从安全环境和安全行为两方面来看。

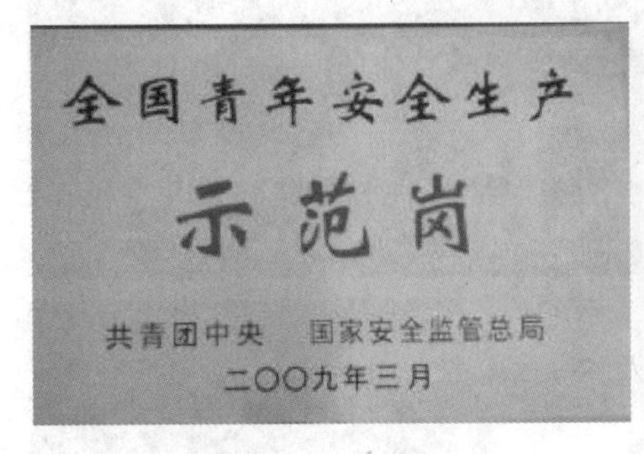

图 2-7　安全生产先进奖牌

(1)安全环境方面。

公司、分公司、项目部创办了如图 2-8 所示的安全文化宣传橱窗、黑板报、宣传展板、公司网站安全环保专栏、宣传刊物等员工文化阵地,每月更换两三次内容,及时更新,采用多种形式宣传交通厅、建设局、总公司对安全生产管理的各项要求、各种安全常识、近期工作重点或区内外安全生产管理事迹等便于员工学习。为进一步加强公司企业文化建设,打造公司品牌,构建和谐路桥,公司制定了 2012—2014 年企业文化建设规划,经过三年努力,展现诚信路桥、阳光路桥、思智路桥的特质,成长为"让业主放心、客户满意、员工骄傲"的区内有影响力的公司。

图 2-8　施工现场安全文化宣传

公司一旦接到安全生产举报电话或投诉,安全生产办公室会在第一时间对举报和投诉进行调查和处理。截至目前,公司未接到一次安全生产举报和投诉。

(2)安全行为方面。

公司在年初生产工作会上对本年度工作进行了全面部署,并对安全管理指标提出了明确要求,高管层、经营层在监事会监督下对安全与生产经营做出了各自承诺。公司印制了"公路建设从业人员安全常识"、"公路建设从业人员安全须知"各 2100 份,发送到一线作业人员手中,使一线作业人员明白从业人员的权利与义务,以及了解如何预防机械伤害等知识。

通过广泛深入、形式多样、声势浩大、效果良好的宣传活动,进一步引起全体员工对安全生产的广泛关注和高度重视。同时针对公路施工现场的生产特点,各单位对安全生产情况开展了一次全面、认真、细致的检查活动和自查自纠活动，查缺补漏，使“安全生产月”活动深入开展，真正起到“以点带面，以月促年”的作用，保障施工生产的顺利进行。公司还对2012年度安全工作中做出显著成绩的集体、个人给予了表彰奖励。

在公司组织的月度综合考核检查中，对安全生产进行了全面的检查、考评，总结并交流经验，推进了安全生产管理活动的深入开展。

小　　结

本项目主要讲解安全文化的相关概念、分类、意义；安全文化在安全生产工作中的地位和作用；安全文化建设现状，安全文化建设原则和安全文化建设措施等。

【思考与练习】

(1)什么是安全文化?

(2)安全文化广义和狭义的定义是什么?

(3)简述安全文化的层次，它们之间的关系是什么?

(4)简述安全文化的功能。

(5)简述安全文化的作用。

(6)简述安全文化建设的观点。

(7)简述安全文化建设的内容。

(8)简述安全文化建设在安全生产工作中的意义。

(9)简述我国安全文化建设现状。

(10)安全文化建设要坚持哪些原则?

(11)安全文化建设的措施有哪些？举例说明。

项目3 安全标志

【学习目标】

1.知识目标

(1)掌握安全色与对比色相关概念。

(2)掌握安全色与对比色颜色表征。

(3)掌握安全色的研究意义。

(4)理解安全标志的定义、作用。

(5)理解安全标志的类型和含义。

安全标志课件

2.能力目标

(1)能够识别各种安全色的含义和用途。

(2)能够识别各种对比色的含义和用途。

(3)能够识别常见安全标志的类型和含义。

(4)了解安全标志布置要求。

【学习重点】

安全色与对比色相关概念;安全标志相关概念。

【学习难点】

安全色与对比色颜色表征;常见安全标志的类型及含义。

为了提醒人们对不安全因素引起注意,预防发生意外事故,国家有关部门以标准或其他形式规定生产经营场所统一使用各类不同颜色及不同图形的标志,即安全色和安全标志。安全色和安全标志以形象而醒目的信息语言向人们表达禁止、警告、指令、提示等信息,如图 3-1 所示。了解它们表达的安全信息对于在工作、生活中趋利避害、预防事故发生有重要作用。

图 3-1 安全标志

学习任务1 安全色和对比色

一、安全色和对比色的定义

安全色和对比色视频

1. 安全色

安全色是表达安全信息的颜色，表示禁止、警告、指令、提示等意义。正确使用安全色，可以使人员能够对威胁安全和健康的物体和环境尽快做出反应；迅速发现或分辨安全标志，及时得到提醒，以防止事故、危害发生。

安全色用途广泛，如可用于安全标志牌、交通标志牌、防护栏杆及机器上不得乱动的部位等。安全色的应用必须以表示安全为目的和有规定的颜色范围。

2. 对比色

对比色是人的视觉感官所产生的一种生理现象，是视网膜对色彩的平衡作用。在24色相环上相距120度到180度之间的两种颜色，称为对比色。

对比色是使安全色更加醒目的反衬色。为了提高安全色的辨别度，在安全色标上一般采取对比色。如红色、蓝色和绿色均用白色作对比色，黑色和白色互作对比色，黄色用黑色作对比色，也可使用红白相间、蓝白相间、黄黑相间条纹表示强化含义。

二、安全色和对比色的种类和用途

1. 安全色的种类和用途

安全色有红色、蓝色、黄色、绿色四种，其含义和用途如下。

(1)红色：其含义为禁止、停止、提示消防。凡是禁止、停止、消防和有危险的器件或环境均应以涂有红色的标记作为警示的信号，例如城市轨道交通列车受电弓的支架部分，表示高压危险，禁止触摸；机器、车辆上的紧急停止按钮或手柄，以及禁止人们触动的部位；灭火器等用来防火、灭火的器具。

(2)蓝色：其含义为指令必须遵守。例如必须佩戴个人防护用具；道路上指引车辆和行人行驶方向的指令等。但需要注意的是，蓝色只有与几何图形同时使用时才表示指令。

(3)黄色：其含义为警告、注意，表示提醒人们注意。凡是警告人们注意的器件、设备及环境都应以黄色表示，例如警告标志；厂内危险机器和坑沟周边的警戒线、行车道中线、安全帽；城市轨道交通站台安全线等。

(4)绿色：其含义为提示、安全状态、通过、允许、工作。例如提示标识；车间内的安全通道；车辆和行人通过标志；消防设备和其他安全防护设备的位置；“在此工作”标志牌等。

2. 对比色的种类和用途

对比色一般有黑色、白色两种颜色。黑色用于安全标志的文字、图形符号和警告标志的几何边框。白色既可以用于安全标志红色、蓝色、绿色的背景色，也可以用于文字和图形符号。

安全色与对比色同时使用时一般按照红色、蓝色、绿色与白色，黄色与黑色的原则搭配。另外，黑色和白色互为对比色。

通常使用的相间条纹有红色与白色相间、黄色与黑色相间、蓝色与白色相间、绿色与白色相间四种，其含义和用途如下。

(1)红白相间：其含义为禁止越人。例如道路上使用的防护栏杆和隔离墩。

(2)黄黑相间:其含义为警告注意。例如当心滑跌标志。

(3)蓝白相间:其含义为必须遵守。例如交通导向标志。

(4)绿白相间:其作用是使标志牌更醒目。例如安全标志杆。

三、安全色的研究意义

安全色是通过醒目的色彩刺激,表达禁止、警告、指令、提示等含义,让人们对周围存在不安全因素的环境、设备引起注意,提高人们对不安全因素的警惕。

规范安全色的定义和使用能够使人们在紧急时刻迅速发现或分辨安全标志,并借助统一的安全色定义识别危险部位,对威胁安全和健康的物体、环境及时采取防范、控制设施,以防止事故、危害发生,保护生命和财产安全。

学习任务2　安全标志

安全标志及类型视频

一、安全标志和辅助标志的定义

1. 安全标志

安全标志在《安全标志及其使用导则》(GB 2894—2008)中定义为:用以表达特定安全信息的标志,由图形符号、安全色、几何形状(边框)或文字构成。

安全标志是向工作人员警示工作场所或周围环境的危险状况,指导人们采取合理行为的标志。安全标志能够提醒工作人员预防危险,从而避免事故发生;当危险发生时,能够指示人们尽快逃离,或者指示人们采取正确、有效的措施,防止危害进一步扩大。安全标志不仅类型要与所警示的内容相吻合,而且设置位置要正确合理,否则难以真正充分发挥其警示作用。

2. 辅助标志

辅助标志是安全标志的文字说明或补充。辅助标志必须与安全标志同时使用在一个矩形载体上,称为组合标志。在同一矩形载体上含有两个或两个以上安全标志并且有相应辅助标志的标志,称为多重标志。

二、安全标志的作用

安全标志的作用是引起人们对不安全因素的注意,以达到预防事故发生的目的,但不能代替安全操作规程和安全防护措施。

三、安全标志的类型

安全标志分为禁止标志、警告标志、指令标志和提示标志四类。这四类标志用四个不同的几何图形来表示。除此之外,还有对这四类标志进行补充说明的文字辅助标志。

(1)禁止标志:几何图形为红色的带斜杠的圆环;图形符号为黑色;背景是白色,如图 3-2 所示。

(2)警告标志:几何图形为黑色的三角形边框;图形符号是黑色;背景、衬边是黄色,如图 3-3、图 3-4 所示。

(3)指令标志:几何图形为圆形边框;图形符号、衬边是白色;背景是蓝色,如图 3-5 所示。

(4)提示标志:几何图形为矩形;图形符号、衬边是白色;背景是绿色,如图 3-6 所示。

图 3-2　禁止标志

图 3-3　警告标志

图 3-4　安全警示标志

图 3-5　指令标志

图 3-6 提示标志

(5)文字辅助标志：是对前述四种标志的补充说明，基本形式是矩形边框。

文字辅助标志有横写和竖写两种形式。横写时，文字辅助标志写在标志的下方，可以和标志连在一起，也可以分开。禁止标志、指令标志的文字辅助标志为白色字，衬底色为禁止标志、指令标志的颜色；警告标志为黑色字，衬底色为白色，如图3-7所示。竖写时，文字辅助标志写在标志杆的上部。禁止标志、警告标志、指令标志、提示标志的文字辅助标志均为白色衬底、黑色字，标志杆下部色带的颜色应和标志的颜色相一致，如图 3-8 所示。

图 3-7 横写的文字辅助标志

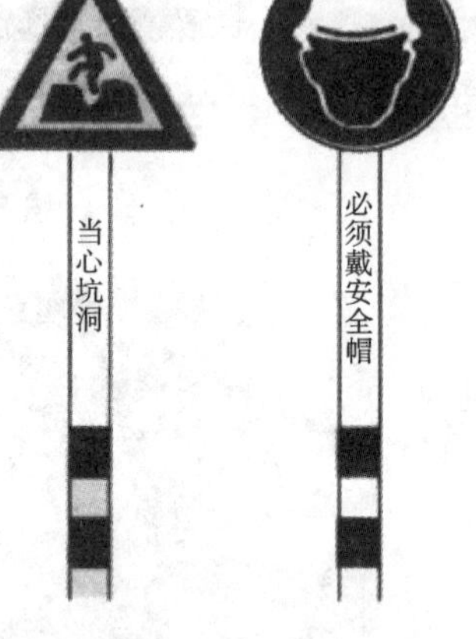

图 3-8 标志杆上部竖写的文字辅助标志

此外，施工工地常见的现场安全标语如图 3-9、图 3-10 所示。

图 3-9 现场安全标语牌

图 3-10 现场安全标语

【实训任务】

实训1 设计车站安全色标识方案

1. 任务描述

通过对安全色内容的学习，以小组为单位，利用安全色对车站各设备及各区域进行标识，以提醒乘客有关安全信息及上下车的安全。

2. 相关资料

(1)教材。

(2)《安全色》(GB 2893—2008)。

(3)《安全标志及其使用导则》(GB 2894—2008)。

3. 任务实施说明

(1)学生分组，每5～8人为一小组。

(2)小组进行任务分析。

(3)资料学习。

(4)现场教学。

(5)小组学习，包括学习安全色和对比色的定义、种类和用途等。

(6)小组成员合作完成车站安全色布置设计。

(7)小组合作，展示成果，进行讲解演练。

4. 任务实施注意事项

(1)必须阅读《安全色》(GB 2893—2008)和《安全标志及其使用导则》(GB 2894—2008)的相关内容。

(2)进行处理工作时，应确保安全，包括人身和设备安全。

(3)遇到问题时小组进行讨论，可以让老师参与讨论，通过团队合作获取问题的解决方法。

(4)注意成本意识的培养。

5. 效果评价

采用学生自评比重50%＋组内互评比重20%＋组间评价比重30%的形式。

实训 2 设计并布置车站区域范围内的安全标志

1. 任务描述

车站安全标志是引导乘客安全上下车的重要保证，给定地面典型车站、地下典型车站各一个，设计并布置城市地铁车站区域内的安全标志。

2. 相关资料

(1)教材。

(2)《安全色》(GB 2893—2008)。

(3)《安全标志及其使用导则》(GB 2894—2008)。

3. 任务实施说明

(1)学生分组，每 5～8 人为一小组。

(2)小组进行任务分析。

(3)资料学习。

(4)现场教学。

(5)小组学习，包括学习安全标志的定义、作用、类型等。

(6)小组成员合作设计并布置城市轨道交通车站安全标志。

(7)小组合作，展示成果，进行讲解演练。

4. 任务实施注意事项

(1)进行处理工作时，应确保安全，包括人身和设备安全。

(2)注意成本意识的培养。

5. 效果评价

采用学生自评比重 50%＋组内互评比重 20%＋组间评价比重 30%的形式。

小　　结

本项目主要讲述了安全色与对比色的相关概念，安全色与对比色的颜色表征，安全色的研究意义；常见安全标志的类型和含义等。

【思考与练习】

(1)什么是安全色？安全色包含哪些颜色？

(2)什么是对比色？对比色包含哪些颜色？

(3)简述安全色和对比色的用途。

(4)安全色与对比色的相间条纹有哪些类型？

(5)什么是安全标志？

(6)安全标志的类型有哪些？

(7)简述安全标志的作用。

项目4　安全法律法规

【学习目标】

1.知识目标

(1)了解安全生产法规的发展过程。

(2)理解安全法律法规的概念。

(3)了解安全生产法律体系。

(4)掌握《安全生产法》规定的安全法律责任。

(5)理解《安全生产法》的主要内容。

(6)掌握《生产安全事故报告和调查处理条例》的主要内容。

安全法律法规课件

2.能力目标

(1)能够理解安全法律法规。

(2)能够理解安全生产法律体系。

(3)能够理解《安全生产法》规定的安全法律责任。

(4)能够理解安全生产法的意义。

【学习重点】

安全法律法规;安全生产法律体系;《安全生产法》主要内容;《安全生产事故报告和调查处理条例》主要内容。

【学习难点】

安全生产法律体系;《安全生产法》的主要内容。

法律是指全国人民代表大会及其常务委员会制定的规范性文件,在全国范围内施行,其地位和效力仅次于宪法。法规指国家机关制定的规范性文件,也具有法律效力。

法律法规是我们行动的指南,安全管理法律法规体系如图4-1所示。本项目主要对运营人员需掌握的法律、法规、规章及公司制定的安全管理办法,以及工伤保险与侵权责任法的有关内容进行讲解与阐述。

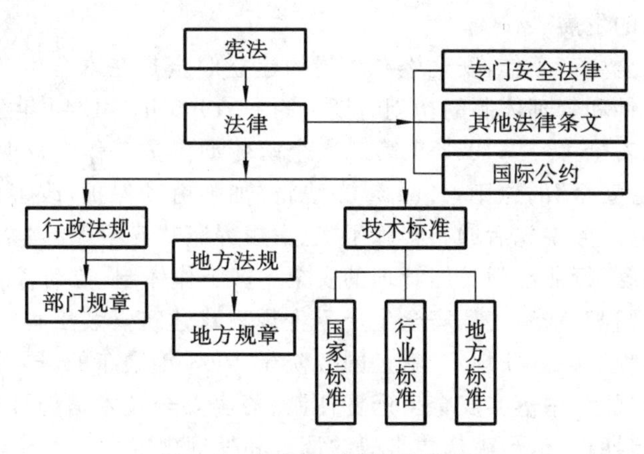

图4-1　安全管理法律法规体系

学习任务1　安全法规概述

安全法规概述视频

改革开放以来，我国相继制定并颁布了近二十部有关安全生产的法律和行政法规，如《中华人民共和国海上交通运营安全法》（主席令第7号，以下简称《海安法》）、《中华人民共和国铁路法》（主席令第32号，以下简称《铁路法》）、《中华人民共和国矿山安全法》（主席令第65号，以下简称《矿山安全法》）、《中华人民共和国民用航空法》（主席令第56号，以下简称《民用航空法》）、《中华人民共和国煤炭法》（主席令第75号，以下简称《煤炭法》）、《中华人民共和国公路法》（主席令第57号）、《中华人民共和国建筑法》（主席令第46号，以下简称《建筑法》）、《中华人民共和国消防法》（主席令第6号，以下简称《消防法》）和《安全生产法》等。这些法律和行政法规对依法加强安全生产管理工作发挥了重要作用，促进了安全生产法制建设。其中，2002年颁布实施的《安全生产法》，全面、完整地反映了国家关于加强安全生产监督管理的基本方针、基本原则，确定了各行业、各部门和各类企业普遍适用的安全生产基本管理制度，并对安全生产管理中普遍存在的共性、基本的法律问题做出了统一规定。以《安全生产法》为核心，包括法律、行政法规、部门规章及地方性安全生产法规和规章在内的安全生产法律法规体系正在逐步建立并完善。

一、安全生产法规概述

1. 安全生产法规的概念

安全生产法规是指国家机关为加强安全生产监督管理，落实安全生产技术措施，保护人民群众生命和财产的安全，防止和减少生产安全事故，促进经济发展，按照一定的法律程序制定并颁布实施的法律规范。

安全生产法规的主要任务是调整在生产经营活动中相关组织之间及其与从业人员之间在安全生产方面权利和义务的关系，保护有关人员的人身和财产的安全。例如，生产经营单位和从业人员之间的关系；生产经营单位从业人员和有关国家机关、社会团体之间的关系等。

安全生产法规具有国家强制性。一切生产经营单位、行政机关、社会团体和从业人员以及相关方面都必须严格遵守，认真执行。对违反安全生产法规的行为，造成重大后果的，要追究法律责任，并根据情节轻重分别给予行政处分、经济处罚，直至追究刑事责任。

2. 安全生产法规的发展

我国十分重视安全生产工作，安全生产法规的建立健全是在安全生产管理工作中逐渐积累的。在安全生产方针和管理体制的初创时期（1949—1965年），1949年第一次全国煤矿工作会议提出“煤矿生产、安全第一”，1952年第二次全国劳动保护工作会议明确了“安全第一”的方针和“管生产必须管安全”的原则，1954年宪法将“加强劳动保护，改善劳动条件”确定为国家的基本政策。此后，国务院先后颁布实施了“三大规程”和“五项规定”等行政法规，初步建立了由劳动部门综合监管、行业部门具体管理的安全生产工作体制，劳动者的安全状况从根本上得到了改善。“三大规程”是指《工厂安全生产卫生规程》《建筑安装工程安全技术规程》《工人职员伤亡事故报告规程》。“五项规定”就是国务院于1963年颁布的《国务院关于加强企业生产中安全工作的几项规定》中落实安全生产责任制、落实安全技术措施计划、加强安全生产教育、加强安全生产的定期检查、严肃伤亡事故的调查和处理规定。

在安全生产管理工作的恢复和创新发展时期（1978年至今），具体经历了恢复和整顿提高、适应社会主义市场经济体制、创新发展三个阶段。在恢复和整顿提高阶段(1978—1991年),相继出台实施了《矿山安全监察条例》和《企业职工伤亡事故报告和处理规定》等法规,成立了全国安全生产委员会。在适应社会主义市场经济体制阶段(1992—2002年),相继颁布了《矿山安全法》《中华人民共和国劳动法》(以下简称《劳动法》)以及工伤保险、重特大伤亡事故报告调查、重特大事故隐患管理等多项法规,决定实行"企业负责、行业管理、国家监察、群众监督"的安全生产管理体制。2001年初,组建了国家安全生产监督管理局,负责全国范围内的安全生产监督管理工作。2002年6月29日通过并颁布了《安全生产法》,并于2002年11月1日起施行,进一步以法律的形式规范了安全生产工作的宗旨、方针和政策,使安全生产工作沿着法制化、规范化的轨道发展。在创新发展阶段(2003年至今),党中央坚持以人为本,在法制、体制、机制和投入等方面采取一系列措施加强安全生产工作,先后成立了国务院安全生产委员会、国家安全生产监督管理总局、国家安全生产应急救援指挥中心。并于2009年8月和2014年8月两次修订修改《安全生产法》,以适应新的经济发展阶段安全管理工作的需要。

3. 安全生产法律体系

安全生产法律体系是一个包含多种法律形式和法律层次的综合性系统,从法律规范的形式和特点来讲,既包括作为整个安全生产法律法规基础的宪法规范,也包括行政法律规范、技术性法律规范、程序性法律规范。按法律地位及效力同等原则,安全生产法律体系分为以下几个门类。

(1)宪法。

宪法是安全生产法律体系框架的最高层级,"加强劳动保护,改善劳动条件"是有关安全生产方面最高法律效力的规定。

(2)安全生产方面的法律。

①基础法。

我国有关安全生产的法律包括《安全生产法》和与它平行的专门法律和相关法律。《安全生产法》是综合规范安全生产法律制度的法律,适用于所有生产经营单位,是我国安全生产法律体系的核心。

②专门法律。

专门安全生产法律是规范某一专业领域安全生产法律制度的法律。我国在专业领域的法律有《矿山安全法》《消防法》《道路交通安全法》等。

③相关法律。

与安全生产有关的法律是指安全生产专门法律以外的其他涵盖安全生产内容的法律,如《劳动法》《建筑法》《煤炭法》《铁路法》《民用航空法》《中华人民共和国工会法》《中华人民共和国全民所有制工业企业法》《中华人民共和国乡镇企业法》《中华人民共和国矿产资源法》等。还有一些与安全生产监督执法工作有关的法律,如《中华人民共和国刑法》(以下简称《刑法》)、《中华人民共和国刑事诉讼法》《中华人民共和国行政处罚法》《中华人民共和国行政复议法》《中华人民共和国国家赔偿法》和《中华人民共和国标准化法》等。

(3)安全生产行政法规。

安全生产行政法规是由国务院组织制定并批准颁布的,是为实施安全生产法律或规范安全生产监督管理制度而制定并颁布的一系列具体规定,是实施安全生产监督管理和监察工作的重要依据。我国已颁布了多部安全生产行政法规,如《国务院关于特大安全事故行政责任追究的规定》(国务院令第302号)和《煤矿安全监察条例》(国务院令第296号)等。

(4)地方性安全生产法规。

地方性安全生产法规是指由有立法权的地方权力机关——地方人民代表大会及其常务委员会和地方政府制定的安全生产规范性文件，是由法律授权制定的，是对国家安全生产法律、法规的补充和完善，以解决本地区某一特定的安全生产问题为目标，具有较强的针对性和可操作性。如目前我国有 27 个省(自治区、直辖市)制定了《劳动保护条例》或《劳动安全卫生条例》，有 26 个省(自治区、直辖市)制定了《矿山安全法》实施办法。

(5)部门安全生产规章、地方政府安全生产规章。

根据《中华人民共和国立法法》(主席令第 31 号)的有关规定，部门规章之间、部门规章与地方政府规章之间具有同等效力，在各自的权限范围内施行。

国务院部门安全生产规章由有关部门为加强安全生产工作而颁布的规范性文件组成，从部门角度可划分为：交通运输业、化学工业、石油工业、机械工业、电子工业、冶金工业、电力工业、建筑业、建材工业、航空航天业、船舶工业、轻纺工业、煤炭工业、地质勘探业、农村和乡镇工业、技术装备与统计工作、安全评价与竣工验收、劳动防护用品、培训教育、事故调查与处理、职业危害、特种设备、防火防爆和其他部门等。部门安全生产规章作为安全生产法律法规的重要补充，在我国安全生产监督管理工作中起着十分重要的作用。

地方政府安全生产规章一方面从属于法律和行政法规，另一方面又从属于地方法规，并且不能与它们相抵触。

(6)安全生产标准。

安全生产标准是安全生产法律体系中的一个重要组成部分，也是安全生产管理的基础和监督执法工作的重要技术依据。安全生产标准大致分为设计规范类、安全生产设备和工具类、生产工艺安全卫生、防护用品类四类。

(7)已批准的国际劳工安全公约。

国际劳工组织自 1919 年创立以来，一共通过了 185 个国际公约和为数较多的建议书，这些公约和建议书统称国际劳工标准，其中 70%的公约和建议书涉及职业安全卫生问题。我国政府为国际性安全生产工作已签订了国际性公约，当我国安全生产法律与国际公约有不同时，应优先采用国际公约的规定(除保留条件的条款外)。目前我国政府已批准的公约有 23 个，其中 4 个与职业安全卫生相关。

二、城市轨道交通运营安全法律体系

城市轨道交通运营安全法律体系是指我国全部现行的与城市轨道交通运营安全有关的、不同的法律规范形成的有机联系的统一整体。其涉及的内容极为广泛，不仅包括国家有关机关制定的有关规范文件，还包括企业制定的相关规章制度。

国家有关机关制定的与城市轨道交通运营安全有关的法律文件体系如表 4-1 所示。

表 4-1 国家有关机关制定的与城市轨道交通运营安全有关的法律文件一栏表

发布单位	名称
全国人民代表大会	《中华人民共和国刑法》
全国人大常委会	《中华人民共和国安全生产法》
全国人大常委会	《中华人民共和国劳动法》
全国人大常委会	《中华人民共和国职业病防治法》

续表

发布单位	名称
全国人大常委会	《中华人民共和国侵权责任法》
全国人大常委会	《中华人民共和国铁路法》
全国人大常委会	《中华人民共和国消防法》
全国人大常委会	《中华人民共和国突发事件应对法》
国务院	《生产安全事故报告和调查处理条例》
国务院	《铁路交通事故应急救援和调查处理条例》
国务院	《危险化学品安全管理条例》
国务院	《特种设备安全监察条例》
国务院	《工伤保险条例》
国务院	《国家突发公共事件总体应急预案》
国务院	《国家处置城市地铁事故灾难应急预案》
建设部	《地铁运营安全评价标准》
建设部	《城市轨道交通运营管理办法》
住房和城乡建设部	《地铁与轻轨系统运营管理规范》
建设部	《城市轨道交通工程安全技术控制规范》
北京市政府	《北京市消防安全责任监督管理办法》
北京市政府	《北京市突发公共事件总体应急预案》
北京市政府	《北京市城市轨道交通安全运营管理办法》
北京市人大常委会	《北京市安全生产条例》
北京应急委	《北京市雪天道路交通保障应急预案》
北京市交通委	《北京市交通行业雪天交通保障应急预案》
北京市应急委	《北京市轨道交通运营突发事件应急预案》
北京市交通委	《北京市交通行业防汛应急预案》
北京市交通委	《轨道交通路网突发事件应急处置办法》
北京市质量技术监督局	《城市轨道交通运营安全防范技术要求》

除了国家机构与行业管理部门制定的安全法律、法规、规程与标准外，城市轨道交通运营公司同样会根据上述文件的要求，制定运营公司内部的安全规章制度体系，如表 4-2 所示。

表 4-2 城市轨道交通运营公司制定的安全规章制度一览表

手册		《安全管理手册》
程序	安全责任	《安全责任声明和安全责任卡管理办法》
	安全检查/隐患排查	《安全检查管理办法》 《危险源辨识、风险评估和控制程序》 《环境因素识别、评价及控制程序》 《轨道交通控制保护区管理办法》等

续表

手册		《安全管理手册》
程序	教育培训	《安质环培训管理办法》 《地铁安全规则训练及考试管理办法》等
	事故处理	《事故通报、调查及处理办法》 《运营事件调查及报告提交管理办法》等
	安全考核	《安全考核与奖惩管理办法》
	应急管理	《运营突发事件应急管理办法》 《运营期突发事件应急公关管理办法》 《防汛应急管理办法》 《防雪应急管理办法》 《突发公共卫生事件应急管理办法》 《运营部应急预案演练管理程序》 《车务应急处理办法》 《应急救援物资管理办法》等
	特种设备	《特种设备管理办法》
	危险化学品	《危险品安全管理办法》
	消防	《消防设备使用、管理、维护办法》 《消防安全管理规定》 《动火作业管理办法》 《逐级消防安全责任制》 《消防安全管理规定》等
	其他	《劳动防护用品管理程序》 《有限空间作业安全管理办法》 《工作人员资格管理系统(CQAS)使用管理办法》 《高处作业控制程序》等

学习任务2 《安全生产法》

安全生产法视频

《安全生产法》是为了加强安全生产工作，防止和减少生产安全事故，保障人民群众生命和财产安全，促进社会持续健康发展而制定的，于2002年6月29日由中华人民共和国第九届全国人民代表大会常务委员会第二十八次会议审议通过，自2002年11月1日起施行。

2014年8月31日第十二届全国人民代表大会常务委员会第十次会议通过《全国人民代表大会常务委员会关于修改〈中华人民共和国安全生产法〉的决定》(主席令第13号)，自2014年12月1日起施行。如图4-2所示。

图 4-2　《中华人民共和国安全生产法》

一、《安全生产法》发展

(1)本法规于 2002 年 6 月 29 日发布，自 2002 年 11 月 1 日起实施。

(2)本法规被《全国人民代表大会常务委员会关于修改部分法律的决定》(2009 年 8 月 27 日发布、2009 年 8 月 27 日实施)修改。

(3)本法规被《全国人民代表大会常务委员会关于修改〈中华人民共和国安全生产法〉的决定》(2014 年 8 月 31 日发布、2014 年 12 月 1 日实施)修改。

二、《安全生产法》的基本内容

《安全生产法》共分为七章，包括：总则、生产经营单位的安全生产保障、从业人员的安全生产权利义务、安全生产的监督管理、生产安全事故的应急救援与调查处理、法律责任、附则。

1. 概念

《安全生产法》是调整安全生产人身关系、安全生产财产关系以及安全生产管理关系等有关安全生产方面社会关系的法律规范的总和。

2. 方针、目标、特点、机制

(1)安全生产管理方针。

《安全生产法》第三条规定：“安全生产工作应当以人为本，坚持安全发展，坚持安全第一、预防为主、综合治理的方针，强化和落实生产经营单位的主体责任，建立生产经营单位负责、职工参与、政府监管、行业自律和社会监督的机制。”

(2)目标。

《安全生产法》明确了安全生产三大目标，即保障人民生命安全、保护国家财产安全、促进社会经济发展。

(3)特点。

《安全生产法》具有很强的科技性和广泛的社会性；安全生产法律关系客体方面有其不同的特点。

(4)管理机制。

《安全生产法》规定了我国的安全生产管理机制为生产经营单位负责、职工参与、政府监管、行业自律、社会监督。

3. 责任对象、对策体系

(1)四个责任对象：政府责任方；生产经营单位责任方；从业责任方；中介机构责任方。

(2)三大对策体系。

①事前预防对策体系(建立安全生产责任制；坚持“三同时”；保证安全机构和人员；落实安全投入；进行安全培训；实行危险源管理；对项目进行安全评价；推行安全设备管理；落实现场安全管理；严格交叉作业管理；实施高危作业安全管理；保证承包租赁安全管理；落实工伤保险；加强政府监管、发动社会监督、推行中介技术支持等)。

②事故应急救援体系(要求政府建立行政区域重大事故救援体系，制定社区事故应急救援预案；要求生产经营单位进行危险源的预控，制定事故应急救援预案)。

③事后处理对策系统(推行严密的事故处理及严格的事故报告制度；实施事故后的行政追究制度，强化事故经济处罚，明确事故责任追究等)。

4. 基本制度

《安全生产法》确立了对各行各业和各类生产经营单位普遍适用的七项基本制度：安全生产监督管理制度(提供了四种监督途径，即工会民主监督、社会舆论监督、公众举报监督和社区服务监督)；生产经营单位安全保障制度；生产经营单位负责人安全责任制度；从业人员安全生产权利义务制度；安全中介服务制度；安全生产责任追究制度；事故应急救援和处理制度。生产经营单位安全生产保障体系如图 4-3 所示，安全生产“一岗双责”如图 4-4 所示。

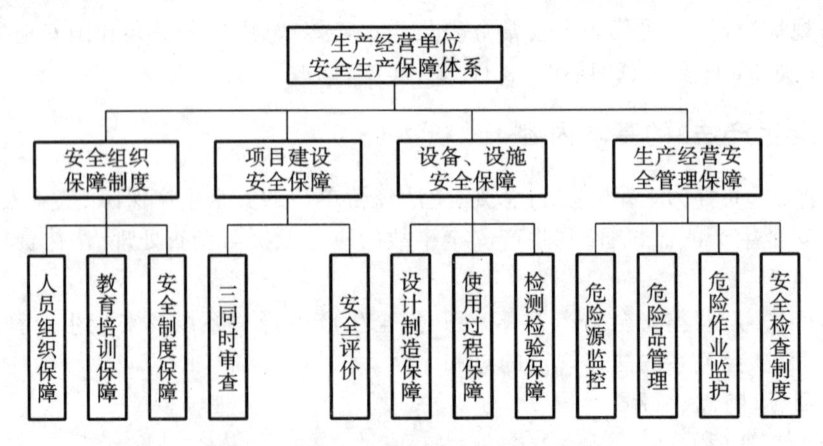

图 4-3　生产经营单位安全生产保障体系

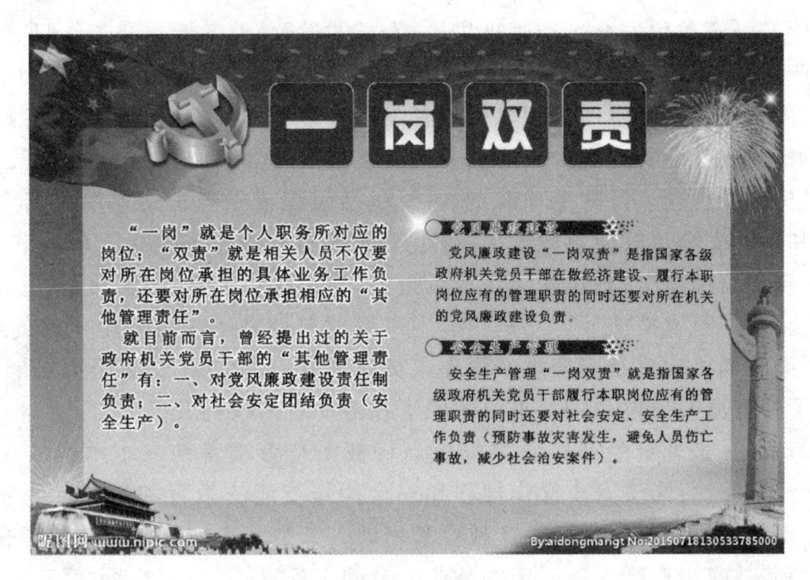

图 4-4 安全生产“一岗双责”

三、《安全生产法》的十大重点内容

(1)以人为本，坚持安全发展。

《安全生产法》明确提出安全生产工作应当以人为本，将坚持安全发展写入了总则，对于坚守红线意识、进一步加强安全生产工作、实现安全生产形势根本性好转的奋斗目标具有重要意义。（第三条）

(2)建立完善安全生产方针和工作机制。

将安全生产工作方针完善为“安全第一、预防为主、综合治理”，进一步明确了安全生产的重要地位、主体任务和实现安全生产的根本途径。《安全生产法》提出要建立生产经营单位负责、职工参与、政府监管、行业自律、社会监督的工作机制，进一步明确了各方安全职责。（第三条）

(3)落实“三个必须”，确立安全生产监管执法部门地位。

按照安全生产“管行业必须管安全、管业务必须管安全、管生产经营必须管安全”的要求，《安全生产法》一是规定国务院和县级以上地方人民政府应当建立健全安全生产工作协调机制，及时协调、解决安全生产监督管理中的重大问题。二是明确各级政府安全生产监督管理部门实施综合监督管理，有关部门在各自职责范围内对有关行业、领域的安全生产工作实施监督管理。三是明确各级安全生产监督管理部门和其他负有安全生产监督管理职责的部门作为行政执法部门，依法开展安全生产行政执法工作，对生产经营单位执行法律、法规、国家标准或者行业标准的情况进行监督检查。（第八条、第九条、第六十二条）

(4)强化乡镇人民政府以及街道办事处、开发区管理机构安全生产职责。

乡镇街道是安全生产工作的重要基础，有必要在立法层面明确其安全生产职责。同时针对各地经济技术开发区和工业园区的安全监管体制不顺、监管人员配备不足、事故隐患集中、事故多发等突出问题，《安全生产法》明确乡镇人民政府以及街道办事处、开发区管理机构等地方人民政府的派出机关应当按照职责，加强对本行政区域内生产经营单位安全生产状况的监督检查，协助上级人民政府有关部门依法履行安全生产监督管理职责。（第八条）

(5)明确生产经营单位安全生产管理机构、人员的设置、配备标准和工作职责。

《安全生产法》一是明确矿山、金属冶炼、建筑施工、道路运输单位和危险物品的生产、经营、储存单位,应当设置安全生产管理机构或者配备专职安全生产管理人员,将其他生产经营单位设置专门机构或者配备专职人员的从业人员下限由三百人调整为一百人。二是规定了安全生产管理机构以及管理人员的七项职责,主要包括组织或参与拟定本单位安全生产规章制度、操作规程和生产安全事故应急救援预案;组织或参与本单位安全生产教育和培训,如实记录安全生产教育和培训情况;制止和纠正违章指挥、强令冒险作业、违反操作规程的行为;督促落实本单位安全生产整改措施等。三是明确生产经营单位做出涉及安全生产的经营决策,应当听取安全生产管理机构以及安全生产管理人员的意见。(第二十一条至第二十三条)

(6)明确了劳务派遣单位和用工单位的职责和劳动者的权利义务。

《安全生产法》一是规定生产经营单位应当将被派遣劳动者纳入本单位从业人员统一管理,对被派遣劳动者进行岗位安全操作规程和安全操作技能的教育和培训。劳务派遣单位应当对被派遣劳动者进行必要的安全生产教育和培训。二是明确被派遣劳动者享有本法规定的从业人员的权利,并应当履行本法规定的从业人员的义务。(第二十五条、第五十八条)

(7)建立事故隐患排查治理制度。

《安全生产法》把加强事前预防、强化隐患排查治理作为一项重要内容:一是生产经营单位必须建立事故隐患排查治理制度,采取技术、管理措施消除事故隐患;二是政府有关部门要建立健全重大事故隐患治理督办制度,督促生产经营单位消除重大事故隐患;三是对未建立隐患排查治理制度、未采取有效措施消除事故隐患的行为,设定了严格的行政处罚。(第三十八条、第九十八条、第九十九条)

(8)推进安全生产标准化建设。

结合多年来的实践经验,《安全生产法》在总则部分明确生产经营单位应当推进安全生产标准化建设,提高安全生产水平。(第四条)

(9)推行注册安全工程师制度。

《安全生产法》确立了注册安全工程师制度,并从两个方面加以推进:一是危险物品的生产、储存单位以及矿山、金属冶炼单位应当有注册安全工程师从事安全生产管理工作,鼓励其他单位聘用注册安全工程师。二是建立注册安全工程师按专业分类管理制度,授权国务院人力资源和社会保障部门、安全生产监督管理等部门制定具体实施办法。(第二十四条)

(10)推进安全生产责任保险。

根据 2006 年以来在河南省、湖北省、山西省、北京市、重庆市等省(市)的试点经验,为了增加事故应急救援和事故单位从业人员以外的事故受害人的赔偿补偿资金来源,《安全生产法》规定国家鼓励生产经营单位投保安全生产责任保险。(第四十八条)

学习任务 3 《生产安全事故报告和调查处理条例》

安全生产相关法律法规视频

一、概述

2007 年 3 月 28 日,国务院第 172 次常务会议通过《生产安全事故报告和调查处理条例》(国务院令第 493 号),共六章四十六条,自 2007 年 6 月 1 日起施行。《生产安全事故报告和调查处理条例》(以下简称《条例》)第一条规定:“为了规范生产安全事故的报告和调查处理,落实生产安全事故责任追究制度,防止和减少生产安全事故,根据《安全生产法》和有关法律,制定本条例。”

二、《条例》的主要内容

《条例》内容包括总则、事故报告、事故调查、事故处理、法律责任、附则。

1. 生产安全事故等级划分

根据生产安全事故(以下简称事故)造成的人员伤亡或者直接经济损失,事故一般分为以下等级:特别重大事故、重大事故、较大事故、一般事故。

2. 生产安全事故的报告

事故报告应当及时、准确、完整,任何单位和个人对事故不得迟报、漏报、谎报或者瞒报。

3. 事故的应急救援及现场保护

(1)事故应急救援。

事故发生单位负责人接到事故报告后,应当立即启动事故相应应急预案,或者采取有效措施,组织抢救,防止事故扩大,减少人员伤亡和财产损失。

事故发生地有关地方人民政府、安全生产监督管理部门和负有安全生产监督管理职责的有关部门接到事故报告后,其负责人应当立即赶赴事故现场,组织事故救援。

(2)事故现场保护。

事故发生后,有关单位和人员应当妥善保护事故现场以及相关证据,任何单位和个人不得破坏事故现场、毁灭相关证据。因抢救人员、防止事故扩大以及疏通交通等原因,需要移动事故现场物件的,应当做出标志,绘制现场简图并做出书面记录,妥善保存现场重要痕迹、物证。

4. 事故调查

(1)事故的调查权。

特别重大事故由国务院或国务院授权有关部门组织事故调查组进行调查。重大事故、较大事故、一般事故分别由事故发生地省级人民政府、设区的市级人民政府、县级人民政府负责调查。省级人民政府、设区的市级人民政府、县级人民政府可以直接组织事故调查组进行调查,也可以授权或者委托有关部门组织事故调查组进行调查。未造成人员伤亡的一般事故,县级人民政府也可以委托事故发生单位组织事故调查组进行调查。

(2)事故的调查时限。

《条例》第二十九条规定:“事故调查组应当自事故发生之日起60日内提交事故调查报告;特殊情况下,经负责事故调查的人民政府批准,提交事故调查报告的期限可以适当延长,但延长的期限最长不超过60日。”

(3)事故的调查报告。

事故调查报告应当包括下列内容(格式见表4-3):

①事故发生单位概况;

②事故发生经过和事故救援情况;

③事故造成的人员伤亡和直接经济损失;

④事故发生的原因和事故性质;

⑤事故责任的认定以及对事故责任者的处理建议;

⑥事故防范和整改措施。

事故调查报告应当附具有关证据材料。事故调查组成员应当在事故调查报告上签名。

表 4-3 事故调查报告格式

内容项目	详细内容要求
企业概况	主要包括:企业名称;隶属关系;所属行业;所在地区;现有职工人数;经济类型;主要生产特点等
事故伤亡及经济损失情况	主要包括:事故发生时间;事故类别及严重程度;伤亡情况;死亡人数,重伤人数,轻伤人数;停工或损失工作天数;经济损失情况;总损失、直接损失、间接损失等
事故发生过程	主要包括:事故发生的具体场所,事故发生时受害人及其他人正在进行的工作任务或活动;当时的环境条件,什么物体或物质有什么不安全状态;受害人或其他人有什么不安全行为;事故发生之前、之时乃至之后的事件序列;人的伤害是怎样造成的;其他必要的说明
事故发生原因	可按直接原因和间接原因进行分类论述,也可按物的原因、人的原因和管理的原因进行分类论述;事故的基本原因
事故责任及处理意见	按主、次要直接和领导等责任人分别叙述:姓名、所从事的工作及任职情况、主要应负的责任、处理建议
事故预防措施	从管理、法规执行、技术、教育等方面分析应采取的措施
事故调查组成员	姓名、工作单位、职务、职称、在调查组中的职务
附件	主要包括:事故调查组成员名单,事故现场照片,事故伤亡者名单,事故经济损失估算,事故鉴定或模拟实验报告,事故专项调查分析报告等

5. 事故处理

(1)事故调查报告的批复。

事故调查组在上报调查报告后,负责事故调查的人民政府要及时对调查报告进行批复。《条例》第三十二条规定:“重大事故、较大事故、一般事故,负责事故调查的人民政府应当自收到事故调查报告之日起 15 日内做出批复;特别重大事故,30 日内做出批复,特殊情况下,批复时间可以适当延长,但延长的时间最长不超过 30 日。有关机关应当按照人民政府的批复,依照法律、行政法规规定的权限和程序,对事故发生单位和有关人员进行行政处罚,对负有事故责任的国家工作人员进行处分。事故发生单位应当按照负责事故调查的人民政府的批复,对本单位负有事故责任的人员进行处理。负有事故责任的人员涉嫌犯罪的,依法追究刑事责任。”

(2)事故的防范和整改。

《条例》第三十三条规定:“事故发生单位应当认真吸取事故教训,落实防范和整改措施,防止事故再次发生。防范和整改措施的落实情况应当接受工会和职工的监督。安全生产监督管理部门和负有安全生产监督管理职责的有关部门应当对事故发生单位落实防范和整改措施的情况进行监督检查。”

6. 事故责任追究

(1)事故发生单位的法律责任。

事故发生单位及其有关人员有规定行为之一的,对事故发生单位处 100 万元以上 500 万元以下的罚款;对主要负责人、直接负责的主管人员和其他直接责任人员处上一年年收入

60%至100%的罚款;属于国家工作人员的,并依法给予处分;构成违反治安管理行为的,由公安机关依法给予治安管理处罚;构成犯罪的,依法追究刑事责任。

(2)事故发生单位主要负责人的法律责任。

事故发生单位主要负责人未依法履行安全生产管理职责,导致事故发生的,依照规定处以罚款;属于国家工作人员的,并依法给予处分;构成犯罪的,依法追究刑事责任。

(3)事故有关地方人民政府、有关部门及其人员的法律责任。

有关地方人民政府、安全生产监督管理部门和负有安全生产监督管理职责的有关部门有违反《条例》行为的,对直接负责的主管人员和其他直接责任人员依法给予处分;构成犯罪的,依法追究刑事责任。

(4)参与事故调查人员的法律责任。

参与事故调查的人员在事故调查中有下列行为之一的,依法给予处分;构成犯罪的,依法追究刑事责任:

①对事故调查工作不负责任,致使事故调查工作有重大疏漏的;

②包庇、袒护负有事故责任的人员或者借机打击报复的。

学习任务4　安全生产相关法律法规

一、《消防法》

城市轨道交通安全相关法律法规视频

1. 概述

《消防法》于1998年4月29日由第九届全国人民代表大会常务委员会第二次会议通过,并于2008年10月28日由第十一届全国人民代表大会常务委员会第五次会议修订,自2009年5月1日起施行,共七章七十四条。

2. 主要内容

《消防法》第五条规定:"任何单位和个人都有维护消防安全、保护消防设施、预防火灾、报告火警的义务。任何单位和成年公民都有参加有组织的灭火工作的义务。"

《消防法》第二十八条规定:"任何单位、个人不得损坏或者擅自挪用、拆除、停用消防设施、器材,不得埋压、圈占、遮挡消火栓或者占用防火间距,不得占用、堵塞、封闭疏散通道、安全出口、消防车通道。人员密集场所的门窗不得设置影响逃生和灭火救援的障碍物。"

《消防法》第四十四条规定:"任何人发现火灾都应当立即报警。任何单位、个人都应当无偿为报警提供便利,不得阻拦报警。严禁谎报火警。人员密集场所发生火灾,该场所的现场工作人员应当有组织、引导在场人员疏散。任何单位发生火灾,必须立即组织力量扑救。邻近单位应当给予支援。消防队接到火警,必须立即赶赴火场,救助遇险人员,排除险情,扑灭火灾。"

3. 消防安全管理办法

消防安全管理办法包括消防安全教育制度、消防安全检查制度及其他消防安全管理制度。

消防安全检查制度分为日常检查和定期检查。

(1)日常检查。

①日常巡视检查。

②班前检查。

③班中检查。

④班后检查。

(2)定期检查。

①公司总部每个季度组织一次全面安全消防大检查。

②各部门每月进行一次安全大检查。

其他消防安全管理制度包括消防设施安全管理规定、吸烟管理制度、安全用电制度、火灾事故调查处理制度。

二、《中华人民共和国职业病防治法》

1.概述

《中华人民共和国职业病防治法》(主席令第60号)于2001年10月27日由第九届全国人民代表大会常务委员会第二十四次会议通过,并于2011年12月31日由第十一届全国人民代表大会常务委员会第二十四次会议进行了修订。本法的立法目的是为了预防、控制和消除职业病危害,防治职业病,保护劳动者及其相关权益,促进经济发展。职业病防治工作坚持预防为主、防治结合的方针,建立用人单位负责、行政机关监管、行业自律、职工参与和社会监督的机制,实行分类管理、综合治理。

2.主要内容

(1)职业病的范围。

职业病是指企业、事业单位和个体经济组织(以下统称用人单位)的劳动者在职业活动中,因接触粉尘、放射性物质和其他有毒、有害物质等因素而引起的疾病。职业病的分类和目录由国务院卫生行政部门会同国务院劳动保障行政部门规定、调整并公布。

(2)劳动者职业卫生保护权利。

①获得职业卫生教育、培训。

②获得职业健康检查、职业病诊疗、康复等职业病防治服务。

③了解工作场所产生或者可能产生的职业病危害因素、危害后果和应当采取的职业病防护措施。

④要求用人单位提供符合防治职业病要求的职业病防护设施和个人使用的职业病防护用品,改善工作条件。

⑤对违反职业病防治法律、法规以及危及生命健康的行为提出批评、检举和控告。

⑥拒绝违章指挥和强令进行没有职业病防护措施的作业。

⑦参与用人单位职业卫生工作的民主管理,对职业病防治工作提出意见和建议。

(3)用人单位的职业病防治职责。

①用人单位应当为劳动者创造符合国家职业卫生标准和卫生要求的工作环境及条件,并采取措施保障劳动者获得职业卫生保护。

②用人单位应当建立、健全职业病防治责任制,加强对职业病防治的管理,提高职业病防治水平,对本单位产生的职业病危害承担责任。

③用人单位必须依法参加工伤社会保险。

(4)职业病诊断和职业病病人保障。

①职业病诊断。

职业病诊断应当由省级以上人民政府卫生行政部门批准的医疗卫生机构承担。劳动者可以在用人单位所在地或者本人居住地依法承担职业病诊断的医疗卫生机构进行职业病诊断。

②职业病病人保障。

医疗卫生机构发现疑似职业病病人时，应当告知劳动者本人，并及时通知用人单位。用人单位应当及时安排对疑似职业病病人进行诊断；在疑似职业病病人诊断或者医学观察期间，不得解除或者终止与其订立的劳动合同。疑似职业病病人在诊断、医学观察期间的费用，由用人单位承担。

职业病病人依法享受国家规定的职业病待遇。用人单位应当按照国家有关规定，安排职业病病人进行治疗、康复和定期检查。用人单位对不适宜继续从事原工作的职业病病人，应当调离原岗位，并妥善安置。用人单位对从事接触职业病危害的作业的劳动者，应当给予适当的岗位津贴。职业病病人的诊疗、康复费用，伤残以及丧失劳动能力的职业病病人的社会保障，按照国家有关工伤社会保险的规定执行。

职业病病人除依法享有工伤社会保险外，依照有关民事法律，尚有获得赔偿的权利的，有权向用人单位提出赔偿要求。劳动者被诊断患有职业病，但用人单位没有依法参加工伤社会保险的，其医疗和生活保障由最后的用人单位承担；最后的用人单位有证据证明该职业病是先前用人单位的职业病危害造成的，由先前的用人单位承担。职业病病人变动工作单位，其依法享有的待遇不变。

三、《工伤保险条例》

1. 概述

工伤保险亦称职业伤害保险，是国家通过立法手段保证实施的，对在工作过程中遭受人身伤害（包括事故伤残和职业病以及因这两种情况造成死亡）的职工或遗属提供补偿的一种社会福利制度，如图 4-5 所示。补偿内容包括医疗救治、经济补偿、职业康复训练、遗属的经济补偿。

图 4-5 工伤保险和预防相结合

2003 年 4 月《工伤保险条例》（国务院令第 375 号）出台。针对实施过程中出现的一些新情况、新问题，人力资源和社会保障部于 2009 年 7 月起草了《工伤保险条例修正案（送审稿）》报请国务院审核修订，国务院于 2010 年 12 月 20 日审议通过。

《工伤保险条例》的立法目的是为了保障因工作遭受事故伤害或者患职业病的职工获得医疗救治和经济补偿，促进工伤预防和职业康复，分散用人单位的工伤风险。

2. 意义、权利义务、适用范围

(1)工伤保险的意义及其权利义务关系。

①具有补偿性。工伤保险是法定的强制性社会保险,是通过对受害人实施医疗救治和给予必要的经济补偿以保障其经济权利的补救措施。从根本上说,它是由政府监管、社保机构经办的社会保障制度,不具有惩罚性。

②权利主体。享有工伤保险权利的主体是特定的,只限于本企业的职工或者雇工,其他人不能享有这项权利。

③义务和责任主体。依照《安全生产法》和《工伤保险条例》的规定,生产经营单位和企业有为从业人员缴纳工伤保险费的义务。生产经营单位和企业是工伤保险的义务和责任主体。

④保险补偿的原则。工伤保险补偿实行"无责任补偿"原则,即无过错补偿的原则,工伤保险不强调造成工伤的原因、过错及其责任,只要确认职工是在法定情形下发生工伤,就依法享有获得经济补偿的权利。

⑤补偿风险的承担。按照"无责任补偿"原则。补偿第一承担者本应是企业或业主,但工伤保险是以社会共济方式确定补偿风险承担者的,因此不需要企业和业主直接负责补偿,而是将补偿风险转向社保机构承担,由社保机构负责支付工伤保险补偿金。

(2)《工伤保险条例》的适用范围。

中华人民共和国境内各类企业、有雇工的个体工商户(以下称用人单位)应当依照本条例规定参加工伤保险,为本单位全部职工或者雇工(以下称职工)缴纳工伤保险费。中华人民共和国境内各类企业的职工和个体工商户的雇工,均有依照本条例的规定享受工伤保险待遇的权利。有雇工的个体工商户参加工伤保险的具体步骤和实施办法由省、自治区、直辖市人民政府规定。

3. 主要内容

(1)工伤的范围。

①职工有下列情况之一的,应当认定为工伤:

a. 在工作时间和工作场所内,因工作原因受到事故伤害的;

b. 工作时间前后在工作场所内,从事与工作有关的预备性或者收尾性工作受到事故伤害的;

c. 在工作时间和工作场所内,因履行工作职责受到暴力等意外伤害的;

d. 患职业病的;

e. 因工外出期间,由于工作原因受到伤害或者发生事故下落不明的;

f. 在上下班途中,受到非本人主要责任的交通事故或者城市轨道交通、客运轮渡、火车事故伤害的;

g. 法律、行政法规规定应当认定为工伤的其他情形。

②职工有下列情形之一的,视同工伤:

a. 在工作时间和工作岗位,突发疾病死亡或者在 48 h 内经抢救无效死亡的;

b. 在抢险救灾等维护国家利益、公共利益活动中受到伤害的;

c. 职工原在军队服役,因战、因公负伤残废,已取得革命伤残军人证,到用人单位后复发的。

③职工符合上述①、②的规定,但是有下列情形之一的,不得认定为工伤或者视同工伤:

a. 故意犯罪的;

b.醉酒或者吸毒的；

c.自残或者自杀的。

(2)工伤认定的申报。

①工伤认定申报的程序。

a.符合工伤认定申报条件规定的，自事故伤害发生之日或者被诊断、鉴定为职业病之日起15日内，由受伤害职工或者其直系亲属、工会组织到劳动人事部门填写工伤认定申请表，并提交相关材料。

b.劳动人事部门应当自事故伤害发生之日或者被诊断、鉴定为职业病之日起30日内，向劳动保障行政部门提出工伤认定申请，并提交相关材料。遇有特殊情况，经劳动保障行政部门同意，申请时限可以适当延长。

c.劳动人事部门未在规定的期限内提出工伤认定申请，受伤害职工或者其直系亲属、工会组织在事故伤害发生之日或者被诊断、鉴定为职业病之日起1年内，可以直接向劳动保障行政部门提出工伤认定申请。

②提出工伤认定申请应提交以下材料：

a.工伤认定申请表；

b.与用人单位存在劳动关系(包括事实劳动关系)的证明材料；

c.医疗诊断证明或者职业病诊断证明书(或职业病诊断鉴定书)。

(3)劳动能力鉴定。

①劳动能力鉴定的条件。

职工发生工伤，经治疗伤情相对稳定后存在残疾、影响劳动能力的，应当进行劳动能力鉴定。

②申请劳动能力鉴定的流程。

a.符合劳动能力鉴定条件规定的，由受伤害职工或者其直系亲属、工会组织，到劳动人事部门填写劳动能力鉴定申请表，并提交相关材料。

b.劳动人事部门在收到劳动能力鉴定申请表及相关材料后，应在10个工作日内向市级劳动能力鉴定委员会提出申请，并提交相关材料。

c.自劳动能力鉴定结论做出之日起1年后，工伤职工或者其直系亲属及单位认为伤残情况发生变化的，可以申请劳动能力复查鉴定，按照上述流程办理。

d.申请劳动能力鉴定应提交的材料：劳动能力鉴定申请表；职工工伤认定书复印件；有关伤情的医学诊疗情况证明材料；其他有关材料。

(4)工伤保险待遇。

工伤保险待遇标准又称工伤赔偿标准，是指工伤职工、工亡职工亲属依法应当享受的赔偿项目和标准。未参加工伤保险期间用人单位职工发生工伤的，由该用人单位按照《工伤保险条例》规定的工伤保险待遇项目和标准支付费用。根据《工伤保险条例》的规定，工伤保险赔偿项目包括工伤职工的医疗费、住院伙食补助费、外地就医交通费和食宿费、康复治疗费、辅助器具费、停工留薪费、护理费等。

四、《城市轨道交通运营管理办法》

1.概述

住房和城乡建设部于2005年7月26日向社会公布的《城市轨道交通运营管理办法》(建

设部令第140号),于2005年8月1日起正式实施。出台《城市轨道交通运营管理办法》的目的是为了加强城市轨道交通运营管理,保证城市轨道交通正常、安全运营,维护城市轨道交通运营秩序,保障乘客和城市轨道交通运营者的合法权益。《城市轨道交通运营管理办法》适用于城市轨道交通的运营及相关的管理活动。

本办法所称城市轨道交通,是指城市公共交通系统中大运量的城市地铁、轻轨等城市轨道公共客运系统。本办法所称城市轨道交通设施,是指为保障城市轨道交通系统正常安全运营而设置的轨道、隧道、高架道路(含桥梁)、车站(含出入口、通道)、通风亭、车辆、车站设施、车辆段、机电设备、供电系统、通信信号系统等设施。

2. 主要内容

(1)对工作人员的要求。

城市轨道交通运营单位工作人员应当佩戴标志、态度文明、服务规范。驾驶员、调度员、行车值班员等岗位的工作人员应当经培训合格后,持证上岗。城市轨道交通运营单位应当在车站配备急救箱,车站工作人员应当掌握必要的急救知识和技能。

(2)工作人员的工作职责。

工作人员有权制止下列危害城市轨道交通正常运营的行为:在车厢内吸烟、随地吐痰、便溺、吐口香糖、乱扔果皮、纸屑等废弃物;在车站、站台、站厅、出入口、通道停放车辆、堆放杂物或者擅自摆摊设点堵塞通道;擅自进入轨道、隧道等禁止进入的区域;攀爬、跨越围墙、护栏、护网、门闸;强行上下列车;在车厢或者城市轨道交通设施上乱写、乱画、乱张贴;携带宠物乘车;危害城市轨道交通运营和乘客安全的其他行为。

工作人员有权禁止下列危害城市轨道交通设施的行为:携带易燃、易爆、有毒和放射性、腐蚀性的危险品乘车;非紧急状态下动用应急装置;损坏车辆、隧道、轨道、路基、车站等设施设备;损坏和干扰机电设备、电缆、通信信号系统;污损安全、消防、疏散导向、站牌等标志,防护监视等设备;危害城市轨道交通设施的其他行为。

(3)突发事件的处理。

当发生地震、火灾或者其他突发事件时,城市轨道交通运营单位和工作人员应当立即报警和疏散人员,并采取相应的紧急救援措施,按照应急预案操作规程进行安全处置。遇有城市轨道交通客流量激增危及安全运营的紧急情况,应当采取限制客流量的临时措施,确保运营安全。城市轨道交通运营中发生人员伤亡事故,应当按照先抢救受伤者,及时排除故障,恢复正常运行,后处理事故的原则处理,并按照国家有关规定及时向有关部门报告。

(4)其他相关法律责任。

城市轨道交通运营单位若违反相关规定,由城市轨道交通运营主管部门依法进行处罚。

五、《中华人民共和国侵权责任法》

《中华人民共和国侵权责任法》(主席令第21号,以下简称《侵权责任法》)由中华人民共和国第十一届全国人民代表大会常务委员会第十二次会议于2009年12月26日通过,自2010年7月1日起施行。本法的立法宗旨为保护民事主体的合法权益,明确侵权责任,预防并制裁侵权行为,促进社会和谐稳定。

《侵权责任法》第三十七条规定:"宾馆、商场、银行、车站、娱乐场所等公共场所的管理人或者群众性活动的组织者,未尽到安全保障义务,造成他人损害的,应当承担侵权责任。因第三人的行为造成他人损害的,由第三人承担侵权责任;管理人或者组织者未尽到安全保障义务的，承担相应的补充责任。”

《侵权责任法》第七十三条规定：“从事高空、高压、地下挖掘活动或者使用高速轨道运输工具造成他人损害的，经营者应当承担侵权责任，但能够证明损害是因受害人故意或者不可抗力造成的，不承担责任。被侵权人对损害的发生有过失的，可以减轻经营者的责任。”

显然城市轨道交通属于公共场所，由于城市轨道交通企业的原因造成乘客伤害的，要依法承担赔偿责任。

关于人身伤害的赔偿标准，最高人民法院在《最高人民法院关于审理人身损害赔偿案件适用法律若干问题的解释》(2003年12月4日最高人民法院审判委员会第1299次会议通过，法释〔2003〕20号)中进行了说明，该解释与法律条文具有同等效力。

六、《中华人民共和国治安管理处罚条例》

1. 概述

《中华人民共和国治安管理处罚条例》(主席令第43号)的立法目的是为加强治安管理，维护社会秩序和公共安全，保护公民的合法权益，保障社会主义现代化建设的顺利进行。扰乱社会秩序，妨害公共安全，侵犯公民人身权利，侵犯公私财产，依照《刑法》的规定构成犯罪的，依法追究刑事责任；尚不够刑事处罚的，应当给予治安管理处罚的，依照本条例处罚。

2. 主要内容

(1)有下列妨害公共安全行为之一的，处二百元以下罚款或者警告：

①设置、使用民用射击场，不符合安全规定的；

②未经批准，安装、使用电网的，或者安装、使用电网不符合安全规定，尚未造成严重后果的；

③在车辆、行人通行的地方施工，对沟井坎穴不设覆盖物、标志、防围的，或者故意损毁、移动覆盖物、标志、防围的。

(2)有下列侵犯他人人身权利行为之一，尚不够刑事处罚的，处十五日以下拘留、二百元以下罚款或者警告：

①殴打他人，造成轻微伤害的；

②非法限制他人人身自由或者非法侵入他人住宅的；

③公然侮辱他人或者捏造事实诽谤他人的；

④虐待家庭成员，受虐待人要求处理的；

⑤写恐吓信或者用其他方法威胁他人安全或者干扰他人正常生活的；

⑥胁迫或者诱骗不满十八岁的人表演恐怖、残忍节目，摧残其身心健康的；

⑦隐匿、毁弃或者私自开拆他人邮件、电报的。

(3)违反消防管理，有下列①～④项行为之一的，处十日以下拘留、一百元以下罚款或者警告；有⑤～⑧项行为之一的，处一百元以下罚款或者警告：

①在有易燃易爆物品的地方，违反禁令，吸烟、使用明火的；

②故意阻碍消防车、消防艇通行或者扰乱火灾现场秩序，尚不够刑事处罚的；

③拒不执行火场指挥员指挥，影响灭火救灾的；

④过失引起火灾，尚未造成严重损失的；

⑤指使或者强令他人违反消防安全规定，冒险作业，尚未造成严重后果的；

⑥违反消防安全规定，占用防火间距，或者搭棚、盖房、挖沟、砌墙堵塞消防车通道的；

⑦埋压、圈占或者损毁消火栓、水泵、水塔、蓄水池等消防设施或者将消防器材、设备挪作他用，经公安机关通知不加改正的；

⑧有重大火灾隐患，经公安机关通知不加改正的。

小　结

本项目内容包括安全法规概述，《安全生产法》，《生产安全事故报告和调查处理条例》，安全生产相关法律法规等内容。

【思考与练习】

(1)简述安全生产法律体系。

(2)《安全生产法》的立法目的是什么？

(3)《生产安全事故报告和调查处理条例》包含哪些内容？

(4)简述《劳动法》中规定的劳动者的权利和义务。

(5)简述《生产安全事故报告和调查处理条例》中关于事故等级的划分。

(6)简述生产经营单位主要负责人的安全责任。

(7)简述生产安全事故的等级划分。

(8)简述事故调查组的职责。

(9)简述事故报告的内容。

(10)简述职业病的定义与职业病防治工作的方针。

项目5　员工安全保障

【学习目标】

1. 知识目标

(1)了解安全教育培训的重要性。

(2)了解安全教育培训的主要内容。

(3)了解现场安全生产常规教育。

(4)掌握常用的劳动防护用品。

(5)了解劳动防护用品的管理。

员工安全保障课件

2. 能力目标

(1)能够描述新工人安全生产须知、安全技术操作规程的一般规定。

(2)会使用常用的劳动防护用品。

【学习重点】

安全教育培训的重要性;安全教育培训的主要内容;安全教育和培训的形式;劳动保护内容;劳动防护用品。

【学习难点】

安全教育培训的主要内容;新工人安全生产须知、安全技术操作规程的一般规定;劳动保护内容。

学习任务1　安全教育与培训

【知识链接】

安全教育与培训视频

《安全生产法》规定:"生产经营单位应当对从业人员进行安全生产教育和培训,保证从业人员具备必要的安全生产知识,熟悉有关的安全生产规章制度和安全操作规程,掌握本岗位的安全操作技能,了解事故应急处理措施,知悉自身在安全生产方面的权利和义务。未经安全生产教育和培训合格的从业人员,不得上岗作业。"第五十五条规定:"从业人员应当接受安全生产教育和培训,掌握本职工作所需的安全生产知识,提高安全生产技能,增强事故预防和应急处理能力。"

一、安全教育意义

所谓安全教育,实际上包括安全教育和安全培训两大部分,如图5-1所示。

安全教育是通过学校教育、媒体宣传、政策导向等,努力提高人的安全意识和素质,学会从安全角度观察、理解所从事的活动和形势,用安全观点解释、处理新问题。安全教育目的是提高职工的安全意识,增强职工的安全操作技能和安全管理水平,最大程度减少人身伤害事故的发生。

安全培训,又称安全生产教育,主要是指企业为提高职工安全技术水平和防范事故能力而

图 5-1 安全制度学习培训

进行的教育培训工作,包括技能培训。安全培训是企业安全管理的主要内容。

安全培训对象及时间如下:

(1)企业法人代表、项目经理每年不少于 30 学时;

(2)专职安全管理和技术人员每年不少于 40 学时;

(3)其他管理和技术人员每年不少于 20 学时;

(4)特殊工种每年不少于 20 学时;

(5)其他职工每年不少于 15 学时;

(6)待、转、换岗重新上岗前,接受一次不少于 20 学时的培训;

(7)新工人在公司、项目、班组三级培训教育的时间分别不少于 15 学时、15 学时、20 学时。

对职工进行必要的安全教育培训,是让职工了解和掌握安全法律法规,提高职工安全技术素质,增强职工安全意识的主要途径,是保证安全生产,做好安全工作的基础。大量事实证明,任何安全事故都是由于人的不安全行为或物的不安全状态造成的,而物的不安全状态也往往是由于人的因素造成的。由此可见,避免安全事故发生、实现安全生产的关键是人。因此,必须通过安全教育培训等手段,加强全体职工的安全生产意识,提高安全生产管理及操作水平,增强自我防护能力,这样才能保证生产的顺利进行。

二、安全教育分类

按安全教育的时间分类,安全教育分为经常性的安全教育、季节性的安全教育、节假日加班的安全教育。按安全教育的内容分类,安全教育分为安全生产思想教育、安全知识教育和安全技能教育。

1. 安全生产思想教育

通过学习国家有关法律法规,掌握安全生产的方针政策,提高全体管理人员和操作人员的政策水平,充分认识安全生产的重要性。

2. 安全知识教育

全体职工都必须接受安全知识教育,掌握必备的安全生产基本知识。安全知识教育的内容包括本企业的生产状况、施工生产工艺、施工方法、施工作业的危险区域、危险部位、各种不安全因素、安全防护的基本知识及各种安全技术规范。

3. 安全操作技能教育

安全操作技能教育要结合专业、工种和岗位的特点，使职工熟练掌握操作规程、安全防护等基本知识，掌握安全生产所必须具备的基本操作技能。对于管理人员和特殊工种作业人员，要经过专门培训，通过考试合格取得岗位证书后，持证上岗，如图5-2所示。

图5-2　教育与培训

除了以上几方面之外，企业还要充分利用过去发生的重大安全事故案例及给社会、家庭造成的损失，对职工进行安全意识教育，分析事故原因，探讨预防对策。

三、安全教育对象

按照安全教育的对象，可把安全教育分为管理人员的安全教育和生产岗位职工的安全教育两大部分，包括领导干部的安全培训教育、一般管理人员的安全教育、新工人的三级安全教育、变换工种的安全教育。

1. 各级管理人员的安全教育

管理人员的安全教育是指对企业高层及一般管理人员、安全卫生人员、职能部门和车间负责人、工程技术人员的安全教育，如图5-3所示。

图5-3　管理人员的安全教育

2. 生产岗位职工的安全教育

生产岗位职工的安全教育一般有:三级安全教育,特种作业人员安全教育,经常性安全教育,“五新”作业安全教育,复工、调岗安全教育等。

四、安全教育形式

安全教育的形式一般有以下几种。

(1)广告式:包括安全广告、标语、宣传画、标志、展览、黑板报等形式,具有语言精练、方式醒目的特点。

(2)演讲式:包括教学、讲座,经验介绍,现身说法,演讲比赛等。这种教育形式可以是系统教学,也可以是专题论证、讨论,用以丰富安全知识,提高对安全生产的重视程度。

(3)会议讨论式:包括事故现场分析会、班前班后会、专题研讨会等。以集体讨论的形式,使与会者在参与过程中进行自我教育。

(4)竞赛式:包括口头、笔头知识竞赛,安全、消防技能竞赛,安全教育活动评比等,以激发人们学安全、懂安全、会安全的积极性,促进职工在竞赛活动中树立安全第一思想,丰富安全知识,掌握安全技能。

(5)声像式:即用声像等现代艺术手段,使安全教育寓教于乐,主要以安全宣传广播、电影、电视、录像等。

(6)文艺演出式:即以安全为题材编写和演出的相声、小品、话剧等文艺演出的教育形式。

(7)学校正规教学:即利用国家或企业办的大学、高职、中专、技校,开办安全工程专业,开设安全课程。

五、新工人三级安全教育

对新工人或调换工种的工人,必须按规定进行安全教育和技术培训,经考核合格,方准上岗。

公司级教育内容如下:

(1)劳动保护的意义和任务的一般教育;

(2)安全生产方针、政策、法规、标准、规范、规程和安全知识;

(3)企业安全规章制度等。

项目级教育内容如下:

(1)安全生产技术操作一般规定;

(2)施工现场安全管理规章制度;

(3)安全生产纪律和文明生产要求;

(4)在施工程基本情况,包括现场环境、施工特点,可能存在不安全因素的危险作业部位及必须遵守的事项。

班组级教育内容如下:

(1)本人从事施工生产工作的性质,必要的安全知识,机具设备及安全防护设施的性能和作用;

(2)本工种安全操作规程;

(3)班组安全生产、文明施工基本要求和劳动纪律;

(4)本工种事故案例剖析、易发事故部位及劳防用品的使用要求。

六、现场安全生产常规教育

安全生产操作规程培训现场如图5-4所示。

图5-4　安全生产操作规程培训现场

现场安全生产常规教育包括以下内容。

1. 安全生产六大纪律

(1)进入现场必须戴好安全帽,扣好帽带并正确使用个人劳动防护用品。

(2)高度为2 m以上的高处、悬空作业,无安全设施的,必须戴好安全带、扣好保险钩。

(3)高处作业时,不得往下或向上乱抛材料和工具等物件。

(4)各种电动机械设备必须有可靠有效的安全接地和防雷装置。

(5)不懂电气和机械的人员,严禁使用机电设备。

(6)非操作人员严禁进入吊装区域,吊装机械必须完好,把杆垂直下方不得站人。

2. 十项安全技术措施

(1)按规定使用安全"三宝"。

(2)机械设备防护装置一定要齐全有效。

(3)起重设备必须有限位装置,不得"带病"运转,不得超负荷作业,不得在运转中维修保养。

(4)线路架设应符合国家规定,电气设备必须全部接零接地。

(5)电动机械和手持电动工具要设置漏电掉闸装置。

(6)脚手架材料及脚手架的搭设必须符合规程要求。

(7)各种缆风绳及其设置必须符合规程要求。

(8)在建工程的"四口"必须有防护设施。

(9)严禁赤脚或穿高跟鞋、拖鞋进入施工现场,高空作业不得穿硬底和带钉易滑的鞋靴。

(10)施工现场的悬崖、陡坎等危险地区应设置警戒标志,夜间要设红灯示警。

3. 防止违章的"十不盲目操作"

(1)新工人未经三级安全教育,复工换岗人员未经安全岗位教育,不盲目操作。

(2)特殊工种人员、机械操作工未经专门安全培训,无有效安全上岗操作证,不盲目操作。

(3)施工环境和作业对象情况不清,施工前无安全措施或作业安全交底不清,不盲目操作。

(4)新技术、新工艺、新设备、新材料、新岗位无安全措施，未进行安全培训教育、交底，不盲目操作。

(5)安全帽和作业所必须具备的个人防护用品未落实，不盲目操作。

(6)脚手架、吊篮、塔式起重机、外用电梯、电焊机、钢筋机械、平刨、圆盘锯、搅拌机、打桩机等设施设备和模板支撑，未经验收合格，不盲目操作。

(7)作业场所安全防护措施不落实，安全隐患不排除，威胁人身和国家财产安全时，不盲目操作。

(8)凡上级或管理干部违章指挥，有冒险作业情况时，不盲目操作。

(9)高处作业、带电作业、禁火区作业、易燃易爆作业、爆破性作业、有中毒或窒息危险的作业和科研实验等其他危险作业的，均应由上级指派，并经安全交底；否则不盲目操作。

(10)隐患未排除，有自己伤害自己、自己伤害他人、自己被他人伤害的不安全因素存在时，不盲目操作。

4. 施工现场行走或上下的“十不准”

(1)不准从起吊、运吊中的物件下通过。

(2)不准从高处往下跳或奔跑作业。

(3)不准在没有防护的外墙和外壁板等建筑物上行走。

(4)不准站在小推车等不稳定的物体上操作。

(5)不准攀登起重臂、绳索、脚手架、吊装物上下。

(6)不准进入挂有“禁止出入”或设有危险警示标志的区域、场所。

(7)不准在重要的运输通道或上下行走通道上逗留。

(8)未经允许不准私自进入非本单位作业区域或管理区域，尤其是存有易燃易爆物品的场所。

(9)不准在无照明设施、无足够采光条件的区域、场所内行走、逗留。

(10)无关人员不准进入现场。

5. 防止触电伤害的十项基本安全操作要求

(1)非电工严禁拆接电气线路、插头、插座、电气设备、电灯等。

(2)使用电气设备前必须检查线路、插头、插座、漏电保护装置是否完好。

(3)电气线路或机具发生故障时，应由电工处理。

(4)使用手持电动机械从事湿作业时，要由电工接好电源，安装好漏电保护器，操作者必须穿戴好绝缘鞋、绝缘手套后再进行作业。

(5)搬迁或移动电气设备必须先断开电源。

(6)搬运钢筋、钢管及其他金属物时，严禁触碰电线。

(7)禁止在电线上挂晒物料。

(8)禁止使用照明器烘烤、取暖，禁止擅自使用电炉和其他电加热器。

(9)在架空线路附近工作时，应有隔离措施，且保持安全距离。

(10)电线必须架空，不得在地面、施工楼面随意乱拖，若必须通过地面、楼面时应有过路保护，物料、车、人不得压踏碾磨电线。

6. 防止车辆伤害的十项基本安全要求

(1)无驾驶证者不得驾驶车辆。

(2)车辆制动器、喇叭、转向系统、灯光等如作用不良不得出车。

(3)严禁翻斗车、自卸车车厢乘人，严禁人货混装，车辆载货应不超载、超高、超宽，捆扎应牢固可靠。

(4)头、手、身不得露出车厢外，避免人在车辆制动时跌倒。

(5)车辆进出施工现场，在场内掉头、倒车，在狭窄场地行驶时应有专人指挥。

(6)现场行车要减速。

(7)车辆停在坡道装卸作业时，应在车轮两侧用木楔固定。

(8)在临近机动车道的作业区、脚手架以及在路中的路障，应设安全色标、安全标志和防护措施，夜间要有充足的照明。

(9)行人禁止在机动车道上行走，避让车辆不应在两车交会之中，不站在旁有堆物、无法退让的死角。

(10)机动车辆不得牵引无制动装置的车辆，人不得进入正在牵引的物与车之间；在坡道上牵引时，下方不得有人作业和停留。

7. 防止高处坠落、物体打击的十项基本安全要求

(1)高处作业须着装整齐，严禁穿硬底鞋和高跟鞋，工具应随手放入工具袋。

(2)高处作业严禁互相打闹，以免失足发生坠落。

(3)在进行攀登作业时，用具必须牢固可靠，使用必须正确。

(4)手持机具使用前应检查，洞口临边作业应防止物件坠落。

(5)不得攀爬脚手架、跨越阳台。

(6)悬空作业时，应有牢靠的立足点并正确系挂安全带。

(7)所有物料应堆放平稳，不可放置在临边或洞口附近。

(8)拆除作业时，不得在走道上任意乱置或向下丢弃拆下物。

(9)不得向下或向上乱抛材料和工具等物件。

(10)凡有坠落可能的物料，都应先行撤除或加以固定；拆卸作业要设禁区并有人监护。

8. 起重吊装的"十不吊"规定

(1)起重臂和吊起的重物下有人不吊。

(2)无专职人员指挥或信号不清不吊。

(3)细长或多根物件未捆扎牢靠、吊点少于2个不吊。

(4)多孔板、积灰斗、手推翻斗车未采用四点吊或大模板外挂板不用卸甲不吊。

(5)砌块未使用砌块夹具，砖未使用砖笼，木砖、预埋件等零星物件未使用盛器，堆放不稳、不齐不吊。

(6)楼板、大梁等吊物上站人不吊。

(7)埋入地面的板桩、井点管以及粘结、附着的物件不吊。

(8)多机作业所吊重物距离小于3 m不吊。

(9)六级以上强风区不吊。

(10)斜拉重物或超过机械允许荷载不吊。

9. 防止机械伤害的"一禁、二必须、三定、四不准"

(1)不懂电气和机械的人员严禁使用和摆弄机电设备。

(2)机电设备应完好，且必须有可靠有效的安全防护装置。

(3)机电设备停电、停工休息时必须拉闸关机，并按要求上锁。

(4)机电设备应做到定人操作，定人保养、检查。

(5)机电设备应做到定机管理、定期保养。

(6)机电设备应做到定岗、定责。

(7)机电设备不准“带病”运转。

(8)机电设备不准超负荷运转。

(9)机电设备不准在运转时维修保养。

(10)机电设备运行时,操作人员不准将头、手、身伸入运转的机械行程范围内。

学习任务2 劳动保护

劳动保护视频

【知识链接】

《安全生产法》规定:“生产经营单位必须为从业人员提供符合国家标准或者行业标准的劳动防护用品,并监督、教育从业人员按照使用规则佩戴、使用。”第五十四条规定:“从业人员在作业过程中,应当严格遵守本单位的安全生产规章制度和操作规程,服从管理,正确佩戴和使用劳动防护用品。”

一、劳动保护的重要性

劳动保护是国家和单位为保护劳动者在劳动生产过程中的安全和健康所采取的立法、组织和技术措施的总称。劳动保护的目的是为劳动者创造安全、卫生、舒适的劳动工作条件,消除和预防劳动生产过程中可能发生的劳动保护伤亡、职业病和急性职业中毒,保障劳动者以健康的劳动力参加社会生产,促进劳动生产率的提高,保证社会主义现代化建设顺利进行。

劳动保护是我国的一项基本政策,不仅包含着重要的政治意义,还包含着深刻的经济意义。保护和发展生产力,最重要的是要保护劳动者,保护其在生产过程中的安全和健康。因此,做好劳动保护和提高劳动生产率、发展生产力是一致的。

二、劳动保护的内容

1. 劳动安全保护

为了保护劳动者的劳动安全,防止和消除劳动者在劳动和生产过程中的伤亡事故,防止生产设备遭到破坏,我国《劳动法》和其他相关法律、法规制定了劳动安全技术规程,主要包括:机器设备的安全;电气设备的安全;锅炉、压力容器的安全;建筑工程的安全;交通道路的安全等。企业必须按照劳动安全技术规程使各种生产设备达到安全标准,切实保护劳动者的劳动安全。

2. 劳动卫生保护

为了保护劳动者在劳动生产过程中的身体健康,避免有毒、有害物质的危害,预防、消除职业中毒和职业病,我国制定了有关劳动卫生方面的法律、法规。这些法律、法规都制定了相应的劳动卫生规程,主要包括:防止粉尘危害;防止有毒、有害物质的危害;防止噪声和强光的刺激;防暑降温和防冻取暖;保证通风和照明;保证个人保护用品的供给。企业必须按照劳动卫生规程达到劳动卫生标准,切实保护劳动者的身体健康。

三、劳动防护用品

劳动防护用品指由生产经营单位为从业人员配备的,使其在劳动过程中免遭或减轻事故伤害及职业危害的个人防护装备,如图5-5所示。

图 5-5 劳动防护用品

劳动防护用品分为特种劳动防护用品和一般劳动防护用品。在施工现场必须正确穿戴劳动防护用品，标示牌如图 5-6 所示。

图 5-6 施工现场正确穿戴劳动防护用品标示牌

常用的劳动防护用品主要包括头部防护用品、呼吸器官防护用品、眼面部防护用品、听觉器官防护用品、手部防护用品、足脚部防护用品。

1. 头部防护用品

头部防护用品是为了防御头部不受外来物体打击和其他因素危害而配备的个人防护装备。根据防护功能要求，头部防护用品目前主要有一般防护帽、防尘帽、防水帽、防寒帽、安全帽、防静电帽、防高温帽、防电磁辐射帽、防昆虫帽九类。

在工伤、交通死亡事故中，因头部受伤致死的比例最高，大约占死亡总数的 35.5%，其中因坠落物撞击致死的比例最高，其次是交通事故。使用安全帽能够避免或减轻上述伤害。

(1)通用型安全帽(图 5-7)。

这类安全帽分为只防头的顶部冲击和既防头的顶部冲击又防侧向冲击两种，具有耐穿刺

图 5-7　通用型安全帽

特点，适用于建筑运输等行业。有火源场所使用的通用型安全帽耐燃。

(2)特殊型安全帽。

①电业用安全帽：帽壳绝缘性能很好，在电气安装、高电压作业等中使用较多。

②防静电安全帽：帽壳和帽衬材料中加有抗静电剂，用于有可燃气体或蒸气及其他爆炸性物品的场所，属《中华人民共和国爆炸危险场所电气安全规程(试行)》(劳人护[1987]36 号)规定的 0 区、1 区，可燃物的最小点燃能量在 0.2 毫焦以上。

③防寒安全帽：低温特性较好，利用棉布、皮毛等保暖材料做面料，在温度不低于－20 ℃的环境中使用。

④耐高温、辐射热安全帽：热稳定性和化学稳定性较好，适用于消防、冶炼等有辐射热源的场所。

⑤抗侧压安全帽：机械强度高，抗弯曲，用于林业、地下工程、井下采煤等行业。

⑥带有附件的安全帽：为了满足某项使用要求而带有附件的安全帽。

2. 呼吸器官防护用品

呼吸器官防护用品是为防御有害气体、蒸气、粉尘、烟、雾从呼吸道吸入，直接向使用者供氧或清洁空气，保证作业人员在尘、毒污染或缺氧环境中正常呼吸的防护用品。

呼吸器官防护用品主要有防尘口罩和防毒口罩(面罩)，如图 5-8 所示。

3. 眼面部防护用品

预防烟雾、尘粒、金属火花和飞屑、热源、电磁辐射、激光、化学飞溅等伤害眼睛或面部的个人防护用品称为眼面部防护用品。如图 5-9 所示为焊接护目镜。

眼面部防护用品种类很多，根据防护功能，大致可分为防尘、防水、防冲击、防高温、防电磁辐射、防射线、防化学飞溅、防风沙、防强光九类。

4. 听觉器官防护用品

能够防止过量的声能侵入外耳道，使人耳避免噪声的过度刺激，减少听力损失，预防由噪声对人身引起不良影响的个体防护用品，称为听觉器官防护用品。听觉器官防护用品主要有耳塞、耳罩和防噪声头盔三大类。如图 5-10 所示为防噪音耳罩。

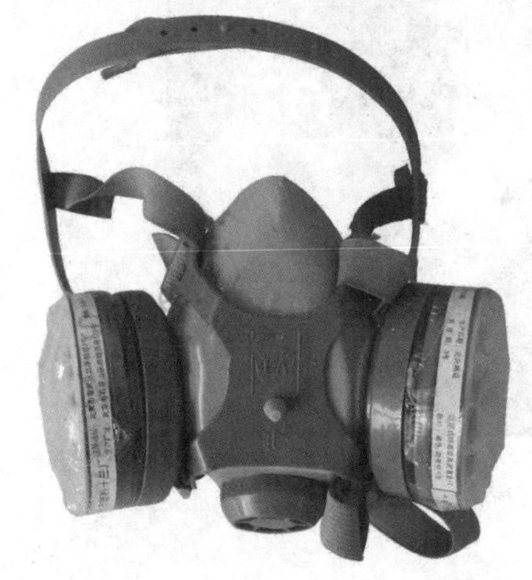

图 5-8 防毒口罩

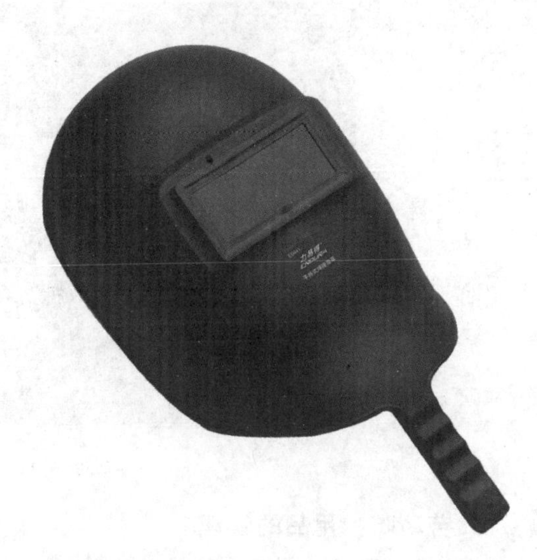

图 5-9 焊接护目镜

图 5-10 防噪音耳罩

5. 手部防护用品

具有保护手和手臂的功能，供作业人员劳动时使用的手套称为手部防护用品，通常称为劳动防护手套，如图 5-11 所示。

手部防护用品按照防护功能分为十二类，即一般防护手套、防水手套、防寒手套、防毒手套、防静电手套、防高温手套、防 X 射线手套、防酸碱手套、防油手套、防振手套、防切割手套、绝缘手套。每类手套按照材料又能分为许多种。

6. 足腿部防护用品

足腿部防护用品是防止有害物质和能量损伤足腿部的防护用品。根据防护部位和防护功能，足腿部防护用品分为护膝用品、护腿用品、足护盖用品和防护鞋(靴)四类。其中防护鞋(靴)的品种较多，应用也较为广泛。

四、劳动防护用品发放和管理

为了保证公司员工的身体情况在日常工作操作中不受到伤害，应根据不同岗位的要求向公司员工发放劳动防护用品。

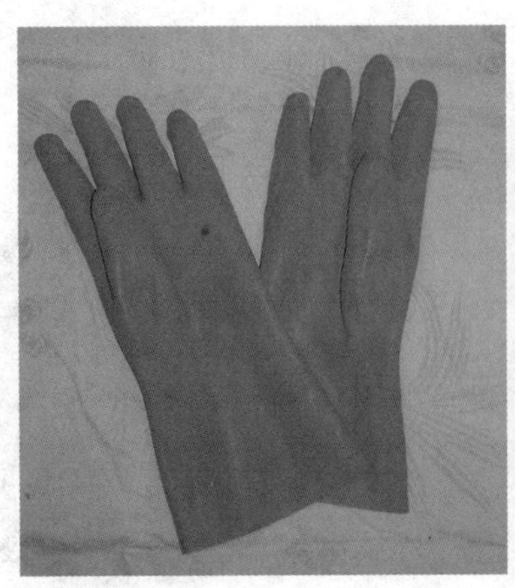
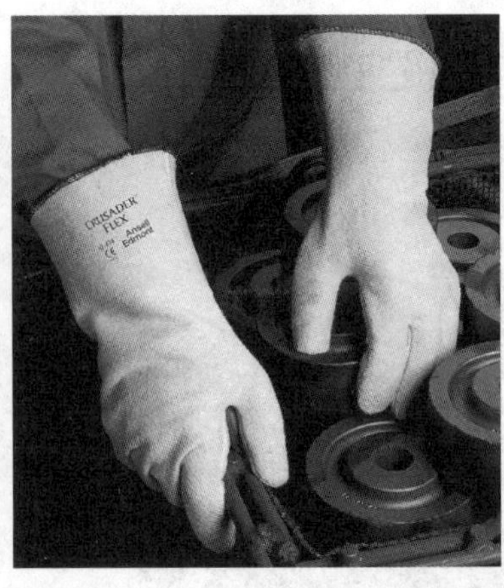

图 5-11 劳动防护手套

1. 劳动防护用品的管理

(1)规定已列入的工种(岗位),因特殊原因需要变更劳动防护用品标准时,由所在部门申请签字,交上级部门审核,报公司分管副总经理审批后,由仓库进行发放。

(2)根据企业发展的需要,对出现新的工种(岗位)需发放未列入的劳动防护用品时,由公司按实际需要补充。

(3)大件防护用品包括单防护服、夏季防护服、衬衣、防护皮鞋、胶(球)鞋、棉大衣、雨鞋等。

(4)发给个人的防护用品,在使用中失效或正常损坏可更换。但必须严格手续,以旧换新。

(5)对特殊身材的职工,由单位统一安排,量体裁衣、定做加工与其身材相适应的防护用品。

(6)生产部负责制定公司年度防护用品计划,监督劳动防护用品的购置质量,并对其发放和使用情况进行经常性的检查。

(7)采购部根据年度计划,负责制定劳动防护用品的采购计划并组织采购,对采购防护物品的质量负责。如发现质量问题采购人员负责退货。

(8)各部门要建立劳动防护用品领发明细账目,掌握使用人数,根据标准严格把关,切实做好领、发工作。经批准领取集体备用的防护用品,由本部门负责人在登记本上签字领取并控制发放。使用中发现有质量问题时,及时与采购部联系,协商解决。

(9)从事多工种作业的职工,应按其从事主要工种发放劳动防护用品,并补充发放其他工种必须具备的防护用品,但使用时间相应延长(根据工作情况相应折算,确定延长时间)。遇有特殊情况或因公出差需增加防护用品时,可由使用部门申报,经上级主管部门审核,报分管副总经理批准后发放。

(10)休长假的职工(休产假、病假等 2 个月以上者),在休假期间不发放劳动防护用品。

(11)对于各单位的临时工、合同工、季节工、回聘人员、实习生等,按照其从事的工作发放相应的防护用品,但应报上级主管部门审核备案;对于工作时间不足一年的人员,大件防护用品可临时发放旧的,待工作结束后洗净交回;调出公司人员应将使用的大件劳动防护用品交回;未交回应交物品的人员,上级主管部门不予办理手续。

(12)职工因工作需要在公司内调动时,应将个人劳保用品手册一同带到调入部门,并按调入部门工种(岗位)配发防护用品。人力资源应将人员调动情况及时通知上级主管部门。

2. 劳动防护用品使用规定

(1)各部门应加强劳动防护用品的使用管理,经常组织有关人员检查各岗位、各工种的人员是否按规定要求着装上岗,发现不符合要求者应予以纠正。对不按要求着装上岗的人员一经发现,公司将按有关规定予以处罚,由此造成的一切后果、责任自负。

(2)在易燃、易爆、易烧灼和有静电发生的场所作业的人员,严禁发放化纤类材料的防护用品和带铁钉底的足腿部防护用品。电工进网作业必须穿绝缘鞋,在特殊作业环境作业必须穿戴齐全(如有微波辐射、放射性污染等环境)。

(3)在从事重物搬运、翻移、加工、周转等易造成砸伤或刺穿、扎伤事故作业时,必须穿防护皮鞋,其他作业环境可酌情穿布面胶鞋等足腿部防护用品,但要确保安全,由此发生的伤害事故,责任自负。

(4)劳动防护用品必须用于生产,严禁变卖。若发现有私自变卖者,除照价赔偿外,罚款200元;如发生丢失或因非工作原因造成严重破损的,由责任者本人提出申请,按原价自行购置。

(5)使用部门凭劳动防护用品卡到仓库开具出库单,仓库应根据出库单发放劳动防护用品。领取时须做必要的质量检查。

(6)使用者严格按照规定方法使用、佩戴、维护劳动防护用品。使用期满后,到仓库办理以旧换新手续。未到期损坏或丢失劳动防护用品者,须出具书面说明,由所在部门负责人核实签字,再到仓库申请补领。

(7)仓库负责劳动防护用品的综合管理。统一建立管理台账,实行每人一卡制,详细记录姓名、工种、品名、发放标准、领用时间等事项。发放标准执行国家或行业标准,不得降低标准或减少劳动防护用品种类。

(8)从业人员调离原岗位或离职,人力资源须开具工种变更证明并备案。一人从事多工种作业的,只执行高标准劳保待遇。离职学习或外借期间,劳动防护用品停发。

(9)劳动防护用品费用由企业负担,统一购买,不得以实物或现金代替劳动防护用品的发放。

小　　结

本项目主要讲述了员工安全教育培训的重要性,安全教育培训的主要内容,劳动保护的重要性,劳动保护的主要内容以及劳动防护用品的类型。

【思考与练习】

(1)简述安全教育的意义。

(2)为什么要对职工进行安全教育培训?

(3)简述安全教育培训对象及时间。

(4)简述安全教育的形式。

(5)安全教育培训的主要内容有哪些?

(6)简述现场安全生产常规教育。

(7)什么是劳动保护?劳动保护的目的是什么?

(8)劳动安全保护主要包括什么?

(9)劳动卫生保护主要包括什么?

(10)什么是劳动防护用品?主要包括哪些类型?

(11)简述常用的劳动防护用品。

(12)简述劳动防护用品的管理。

项目 6　安全事故报告与调查处理

【学习目标】

1. 知识目标

(1)理解工程安全事故的特点、分类与分级。

(2)熟悉工程安全事故的单位安全责任划分。

(3)了解安全事故应急处理应遵循的原则。

(4)了解城市轨道交通典型事故类型、原因分析。

(5)了解事故的调查和处理的内容。

(6)了解事故报告的内容。

安全事故报告与调查处理课件

2. 能力目标

能够理解城市轨道交通常见安全事故调查的内容、调查手段、方法。

【学习重点】

城市轨道交通常见安全事故;安全事故应急处理原则;事故调查手段、方法;事故的调查和处理的内容。

【学习难点】

城市轨道交通常见安全事故分析;城市轨道交通事故报告内容;事故的调查和处理的内容。

安全事故发生后,正确及时地进行通报与调查处理,分清事故责任,一方面可以加强事故救援工作,另一方面可以汲取事故经验与教训,对事故预防有着重要的作用。《生产安全事故报告和调查处理条例》如图 6-1 所示。

图 6-1 《生产安全事故报告和调查处理条例》

学习任务1 常见安全事故

施工安全管理的范围主要包括：车辆运行、路基、路面、桥梁、隧道、爆破、电气使用等各种作业的安全管理。其中各个管理方面都包含了对在过程中起到能动作用的人的管理，系统中的各种机械、工具等的物的管理，以及对施工环境的管理。工程施工是一个复杂的人、机系统，其安全事故主要是由施工环境、管理人员、作业人员、机械设备和材料等方面的原因引起的。

在施工中常见的安全事故具体如下。

(1)机械事故：指机械设备或工具引起的绞、碾、碰、割、戳、切等伤害事故，但不包括车辆、起重设备引起的伤害事故。如施工机械或运输机械将人员撞、轧、挤、割等伤害，机械失稳和倾翻事故造成人员伤害，运转中的机械部件飞出伤害人员。

(2)坍塌事故：指建筑物、构筑物、堆置物、隧道等倒塌以及土石塌方引起的事故，包括施工挖方地段边坡塌方，现场结构物和施工临时设施的坍塌，沟槽因支护不到位造成塌方而引起的事故。

案例1：2014年12月6日11时35分，厦蓉高速公路扩容工程福建龙岩后祠隧道发生塌方事故，21名被困工人全部安全获救，如图6-2所示。造成事故直接原因：坍塌段地质条件差，坍塌前遭遇连续降雨；违规进行换拱等作业。造成事故间接原因：施工单位安全生产制度不落实，对风险认识与管控不足；监理工作不到位；监控测量单位工作不到位；设计单位常驻项目设计代表组后续服务不到位；建设单位安全管理制度落实不到位；安全监管单位对部分安全隐患督促整改落实不到位。

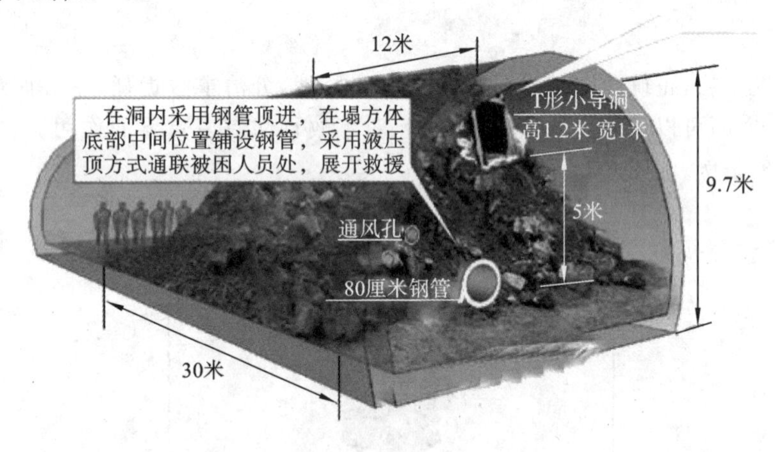

图6-2 龙岩后祠隧道塌方救援方案

坍塌事故主要以路基和桥梁事故为主。根据统计分析，桥梁坍塌事故占坍塌事故的46%，路基边坡坍塌事故占坍塌事故的36%，模板脚手架坍塌事故占坍塌事故的12%。

案例2：2004年4月4日，福建罗长高速公路马尾到琯头段发生大面积塌方，如图6-3所示，塌方路段长度约70米，塌陷落差达15米左右。造成事故的主要原因是路基软、地质差，淤泥又深又厚，雨季来临使地下淤泥产生流动。

案例3：2011年7月14日上午，福建武夷山市的武夷山公馆大桥北端发生垮塌事故，如图6-4所示，一辆旅游大巴车坠入桥下，造成1人当场死亡，22人受伤。造成事故的直接原因是重型货车严重超载(质量达80余吨)。

图 6-3　马尾到琯头路段塌方

图 6-4　武夷山公馆大桥垮塌

案例 4：2012 年 8 月 24 日 5 时 32 分许，哈尔滨市三环路群力高架桥洪湖路上行匝道垮塌，如图 6-5 所示，导致 4 台货车翻落，造成 3 人死亡、5 人受伤。9 月 19 日下午，哈尔滨市政府公布了事故的调查结果：导致大桥垮塌的直接原因是 4 辆货车严重超载。

图 6-5　哈尔滨市群力高架桥匝道垮塌

(3)高处坠落事故:指由于危险重力势能差引起的伤害事故,包括脚手架、平台、陡壁施工等场合发生的坠落事故,由地面踏空失足坠入洞、沟、升降口、漏斗等引起的伤害事故。其包括从结构物上、挖方段边缘或沟槽边缘以及较高的施工机械设备上坠落造成的事故。

在桥梁建设等项目中需要登高作业时,如果作业人员没有按要求佩戴好安全带或脚手架发生故障或安全防范措施不到位,都可能造成高处坠落伤害事故。尤其是脚手架一旦发生故障,容易造成群死群伤的重大事故,需要格外注意。

(4)物体打击事故:指失控物体的惯性力造成的人身伤害事故。包括高处落物伤害到人员或设备,碎屑或碎片飞溅伤害,以及撞到运动或静止的硬物而造成伤害。

(5)烫伤事故:指强酸、强碱溅到身体上引起的灼伤,或因火焰引起的烧伤,因高温物体引起的烫伤,因放射线引起的皮肤损伤等事故。包括电焊、气焊以及沥青加工和施工造成的烫伤。

(6)意外火灾事故:指造成人身伤亡的企业火灾事故。包括煤气、氧气泄漏,电焊、气焊火花,以及各种用电设施引起的火灾。

案例5:2010年11月15日14时,上海静安区一栋高层公寓起火。起火点位于10～12层之间,整栋楼都被大火包围着,导致58人遇难。事故是由于无证电焊工违章操作引起的;还有装修工程违法违规、层层多次分包,施工作业现场管理混乱,以及有关部门安全监管不力等原因。

(7)触电事故:指由于电流流经人体导致的生理伤害事故。机械设备漏电、电缆破损、临时用电配电箱漏电造成人员触电等称触电事故。

(8)气体中毒事故:包括开挖沟槽、隧道等过程中因有毒气体造成的人员中毒事故,或食堂煤气泄漏造成的中毒事故。

(9)粉尘造成的职业伤害:指施工过程中水泥、石灰、细砂等产生的扬尘对人员肺部造成的伤害。

(10)冒顶片帮事故:指矿井工作面、巷道侧壁由于支护不当、压力过大造成的坍塌(片帮)以及顶板垮落(冒顶)事故,包括从事矿山、地下开采和掘进及其他坑道作业时发生的坍塌事故。

(11)透水事故:指从事矿山、地下开采或其他坑道作业时,意外水源带来的伤亡事故,不包括地面水害事故。

(12)淹溺事故:指由于水大量经口、鼻进入肺内,导致呼吸道阻塞,发生急性缺氧而窒息死亡的事故,包括船舶、排筏、设施在航行、停泊、作业时发生的落水事故。

(13)车辆伤害事故:指本企业机动车辆引起的机械伤害事故。

(14)起重伤害事故:指从事各种起重作业时发生的机械伤害事故,但不包括上下驾驶室时发生的坠落伤害事故和起重设备引起的触电事故以及检修时制动失灵引起的伤害事故。

(15)放炮事故:指由于放炮作业引起的伤亡事故。

(16)瓦斯爆炸事故:指可燃性气体瓦斯、煤尘与空气混合形成的达到燃烧极限的混合物接触火源时引起的化学性爆炸事故。

(17)火药爆炸事故:指火药与炸药在生产、运输、贮藏过程中发生的爆炸事故。

(18)容器爆炸事故:指压力容器破裂引起的气体爆炸(物理性爆炸)以及容器内盛装的可燃性液化气在容器破裂后立即蒸发,与周围空气混合形成的爆炸性气体混合物遇到火源时产生的化学爆炸事故。

常发生的事故类型有坍塌事故、高处坠落事故、物体打击事故、触电事故等。据统计,其中坍塌事故起数占事故总起数的54%,高处坠落事故起数占事故总起数的18%,物体打击事故和触电事故起数分别占事故总起数的9%。由此可见,安全生产形势是非常严峻的,安全生产管理任重道远。

学习任务2　安全事故分类分级

一、基本概念

生产安全事故及条例视频

安全事故是指在运营生产过程中,因违反规章制度、违反劳动纪律、技术设备不良及其他原因,造成人员伤亡、设备损坏、经济损失、影响正常运营生产或危及运营生产安全的事件。

二、事故的特点与分类

1. 事故的特点

(1)事故是一种发生在人们生产、生活活动中的特殊事件,人们的任何生产、生活活动中都可能发生事故。

(2)事故是一种突发的、出乎人们意料的意外事件。突发事件是指在生产活动中,因不可预见的或不可控制的因素造成或可能造成人员伤亡、严重影响运营生产、需要依靠外部支援立即进行处理的偶然性事件。

(3)事故是一种迫使正在进行的生产、生活活动暂时或永久停止的事件。

2. 事故分类

事故的依据不同,其分类的方法也不同。大致来说,城市轨道交通安全事故有以下几种分类方法。

(1)按照事故造成的伤害程度,分为轻伤事故、重伤事故和死亡事故。轻伤是指损失工作日在1日(含)以上但小于105日的失能伤害;重伤是指损失工作日大于或等于105日的失能伤害;死亡按6000个工作日计算。

(2)根据事故是否为不可控力因素造成的,分为责任事故与非责任事故。

(3)根据《国家突发公共事件总体应急预案》分类标准,突发公共事件主要分为以下四类。

①自然灾害,主要包括水灾、气象灾害、地震灾害、地质灾害等。

②事故灾难,主要包括地铁运营过程中发生的各类安全事故和设备故障等。

③公共卫生事件,主要包括传染病疫情、群体性不明原因疾病、动物疫情,以及其他严重影响公众健康和生命安全的事件。

④社会安全事件,主要包括恐怖袭击事件等。

各类突发公共事件按照其性质、严重程度、可控性和影响范围等因素,一般分为Ⅰ级(特别重大)、Ⅱ级(重大)、Ⅲ级(较大)和Ⅳ级(一般),依次用红色、橙色、黄色和蓝色表示。

(4)根据事故伤害对象的不同,分为因工伤亡事故、设备设施事故、发生地外人员伤亡事故。

(5)根据事故的不同特点,分为工程施工类事故、设备设施类事故、行车类事故、客运类事故、自然灾害类事故等。

三、事故分级

我国安全事故等级划分标准如下。

一般事故:重伤1～9人(包括急性工业中毒,下同),或轻伤5人以上,造成直接经济损失100万～900万元,上报市级,县级处理。

较大事故:死亡1～9人,重伤10～49人,造成直接经济损失1000万～5000万元,一般火灾,上报省级,市级处理。

重大事故:死亡10～29人,重伤50～99人,造成直接经济损失5000万～1亿元,较大火灾,上报国务院,省级处理。

特别重大事故:死亡30人以上,重伤100人以上,造成直接经济损失1亿元以上,特别重大火灾,上报国务院,国务院处理。

目前尚未制定城市轨道交通运营安全事故等级划分标准。在这种背景下,各城市轨道交通运输企业结合自身运营实际,根据《生产安全事故报告和调查处理条例》《地铁运营安全评价标准》(GB/T 50438—2007),以及事故造成的人员伤亡、直接经济损失、中断行车时间等情形,将城市轨道交通运营安全事故分为特别重大事故、重大事故、较大事故和一般事故。

学习任务3　安全事故报告

一、安全事故报告原则

(1)迅速、准确、真实的原则。任何部门和个人对安全事故不得迟报、漏报、谎报或者瞒报,实行“首报、续报、终报”制度。

(2)逐级报告的原则。

(3)公司内部、上级领导及协作单位并举的原则。

二、事故报告要求(以城市轨道交通运营为例)

1. 城市轨道交通运营安全事故报告流程

城市轨道交通运营安全事故报告流程如图6-6所示。行车控制中心是城市轨道交通运营单位的信息收发中心和通信联络中心,负责信息的收集、整理、分析和处理。

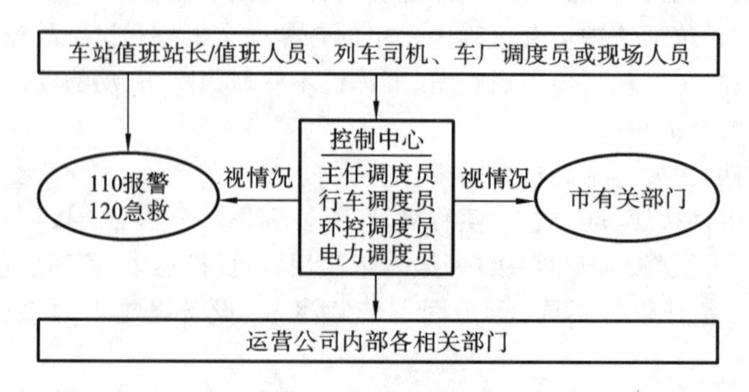

图6-6　运营安全事故报告流程

2. 事故报告的有关要求

(1)发生各类事故时,有关人员按要求及时汇报调度中心,调度中心按要求通知相关部门,并按《生产安全事故报告和调查处理条例》的要求向有关部门报告。

①当事故发生在车站时,由车站行车值班人员或现场人员立即向行车调度员报告。

②当事故发生在车辆段时,由事发地归属部门生产调度员(车务部为车厂调度员、物资部为值班人员)或现场人员立即向行车调度员报告。

③当事故发生在区间时,由司机或现场人员立即向行车调度员报告,或通过车站行车值班人员向行车调度员报告。

④当供电系统发生影响运营的故障时,由现场值班人员立即向电力调度员报告,电力调度员接到报告后立即报告主任调度员,并向行车调度员通报。

(2)按就近处理的原则,发生立即需要外部支援的运营安全事故(如火灾、爆炸、有人员伤亡等)时,应做到以下几点:

①现场人员有条件时应立即拨打110、120;

②控制中心当值人员接到报告后应立即拨打110、120;

③控制中心接到报告后视情况通知市有关部门。

(3)控制中心所通知的市有关部门是指市应急指挥中心、市交通委、市公安局、市急救中心等政府组织机构,由主任调度员决定通知范围或执行运营公司的领导指示。

(4)各生产部门调度员负责向部门相关人员进行通报,具体办法由各部门分别另行制定。

(5)事故发生后,事故发生单位在报告的同时,应按相应应急处理程序的要求,开展应急救援工作,防止事故扩大。

(6)事故具体情况暂时不清楚的,事故发生部门可以先报事故概况,随后补报事故全面情况。一般事故、较大事故每日至少续报1次;重大事故、特别重大事故每日至少续报2次。自事故发生之日起30日内(道路交通、火灾事故自发生之日起7日内),事故造成的伤亡人数发生变化的,应于当日续报。

三、事故报告信息内容

(1)事故发生单位的名称、地址、性质、产能等基本情况。

(2)事故发生的时间、地点以及事故现场情况。

(3)事故发生的简要经过(包括应急救援情况)。

(4)事故已经造成或者可能造成的伤亡人数(包括下落不明、涉险的人数)和初步估计的事故造成的直接经济损失。

(5)已经采取的措施。

(6)其他应当报告的情况。

四、事故电话快报内容

(1)事故发生单位的名称、地址、性质。

(2)事故发生的时间、地点。

(3)事故已经造成或者可能造成的伤亡人数(包括下落不明、涉险的人数)。

五、事故的应急救援

事故发生单位负责人接到事故报告后，应当立即启动事故相应应急预案，并采取有效措施，组织抢救，防止事故扩大，减少人员伤亡和财产损失。事故发生地有关地方人民政府、安全生产监督管理部门和负有安全生产监督管理职责的有关部门接到事故报告后，其负责人应当立即赶赴事故现场，组织事故救援。

学习任务4　事故的调查处理

案例剖析视频

一、概述

事故调查是指事故发生后，为获取有关事故发生原因的全面资料，找出事故发生的根本原因，防止类似事故而进行的调查。

（1）事故调查的目的：满足法律要求；描述事故发生过程和有关情况；鉴别事故发生的原因；提出整改措施；积累事故资料；了解被调查设备的性能；判明有关人员的责任。

（2）事故调查处理的原则：政府负责、分级实施的原则；相互配合、提高效率的原则；实事求是、尊重科学的原则；“四不放过”原则。

（3）事故调查处理通常分五个阶段：事故现场的保护及组织事故调查组；现场勘查；分析事故原因，明确责任者；提出处理意见，出具调查报告；事故的处理结案。

二、事故现场的保护及组织事故调查组

1. 事故现场的保护

事故发生后，首先抢救伤员和排除险情，制止事故蔓延扩大，稳定施工人员情绪。同时，严格保护事故现场。因抢救伤员、疏导交通、排除险情等需移动现场物件时，应做出标志，绘制现场简图并做书面记录，妥善保存现场重要痕迹、物证，并拍照或录像。

清理事故现场，应在调查组和有关部门同意后，方能进行。

2. 组织事故调查组

轻伤、重伤事故，由企业负责人或其指定人员组织生产、技术、安全等有关人员以及工会成员参加的事故调查组进行调查。

重大伤亡事故，由事故发生地的市、县级以上的建设行政主管部门组织事故调查组进行调查。

三、现场勘查主要内容

1. 做笔录

（1）发生事故的时间、地点、气候等。

（2）现场勘查人员姓名、单位、职务、联系电话等。

（3）现场勘查起止时间、勘查过程。

（4）设备、设施损坏或异常情况及事故前后的位置。

（5）能量逸散所造成的破坏情况、状态、程度等。

(6)事故发生前后的劳动组合、现场人员的位置和行动。

2. 拍照或录像

(1)方位拍摄:反映事故现场在周围环境中的位置。

(2)全面拍摄:反映事故现场各部分之间的联系。

(3)中心拍摄:反映事故现场中心的情况。

(4)细目拍摄:揭示造成事故发生直接原因的痕迹物、致害物等。

3. 绘制事故图

(1)建筑物平面、剖面图。

(2)事故时人员位置及疏散图。

(3)破坏物立面或展开图。

(4)涉及范围图。

(5)设备或工、器具构造图等。

4. 搜集相关材料

(1)受害人和肇事者姓名、年龄、文化程度、工龄等。

(2)出事当天受害人和肇事者的工作情况,过去的事故记录。

(3)个人防护措施、健康状况及与事故致因有关的细节或因素。

(4)对证人的口述材料应经本人签字认可,并应认真考证其真实程度。

四、分析事故原因,明确责任者

要以事实为依据,以规章为准绳,按“四不放过”原则处理事故,认真调查分析,查明原因,分清责任,吸取教训,制定对策,防止同类事故再次发生。

小　　结

本项目主要讲了常见安全事故;安全事故分类、分级;安全事故报告内容;事故的调查处理等内容。

【思考与练习】

(1)简述工程安全事故的特点。

(2)简述事故按国家标准的分类。

(3)简述建设工程安全事故等级。

(4)简述工程安全事故发生的主要原因。

(5)简述建设单位、设计单位、监理单位、施工单位的安全责任。

(6)简述安全事故应急处理应遵循的原则。

(7)为什么说事故调查是最有效的安全管理手段之一?

(8)请根据事故的特性,说明任何事故都是可以预防的。

(9)如何理解“事故是企业管理不佳的表现形式”这句话的含义。

(10)如何进行安全检查?怎样检查才能发现问题?有什么技巧?

(11)城市轨道交通发生的典型事故类型有哪些?

(12)简述事故现场有关人员和单位负责人上报事故的时限及原因。

(13)简述事故调查组长的职责。

(14)简述城市轨道交通安全事故调查的内容。

(15)在学校或大型公共场所开展一次安全状况调查。

要求:调查各类安全问题的存在情况及其解决对策;

综合运用问、照、测、查、算等手段。

项目7　安全系统分析与评价

【学习目标】

1. 知识目标

(1)了解安全系统工程有关概念。

(2)了解安全系统分析方法。

(3)理解安全系统管理内涵和特点。

(4)掌握安全系统管理基本内容。

(5)掌握安全生产检查内容、检查方式。

(6)会编制安全检查表。

(7)会用因果图分析安全事故。

(8)了解事故树分析法。

安全系统分析与评价课件

2. 能力目标

(1)会应用安全系统分析方法。

(2)学会撰写安全验收评价报告。

【学习重点】

安全系统工程有关概念;安全系统分析方法;安全生产检查内容、检查方式;安全检查表;事故树分析方法;事件树分析方法。

【学习难点】

安全系统分析方法;事故树分析方法;事件树分析方法。

安全系统分析与评价是安全系统工程的重要组成部分,而安全系统工程是系统工程在安全领域的具体应用,是一种科学的现代安全管理方法。

学习任务1　安全系统工程

一、概念

1. 系统

“系统”一词由英文单词 system 音译而来,是指将零散的东西进行有序整理、编排形成的具有整体性的结构。如在数字信号处理中,人们把能加工、变换数字信号的实体称作系统。按照系统的观点,管理系统具有6个特征:集合性、相关性、目的性、整体性、层次性、适应性。

2. 系统工程

系统工程是为了更好地实现系统的目的,对系统的组成要素、组织结构、信息流、控制机构等进行分析研究的科学方法。它运用各种组织管理技术,使系统的整体与局部之间的关系更加协调,实现总体的最优运行。系统工程不同于一般的传统工程学,它所研究的对象不限于特定的工程对象，而是任何一种系统。

3. 安全系统工程

安全系统工程是指在系统思想指导下，运用先进的系统工程的理论和方法，对安全及其影响因素进行分析和评价，建立综合集成的安全防控系统并使之持续有效运行的方法。简言之，安全系统工程就是在系统思想指导下，自觉运用系统工程的原理和方法进行的安全工作的总体。

安全系统工程的主要内容包括安全系统分析、安全系统评价和安全系统管理。

安全分析与评价视频

二、安全系统分析方法

随着安全系统工程的广泛应用和不断发展，在实际工作中出现了许多不同形式的安全系统分析与评价方法，它们都有各自的特点和一定的适应范围，相互之间可以相互补充。

目前，安全系统分析的方法主要有安全检查表法、因果分析图法、排列图法、事故树分析法等。其中安全检查表法、因果分析图法和排列图法等分析方法仅用于安全事故的定性分析，它们虽能发现系统中的不安全因素，但难以揭示各因素之间的组合关系。

1. 安全检查表法

安全检查表法依据相关的标准、规范，对工程中已知的危险类别、设计缺陷以及一般工艺设备、操作、管理有关的潜在危险和有害性进行判别检查，适用于工程的各个阶段，是系统安全工程中广泛应用的系统危险性评价方法。安全检查表的编制主要依据以下四个方面的内容。

(1)国家、地方的相关安全法规、规范和标准，行业、企业的规章制度、标准及企业安全生产操作规程。

(2)国内外行业、企业事故统计案例及吸取的经验教训。

(3)行业及企业安全生产的经验，特别是本企业安全生产的实践经验，引发事故的各种潜在不安全因素及成功杜绝或减少事故发生的成功经验。

(4)系统安全分析的结果，如采用事故树分析方法找出的不安全因素。

2. 因果分析图法

因果分析图法是一种逐步深入研究、寻找事故原因的方法。由于事故产生的原因是多方面的，而每一种原因的作用又不同，因此往往需要在考虑综合因素时，按照从大到小、从粗到细的方法，逐步找到产生问题的根源。

3. 排列图法

排列图法是将影响安全系统的各种因素，按照出现的频数从大到小的顺序排列在横坐标上，在纵坐标上标出因素出现的累积频数，并画出对应的变化曲线的分析方法。

排列图由两个纵坐标、一个横坐标、若干个直方图形和一条曲线组成。其中左边的纵坐标表示频数，右边的纵坐标表示累计频率，横坐标表示影响安全系统的各种因素。直方图形表示影响安全系统的因素，直方图形的高度则表示影响安全系统因素的大小程度，按大小顺序由左向右排列，曲线表示各影响因素大小的累计百分数，称为帕累特曲线。

4. 事故树分析法

事故树分析法又称故障树分析法，是安全系统工程的重要分析方法之一，是一种演绎的安全系统分析方法。

事故树分析法是从要分析的特定事故或故障(顶上事件)开始，层层分析其发生原因，直到找出事故的基本原因(底事件)为止。这些底事件又称为基本事件,它们的数据已知或者已经有统计或实验的结果。

学习任务2 安全检查表法

一、概述

安全检查表法视频

1. 安全检查表的格式

安全检查表是系统安全工程中广泛应用的系统危险性评价方法,其基本格式见表7-1。安全检查表以问答的形式出现,一般由两部分内容组成。

(1)标明安全检查表的名称和被检查系统的名称(单位、工种)、检查时间、检查人等。

(2)序号、检查项目(检查内容,要求逐条编号)、检查结果、整改措施等内容。

表7-1 安全检查表

检查时间	检查单位	检查人	检查部位	整改负责人
序号	检查项目	检查结果		整改措施
		是	否	

2. 安全检查表的内容及要求

安全检查表可以根据运营安全管理的层级结构编写,也可按照专题编写,如防暑降温、防寒过冬等季节性安全检查表。

(1)安全检查表的项目及要求。安全检查表的检查项目,应列出所有可能导致事故发生的因素或状态,即要求所列检查项目系统、全面、完善。检查的项目越全面,检查的地方越彻底,漏掉的安全隐患就越少,安全的可靠性就越大。

(2)安全检查表采用的方式。安全检查表一般采用正面提问的方式,要求发问明确,回答清楚,并以"是"或"否"来回答。"是"表示符合要求;"否"表示还存在问题,有待进一步改进。所以,在每个提问后面也可以设整改措施栏,将整改措施简要填写在此栏内。每个检查表均须注明检查时间、检查者、直接负责人等,以便分清责任。

(3)检查依据。为了使提出的问题有依据,可以收集有关此项问题的规章制度、规范标准中所规定的要求,分别简要列出它们的名称和所在章节,附于每项提问后面,以便查对。

3. 安全检查表的类型

安全检查表的类型繁多,分类的方式不一。根据城市轨道交通运营的特点,安全检查表按用途可分为下列几种类型。

(1)运营设备、机械设施定期安全检查表。由于城市轨道交通运营系统部门复杂、设备繁多,因此应该根据各自的设备情况,制定相应的安全检查表,供日常巡回检查或定期检查时使用。

(2)运营用安全检查表。为保证城市轨道交通运营安全,需要采取各种手段和措施,对不同生产过程制定相应的安全检查表,不定期地进行检查,如调车作业检查表、车站开站前检查表等。

(3)消防用安全检查表。城市轨道交通运营一般在封闭的空间内运行,如果防火工作做得不好,措施不力,一旦发生火灾,将会造成惨重的损失。因此,在要害地点必须建立严格的防火制度,设立必要的消防器材,制定切实可行的具体措施,并定期进行检查,发现问题,及时解决。

(4)专业性安全检查表。由专业机构或职能部门编制和使用,主要用于进行定期的安全检查或季节性检查,如对电气设备、自动扶梯、特殊装置与设施等进行的专业性检查。

(5)设计审查用安全检查表。在工程设计之前,为设计人员提供相应的安全检查表,表中列出应该遵循的有关规程、标准。这样既可以扩大设计者的知识面,又能使他们乐于采纳这些标准中所列的数据要求,避免与安全人员意见不同时发生争议。设计人员事先参照安全检查表进行设计,比设计完成后再依据检查表修改要方便得多。

4. 安全检查表的优点和缺点

(1)安全检查表具有以下优点。

①有充足的时间编制和讨论。安全检查表可以做到系统化、完整化、不漏掉任何可能导致危险的关键因素,可以克服目的性不明确、走过场的安全检查方法,起到提高检查质量的效果。

②方式科学。采用提问方式,给人的印象深刻,有问有答,能使人知道如何做才是正确的,因而可起到安全教育的作用。

③便于和生产责任制相结合。由于不同检查对象有不同的检查表,和生产责任制相结合易于分清责任,同时检查表还可以注明对改进措施的要求,隔一段时间可以重新检查并改进。

④简明易懂,容易掌握。

⑤评价较准确。可以根据已有的规章制度、标准化要求检查执行的情况,容易得出准确的评价。发现违章违纪的,应立即纠正或采取必要措施。

(2)安全检查表具有以下缺点。

①只能做定性的评价,不能定量分析。

②只能对已经存在的对象进行评价。

③编制安全检查表的难度和工作量大。

④要有事先编制的各类检查表,要有评价标准。

二、编制安全检查表

1. 安全检查表的编制方法

(1)经验法。由熟悉被检查对象的人员和具有实践经验的人员(工人、工程技术人员和管理人员)组成一个小组。依据人、物、环境的具体情况,根据以往积累的实践经验以及有关统计数据,按照规章制度等文件的要求,编制安全检查表。

(2)分析法。根据已编制的事故树的分析、评价结果来编制安全检查表。

经验法编制的安全检查表,其检查项目十分冗长、繁杂,既费人力,又花时间,工作效率低,加上检查的方式落后,使用效果不如分析法。分析法编制的安全检查表,经过事故树的定性、定量分析来确定检查项目,因而检查表较为精练和完善。虽然分析法的检查项目不多,但每一个检查项目都是保证系统安全的关键环节,所以分析法是发展的方向。

2. 安全检查表的编制步骤

(1)确定被检查对象,组织相关人员;

(2)熟悉被分析的系统;

(3)调查不安全因素;

(4)搜集与系统有关的各种资料;

(5)明确规定的安全要求;

(6)根据具体情况和要求确定编制方法,编制安全检查表;

(7)通过反复使用,不断修改、补充完善。

3. 编制安全检查表的主要依据

(1)相关标准、规范以及有关技术资料等。为了便于工作,有时将检查条款的出处加以注明,以便能尽快统一不同意见。

(2)国内外事故案例和行业经验。根据国内外同行业及同类产品的事故案例,从中发掘出不安全因素作为安全检查的内容。

(3)通过系统分析、确定的危险部位及防范措施。

(4)研究成果。编制安全检查表应依据最新的规范和研究成果,包括新的方法、技术、法规和标准。

5. 编制时应注意的问题

(1)检查表中所列项目应简明扼要,突出重点,抓住要害。

(2)各类安全检查表都有其适用对象,不宜通用。

(3)各级安全检查项目应各有侧重。

(4)对危险部位应详细检查,确保一切隐患在可能造成严重后果之前就被发现。

安全检查表
应用示例

(5)要落实安全检查实施人员。

(6)检查中发现问题要及时处理或向上级反映。

学习任务3 因果分析图法

因果分析图因其形状像鱼刺,所以又叫鱼刺图,它是一种探寻问题原因本质的分析方法。

一、因果分析图制作

制作因果分析图分为分析问题原因和绘制因果分析图两个步骤。

1. 分析问题原因

分析问题原因的步骤如下。

(1)针对问题,选择分析层别(如人、机、料、法、环等)。

(2)分别对各层别找出所有可能原因(因素)。

(3)将找出的各因素进行归类、整理,明确其从属关系。

(4)分析选取重要因素。

(5)检查各因素的描述方法,确保语法简明、意思明确。

分析要点如下。

(1)确定大要因(大枝)时,现场作业一般从“人、机、料、法、环”着手,管理类问题一般从“人、事、时、地、物”层别着手,应视具体情况决定。

(2)大要因必须用中性词描述(不说明好坏),中、小要因必须使用价值判断法描述(如……不良)。

(3)应尽可能多而全地找出所有可能原因,而不仅限于自己能完全掌控或正在执行的内容。对人的原因,宜从行动而非思想态度方面着手分析。

(4)中要因与特性值、小要因与中要因间有直接的因果关系时,小要因应分析至可以直接制定对策。

(5)如果某种原因可同时归属于两种或两种以上因素,应以关联性强的为准。

(6)选取重要因素时,不应超过 7 项,且应标识在末端因素。

2. 绘制因果分析图

(1)查找要解决的问题。

(2)将问题填写在右侧,并画一条从左向右的母线,指向所分析的问题。

(3)召集成员共同讨论问题出现的可能原因,并尽可能多地找出原因。

(4)把同类的原因分组,画出大枝,填写大要因。

(5)画出中枝、小枝,填写中、小要因。

(6)用特殊符号标识重要因素。

要点:绘图时,应保证大枝与母线成 60°夹角,中枝与母线平行,如图 7-1 所示。

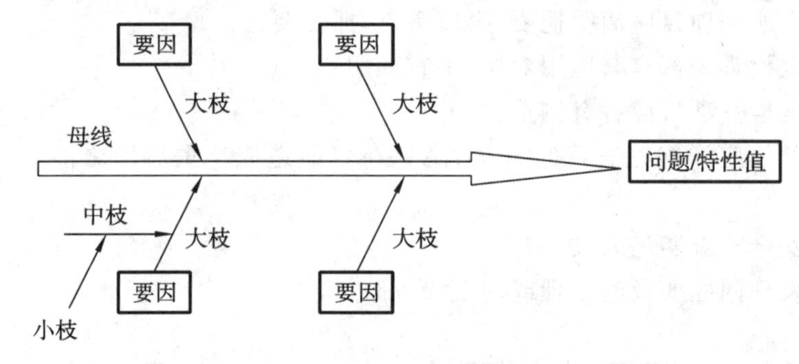

图 7-1 因果分析图

二、案例分析

现以调车作业中的撞车事故作为实例,采用因果分析图法对其事故发生原因进行分析,如图 7-2 所示。在分析完成之后,应用特殊符号标识重要因素,并根据分析所得的原因采取相应的措施。

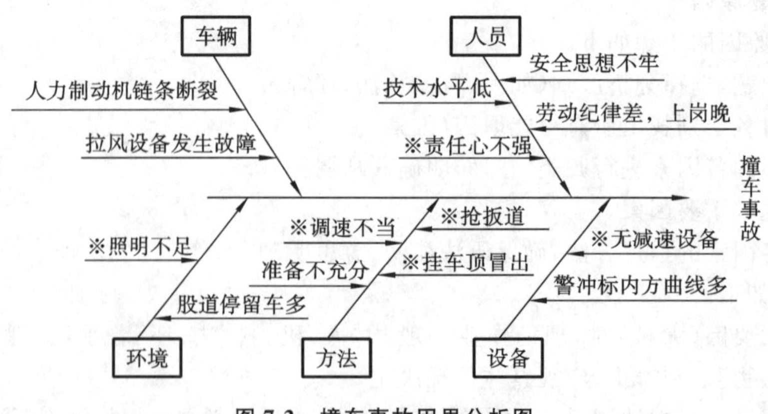

图 7-2 撞车事故因果分析图

学习任务 4　排列图法

排列图全称为主次因素排列图，可用于确定系统安全的关键因素，以便明确主攻方向和工作重点。

排列图由两个纵坐标、一个横坐标、若干个直方图和一条曲线组成。左边纵坐标表示频数，右边纵坐标表示累计频率，横坐标表示事故原因，一般按影响因素的主次从左向右排列。直方图的高低表示某个因素影响的大小，曲线表示各因素影响程度的累计频率。各因素按主次顺序排列，可分为三类：累积频率为 0～80%的因素称为 A 类因素，也是主要因素；累积频率为 80%～90%的因素称为 B 类因素，为次主要因素；累积频率为 90%～100%的因素，称为 C 类因素，为次要因素。

例如，某城市轨道交通运营公司 2013 年车务系统共发生事故 60 件，按车务系统安全分析需要，可绘制成不同的排列图，如事故发生原因排列图、事故发生行车区排列图、事故发生工种排列图等。车务系统事故发生原因排列图如图 7-3 所示，为方便制图，可将计算过程表格化，见表 7-3。

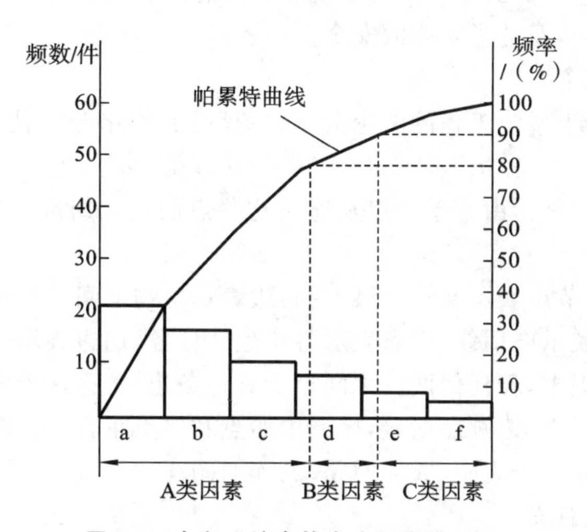

图 7-3　车务系统事故发生原因排列图

表 7-3　事故原因统计表

事故原因	频数/件	累积频数	相对频率/(%)	累积相对频率/(%)
屏蔽门夹人夹物	20	20	33	33
列车停车定位不准	15	35	25	58
区间施工登记手续不全	10	45	17	75
乘客私自打开车门	8	53	13	88
列车冒进信号	4	57	7	95
其他	3	60	5	100

学习任务5　事故树分析法

事故树分析法视频

一、概述

1. 事故树分析法的产生与发展

事故树分析法(简称FTA)是安全系统工程的重要分析方法之一,它能对各种系统的危险性进行辨识和评价,不仅能分析出事故的直接原因,而且能深入地揭示出事故的潜在原因。用它描述事故的因果关系直观、明了,思路清晰,逻辑性强,既可定性分析,又可定量分析。

事故树分析法首先由美国贝尔电话研究所于1961年为研究民兵式导弹发射控制系统时提出,1974年美国原子能委员会运用FTA对核电站事故进行了风险评价,发表了著名的《拉姆逊报告》,该报告对事故树分析法做了大规模有效的应用介绍。此后,事故树分析法在社会各界引起了极大的反响,受到了广泛的重视,从而迅速在许多国家和企业得到应用和推广。我国开展事故树分析法的研究是从1978年开始的,目前已有很多部门和企业在进行普及和推广,并已取得一大批成果,促进了企业的安全生产。

2. 事故树的基本概念

"树"的分析技术属于系统工程的图论范畴,"树"是其网络分析技术中的概念。要明确什么是"树",首先要弄清什么是"图",什么是连通图,什么是"圈"等。

(1)图。图论中的图是指由若干个点及连接这些点的连线组成的图形。图中的点称为节点,线称为边或弧。

(2)节点、边(弧)。节点表示某一个体事物,边表示事物之间的某种特定关系。比如,用点可以表示电话机,用边表示电话线;用点表示各个生产任务,用边表示完成任务所需的时间等。

(3)连通图。一个图中,若任何两点之间至少有一条边,则称这个图是连通图。

(4)圈。若图中某一点、边顺序衔接,序列中始点和终点重合,则称为圈(或回路)。

(5)事故树。树就是一个无圈(或无回路)的连通图。

3. 事故树的符号及意义

事故树采用的符号包括事件符号、逻辑门符号和转移符号三大类。

1)事件符号。

(1)矩形符号,如图7-4所示。用它表示顶上事件或中间事件,将事件概要记入矩形符号内。必须注意,顶上事件一定要清楚明了,不要太笼统,例如对于"调车事故""爆炸着火事故"等则无法进行分析,应当选择具体事故,如"调车正面冲撞""脱线""挤道岔""列车冒进信号""车辆燃轴""车辆制动梁脱落"等。

(2)圆形符号,如图7-5所示。它表示基本的事件原因,可以是人的差错,也可以是设备、机械故障、环境因素等,且不能再继续往下细分。例如,影响司机瞭望条件的"曲线地段""照明不好",司机本身问题影响行车安全的"酒后开车""打瞌睡";导致调车人员从车上摔下来的"安全带损坏"或"忘系安全带"等原因,将事故原因概要记入圆形符号内。

(3)屋形符号,如图7-6所示。它表示正常事件,是系统在正常状态下发生的正常事件。如"机车或车辆经过道岔""因走动取下安全带"等,将事件概要记入屋形符号内。

(4)菱形符号,如图7-7所示。它表示省略事件,即表示事前不能分析,或者没有再分析下去的必要的事件。例如,“司机间断瞭望”“天气不好”“臆测行车”“操作不当”等,将事件概要记入菱形符号内。

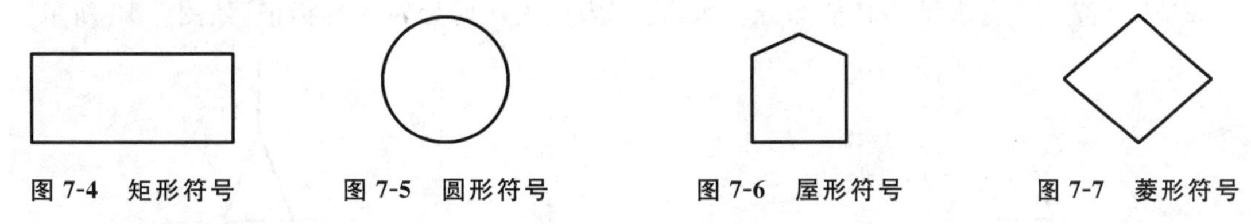

图 7-4 矩形符号　　图 7-5 圆形符号　　图 7-6 屋形符号　　图 7-7 菱形符号

2)逻辑门符号。

它是连接各个事件并表示逻辑关系的符号,主要有与门、或门、条件与门、条件或门等。

(1)与门。与门可以连接数个输入事件 $E_1,E_2,\cdots,E_n$ 和一个输出事件 E,表示当且仅当所有输入事件都发生时,输出事件 E 才发生的逻辑关系。与门符号如图 7-8 所示。

例如,在运营生产中的“挤道岔”事故中,只有在“道岔位置不对”“司机未发现”“机车或车辆经过道岔”三者同时满足的条件下才会发生。“挤道岔”与“道岔位置不对”“司机未发现”“机车或车辆经过道岔”之间,要用与门连接。

(2)或门。或门可以连接数个输入事件 $E_1,E_2,\cdots,E_n$ 和一个输出事件 E,表示只要有一个输入事件发生时,输出事件 E 就会发生。或门符号如图 7-9 所示。

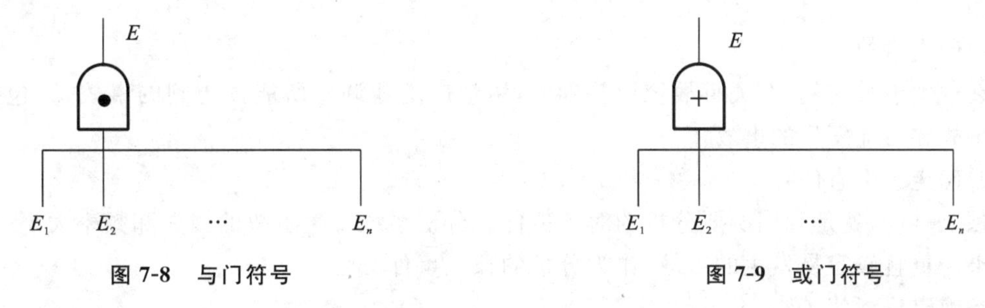

图 7-8 与门符号　　图 7-9 或门符号

例如,在“列车冒进信号”事故中,当“司机没有采用停车措施”或“采取了停车措施而停车不及时”都可能造成“列车冒进信号”事故。也就是说,只要其中一个原因发生,“列车冒进信号”就可能发生。在这种情况下,就要用或门把它们连接起来,正确表达它们之间的逻辑关系。

(3)条件与门。表示不仅需要输入事件同时发生,而且还必须满足条件 A,输出事件才会发生。条件与门符号如图 7-10 所示。

(4)条件或门。表示输入事件中至少应有一个发生,同时满足条件 A,输出事件才会发生。条件或门符号如图 7-11 所示。

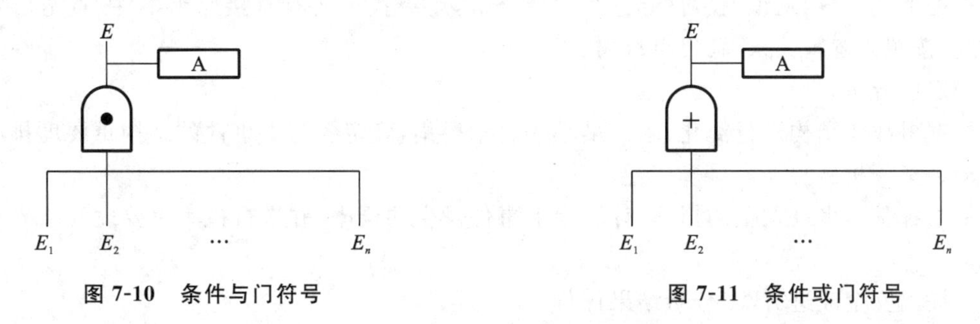

图 7-10 条件与门符号　　图 7-11 条件或门符号

3)转移符号。

当事故树规模很大时,需要将某些部分画在别的纸上,这就要用转出和转入符号,以标出向何处转出和从何处转入。

(1)转出符号。它表示向其他部分转出,"△"内记入向何处转出的标记,如图 7-12 所示。

(2)转入符号。它表示从其他部分转入,"△"内记入从何处转入的标记,如图 7-13 所示。

图 7-12 转出符号

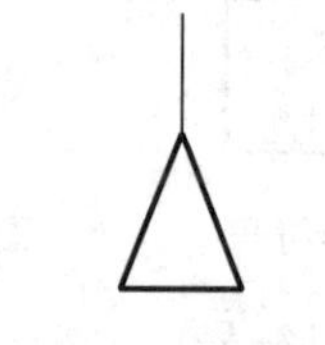

图 7-13 转入符号

二、事故树的编制

1. 事故树的分析程序

根据对象系统的性质、分析目的的不同,分析的程序也不同。但是一般有 9 个基本程序,使用者可根据自己的需要和要求,来确定分析程序。

1)熟悉系统。

要确切了解系统情况,包括工作程序、各种重要参数、作业情况,必要时画出工艺流程图和布置图。

2)调查事故。

在过去事故实例、有关事故统计基础上,尽量广泛地调查所能预想到的事故,即包括已发生的事故和可能发生的事故。

3)确定顶上事件。

顶上事件,就是我们所要分析的对象事件。分析系统发生事故的损失和频率大小,从中找出后果严重且较容易发生的事故,作为分析的顶上事件。

4)确定目标值。

根据以往的事故记录和同类系统的事故资料进行统计分析,求出事故发生的概率(或频率),然后根据这一事故的严重程度,确定要控制的事故发生概率的目标值。

5)调查原因事件。

调查与事故有关的所有原因事件和各种因素,包括设备故障、机械故障、操作者的失误、管理和指挥错误、环境因素等,尽量详细地查清原因和影响。

6)绘制事故树。

根据上述资料,从顶上事件起进行演绎分析,逐级找出所有直接原因事件,直至所要分析的深度,按照其逻辑关系,画出事故树。

7)定性分析。

根据事故树结构进行简化,求出最小割集和径集,确定各基本事件的结构重要度排序。

8)定量分析。

根据各基本事件发生的概率,计算顶上事件发生的概率,并进行概率重要度和临界重要度分析。

9)提出安全改进方案(分析结果评价)。

(1)当事故发生概率超过预定的目标值时,要研究降低事故发生概率的所有可能途径,可从最小割集着手,从中选出最佳方案。

(2)利用最小径集,找出根除事故的途径,从中选出最佳方案。

(3)求出各基本原因事件的临界重要度系数,从而对需要治理的原因事件按临界重要度系数大小进行排序,或编出安全检查表,加强人为控制。

对于以上9个步骤,在具体分析时,可以根据分析的目的、投入人力物力的多少,以及对基础数据的掌握程度等,分别选取不同步骤。

2. 事故树编制过程

1)确定顶上事件。

选择顶上事件,一定要在拥有系统情况、有关事故的发生情况和发生可能性,以及事故的严重程度和事故发生概率等详细资料的情况下进行。确定顶上事件后,将其扼要地填写在矩形符号内。

顶上事件也可以是在运营生产中已经发生过的事故,如调车冲撞、挤道岔、列车冒进信号、燃轴、巡道人员被车辆压死等事故。通过编制事故树,找出事故原因,制定具体措施,防止事故再次发生。

2)调查或分析造成顶上事件的各种原因。

顶上事件确定之后,为了编制好事故树,必须将造成顶上事件的所有直接原因事件找出来,尽可能不要遗漏。直接原因事件可以是机械故障、人的因素或环境原因等。

要找出直接原因事件,可以对造成顶上事件的原因进行调查,召开有关人员座谈会,也可以根据以往的一些经验进行分析,确定造成顶上事件的原因。然后,用同样的方法对各原因进行分析,找出造成上层原因事件的各直接原因事件,以此类推,直至达到不再需要分析的基本原因事件。

3)画事故树。

在找出造成顶上事件的各种原因之后,就可以用相应的事件符号和适当的逻辑门符号把它们从上到下分层连接起来,层层向下,直至最基本的原因事件,这样就构成了一个事故树。

逻辑门符号的使用在事故树中是非常重要的,它涉及各种事件之间的逻辑关系,直接影响着以后的定性分析和定量分析。

4)认真审定事故树。

画成的事故树是逻辑模型事件的表达。既然是逻辑模型事件,那么各个事件之间的逻辑关系就应该十分严密、合理,否则在计算过程中将会出现许多意想不到的问题。因此,对事故树的绘制要十分慎重。在绘制过程中,一定要进行反复推敲、修改,除局部更改外,有的甚至要推倒重来,有时还要反复修改多次,直到符合实际情况为止。

3. 事故树的编制实例

以下结合上述所讲的符号和作图的基本步骤,以"列车冒进信号"为例,来说明编制事故树的基本方法,如图7-14所示。

首先,确定顶上事件为"列车冒进信号",写在矩形符号内。

当机车乘务员未按信号指示行车、信号突变、列车制动装置故障这三个事件中的一个发生时就会导致顶上事件发生,我们将它们写在第二层,并用或门符号与第一层连接起来。

机车乘务员未按信号指示行车可能是安全防护装置失灵、乘务员作业失误所致,把这两个条件写在第三层,并与第二层用与门符号连接起来。

乘务员作业失误有四种情况:一是间断瞭望;二是瞭望条件不良(地形条件影响视线),看不清信号,臆测行车;三是操纵不当;四是误认信号。这四种情况有一个发生,就会导致乘务员

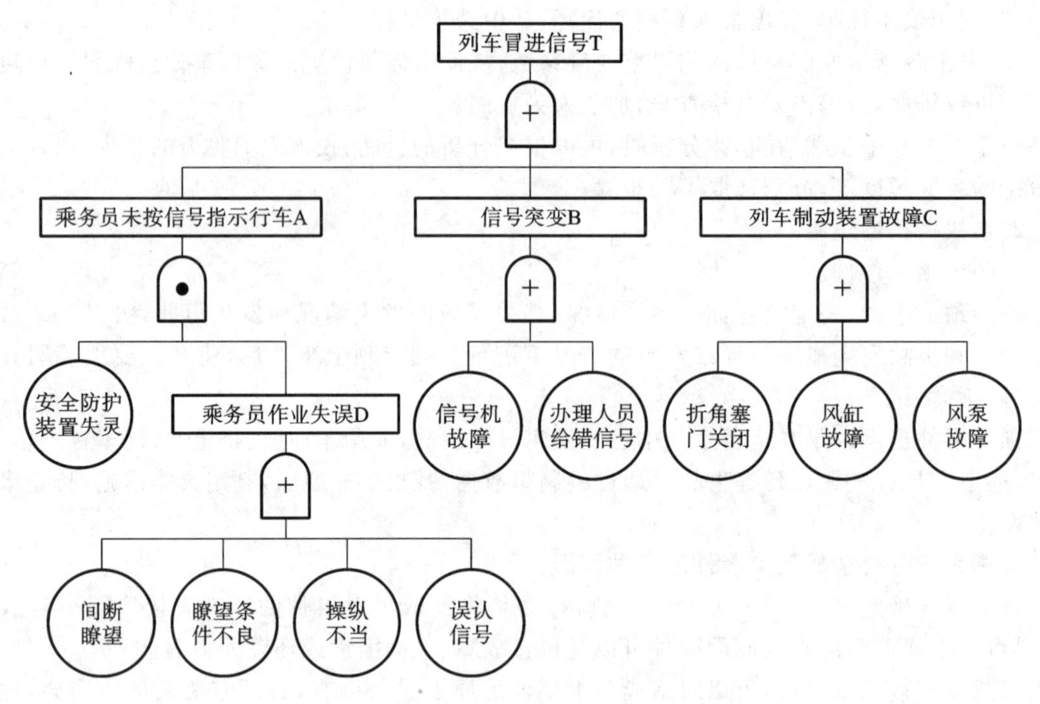

图 7-14 列车冒进信号事故树

作业失误，因此把它们写在第四层，并用或门符号与第三层连接起来。

信号突变（由允许信号变为红灯）可能是信号机故障，也可能是办理人员给错信号，这两个条件有一个发生，就会出现信号突变，将其写在第三层，并用或门符号与第二层连接起来。

列车制动装置故障有三种情况：一是列车中的折角塞门关闭，造成制动力不足；二是风缸故障；三是风泵故障。三个条件有一个发生，就会使制动装置发生故障，将其写在第三层，并用或门符号与第二层连接起来。

这样就完成了列车冒进信号事故树的编制。

学习任务 6 事件树分析法

事件树分析法视频

一、事件树分析法的定义

事件树分析法起源于决策树分析，是按事故发展的时间顺序，由初始事件推论可能的后果，从而辨识危险源的方法。所分析的情况用树枝状图表示，故叫事件树。

二、事件树分析法的功能

（1）事前预测事故及不安全因素，估计事故的可能后果，寻求最经济的预防手段和方法。

（2）事后方便明确地分析事故原因。

（3）分析资料既可作为直观的安全教育资料，也有助于推测类似事故的预防对策。

（4）事故预测更为有效。

（5）促进安全管理重大问题决策。

三、事件树的编制

1. 确定初始事件

(1)初始事件。指事故未发生时,发展过程中潜在的危害事件或危险事件,如机器故障、设备损坏、能量外逸或失控、人的错误动作等。

(2)确定方法。根据系统设计、系统危险性评价、系统运行经验或事故经验等确定。

2. 判定安全功能

(1)对初始事件自动采取控制措施的系统,如自动停车系统等。

(2)提醒初始事件发生的报警系统。

(3)根据报警或工作程序要求操作者采取的措施。

(4)缓冲装置,如减振、压力泄放系统或排放系统等。

(5)局限或屏蔽措施。

3. 绘制事件树

(1)列出初始事件。

(2)按事件发展过程自左向右绘制,直到到达系统故障或事故。

(3)用树枝代表事件发展途径。发挥功能的状态画在上面的分枝;不发挥功能的状态画在下面的分枝。

(4)在“树枝”上写出事件状态。横线上面写明事件过程的内容特征;横线下面注明成功或失败的状况。

四、事件树的基本形式

事件树的基本形式如图7-15所示。

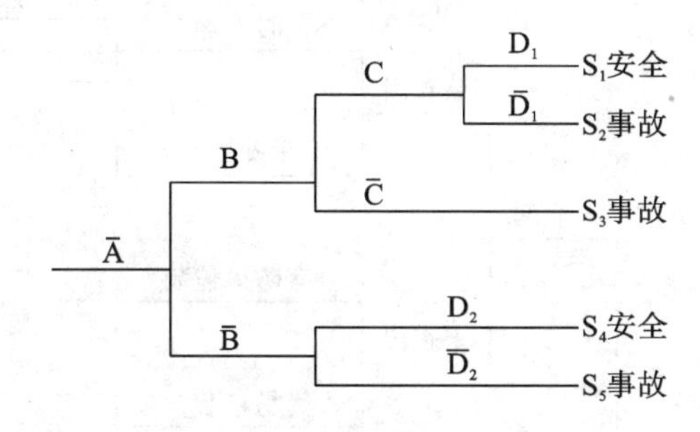

图7-15 事件树的基本形式

事故是一系列事件发展的结果。成功(或安全)的事件用字母表示;失败(或故障)的事件用字母加横杠表示,读作“A非”“B非”。

五、事件树定性分析

事件树画好后,找出发生事故的途径以及预防事故的对策。

1. 找出事故连锁

(1)事故连锁,即最终导致事故的途径。

(2)一般情况下,导致事故的途径很多,也即有多个事故连锁。

(3)事故连锁越多,系统越危险。

(4)事故连锁中事件树越少,系统越危险。

2. 找出事故预防途径

(1)事件树中最终达到安全的途径用来指导如何采取措施预防事故。

(2)成功连锁,即发挥安全功能的事件。

(3)防止事故的途径很多,也即有多个成功连锁。

(4)成功连锁越多,系统越安全。

(5)成功连锁中事件树越少,系统越安全。

六、事件树定量分析

根据事件发生概率计算各种途径的事故发生概率,比较各个途径概率值的大小,作出事故发生可能性序列,确定最易发生事故的途径。当事件之间相互统计独立时,其定量分析比较简单;当事件之间相互统计不独立时,定量分析则变得非常复杂。

各发展途径的概率等于自初始事件开始各事件发生概率的乘积。在图 7-15 中,各发展途径的概率为:$P(S_1)=P(\overline{A})\times P(B)\times P(C)\times P(D_1)$;$P(S_2)=P(\overline{A})\times P(B)\times P(C)\times P(\overline{D}_1)$;$P(S_3)=P(\overline{A})\times P(B)\times P(\overline{C})$;$P(S_4)=P(\overline{A})\times P(\overline{B})\times P(D_2)$;$P(S_5)=P(\overline{A})\times P(\overline{B})\times P(\overline{D}_2)$。

事故发生概率等于导致事故的各发展途径的概率和。在图 7-15 中,事故发生概率为:$P=P(S_2)+P(S_3)+P(S_5)$。

七、事件树应用实例

事件树应用实例如图 7-16 所示。

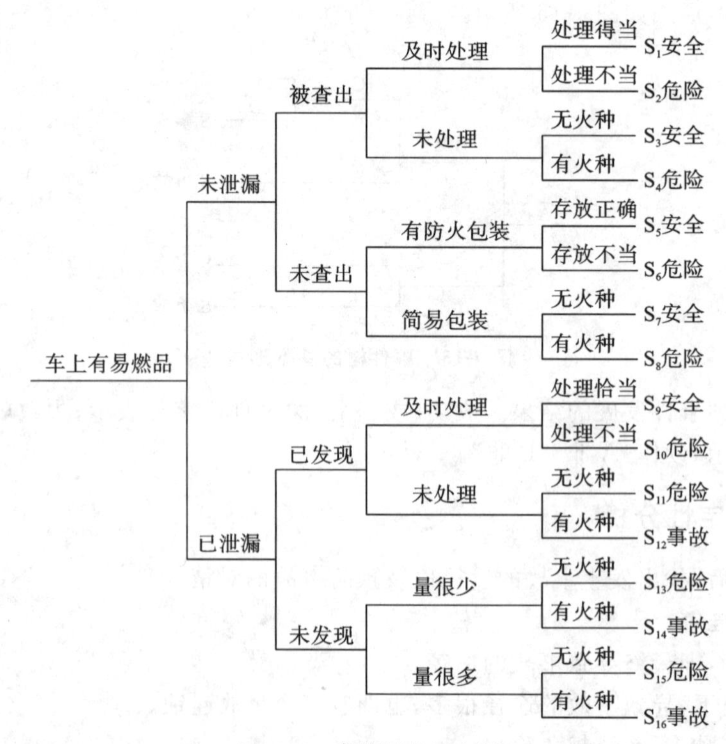

图 7-16　事件树应用实例

学习任务7 安全系统评价

一、概述

安全系统评价
概述视频

1. 安全评价的概念

安全评价,也称危险评价或风险评价,是探明系统危险、寻求安全对策的一种方法和技术,是安全系统工程的一个重要组成部分。安全评价旨在在建立必要的安全措施前,判断系统内可能的危险种类、危险程度和危险后果,并对其进行定量、定性的分析,从而提出有效的危险控制措施。安全评价可采用事故率评价指标方法和工效学方法,如通过业务分析、实验方法、模拟法、可靠性测定和动作时间研究等进行评价。

2. 安全评价的意义

安全评价是安全生产管理的必要组成部分,它有助于安全监督管理部门实行宏观控制,有助于安全投资进行合理选择,有助于生产经营单位提高经济效益,有助于提高企业的安全管理水平。

3. 安全评价的目标

安全评价的目标是促进实现安全化生产,实现全过程安全控制,建立系统安全的最优方案,为决策者提供依据,为实现安全技术、安全管理的标准化和科学化创造条件。

4. 安全评价的分类

安全评价按照实施阶段的不同分为安全预评价、安全验收评价、安全现状评价三类。

(1)安全预评价。指在建设项目可行性研究阶段、工业园区规划阶段或生产经营活动组织实施之前,根据相关的基础资料,辨识与分析建设项目、工业园区、生产经营活动潜在的危险、有害因素,确定其与安全生产法律法规的符合性,预测发生事故的可能性及其严重程度,提出科学、合理、可行的安全对策措施建议,做出安全评价结论的活动。

安全预评价结论内容包括主要危险、有害因素;重大危险、有害因素;主要安全评价方法;重要安全对策措施;定性、定量安全评价结果;整体确保生产安全的可行性。

(2)安全验收评价。指在建设项目竣工后正式生产运行前或工业园区建设完成后,通过检查建设项目安全设施与主体工程同时设计、同时施工、同时投入生产和使用的情况或工业园区内的安全设施、设备、装置投入生产和使用的情况,检查安全生产管理措施到位情况,检查安全生产规章制度健全情况,检查事故应急救援预案建立情况,审查确定建设项目、工业园区建设与安全生产法律法规要求的符合性,从整体上确定建设项目、工业园区的运行状况和安全管理情况,做出安全验收评价结论的活动。

安全验收评价结论内容包括主要危险、有害因素;重大危险、有害因素;主要安全评价方法;重大事故隐患;定性、定量安全评价结果;重要安全对策措施;整体验收评价结论。

(3)安全现状评价。指针对生产经营活动、工业园区内的事故风险、安全管理等情况,辨识与分析其存在的危险、有害因素,审查确定其与安全生产法律法规要求的符合性,预测发生事故或造成职业危害的可能性及其严重程度,提出科学、合理、可行的安全对策和措施建议,做出安全现状评价结论的活动。

安全现状评价结论内容包括主要危险、有害因素;重大危险、有害因素;主要安全评价方法；重大事故隐患；定性、定量安全评价结果；整改措施建议；重要安全对策措施；整体现状评价结论。

各类安全评价的不同点见表7-4。

表7-4 各类安全评价的不同点

项　目	安全预评价	安全验收评价	安全现状评价
依据设计文件	可行性研究报告	详细设计	详细和修改设计
依据资料	类比工程	现场资料	现场资料
进行时间	可行性研究阶段	正式运行之前	正式运行之后
评价重点	①可行性； ②可能的危险、危害因素； ③设计时的措施	①法规符合性； ②存在的危险、危害因素； ③措施有效性	①适应性； ②存在的危险、危害因素； ③整改措施

5. 安全评价程序

(1)前期准备：明确评价对象，备齐有关安全评价所需的设备、工具，收集国内外相关法律法规等资料。

(2)辨识与分析危险、有害因素：根据评价对象的具体情况，辨识和分析危险、有害因素，确定其存在的部位、方式，以及发生作用的途径和变化规律。

(3)划分评价单元：评价单元划分应科学、合理、便于实施评价、相对独立且具有明显的特征界限。

(4)定性、定量评价：根据评价单元的特性，选择合理的评价方法，对评价对象发生事故的可能性及其严重程度进行定性、定量评价。

(5)措施和建议。

①依据危险、有害因素辨识结果与定性、定量评价结果，遵循针对性、技术可行性、经济合理性的原则，提出消除或减弱危险、有害因素的技术和管理措施和建议。

②措施和建议应具体、详实，具有可操作性。按照针对性和重要性的不同，措施和建议可分为应采纳和宜采纳两种类型。

(6)安全评价结论：从风险管理角度给出事故发生的可能性和严重程度的预测性结论，以及采取安全措施后的安全状态等。

二、安全检查表评价法

安全检查表
评价法视频

安全检查表评价法是一种简便易行的评价方法，它根据经验或系统分析的结果，将评价项目自身及周围环境的潜在危险集中起来，列成检查项目的清单，评价时依照清单，逐项检查和评定。该方法虽然简单，但效果却很好，因此得到了广泛应用。

为了使评价工作得到关于系统安全程度方面的概念，现已开发了许多行之有效的评价计值方法，根据评价计值方法的不同，安全检查表评价法又分为逐项赋值法、加权平均法、单项定性加权计分法以及单项否定计分法。

1. 逐项赋值法

针对安全检查表的每一项检查内容，按其重要程度不同，由专家讨论赋予一定的分值。评价时，单项检查完全合格者给满分，部分合格者按规定标准给分，完全不合格者记零分。这样逐项逐条检查评分，最后累计所有各项得分，就得到系统评价总分。根据实际评价得分多少，按标准规定评价系统总体安全等级的高低。公式为：

$$m = \sum_{i=1}^{n} m_i \tag{7-1}$$

式中，m——安全评价的结果值；

n——评价项目个数；

m_i——按某一评价表评价的实际测量值。

2. 加权平均法

所有检查项目均按统一记分体系分别评价记分，如10分制或100分制等。按照各检查项目对总体安全评价的重要程度，分别赋予权重系数(各评价表权重系数之和为1)；按各检查项目所得的分值，分别乘以各自的权重系数并求和，就可得到安全评价的结果值。公式为：

$$m = \sum_{i=1}^{n} m_i k_i \tag{7-2}$$

式中，m——安全评价的结果值；

n——评价项目个数；

m_i——按某一评价表评价的实际测量值；

k_i——实际测量值的相应权重系数。

3. 单项定性加权计分法

这种评价计量方法把安全检查表的所有检查评价项目都视为同等重要。评价时，对检查表中的检查项目分别给以“优”“良”“可”“差”“可靠”“基本可靠”“基本不可靠”“不可靠”等定性等级的评价。同时赋予不同定性等级相应的权重值，累计求和，得到实际评价值。公式为：

$$S = \sum_{i=1}^{n} k_i w_i \tag{7-3}$$

式中，S——实际评价值；

n——评价等级数；

w_i——评价等级的权重；

k_i——取得某一评价等级的项数和。

4. 单项否定计分法

这种方法一般不能单独使用，且仅适用于企业系统中某些具有特殊危险而又非常敏感的具体系统。这类系统往往有若干危险因素，其中只要有一处处于不安全状态，就有可能导致严重事故的发生。因此，把这类系统的安全评价表中的某些评价项目确定为对该系统安全状况具有否决权的项目，这些项目中只要有一项被判为不合格，则该系统总体视为安全状况不合格。

三、作业条件危险性评价法

作业条件危险性视频

该方法采用与系统风险率相关的三种指标之积来评价系统中人员伤亡风险大小：L为发生事故的可能性大小；E为人体暴露于危险环境的频繁程度；C为发生事故后果的严重程度。风险分值$D=L\times E\times C$。D值越大，说明该系统危险性越大，需要增加安全措施，或改变发生事故的可能性，或减小人体暴露于危险环境系统的频繁程度，或减轻事故损失，直至调整到允许范围内。

量化分值标准：为了简化计算，将事故发生的可能性、人体暴露于危险环境的频繁程度、发生事故后果的严重程度划分为不同等级并赋值，见表7-5、表7-6、表7-7。

表7-5 发生事故的可能性 L 等级划分及赋值

分数值	发生事故的可能性	分数值	发生事故的可能性
10	完全可以预料	1	可能性小，完全意外
6	相当可能	0.5	很不可能，可以设想
3	可能，但不经常	0.1	极不可能

表7-6 人体暴露于危险环境的频繁程度 E 等级划分及赋值

分数值	人体暴露于危险环境的频繁程度	分数值	人体暴露于危险环境的频繁程度
10	连续暴露	2	每月一次暴露
6	每天工作时间内暴露	1	每年几次暴露
3	每周一次或偶然暴露	0.5	非常罕见暴露

表7-7 发生事故后果的严重程度 C 等级划分及赋值

分数值	发生事故后果的严重程度	分数值	发生事故后果的严重程度
100	10人以上死亡	7	严重
40	3～9人死亡	3	重大伤残
15	1～2人死亡	1	引人注意

根据公式 $D=L\times E\times C$ 就可以计算出作业的危险程度，并评价危险性的大小，其中的关键是如何确定各个分值，以及对乘积值的分析、评价和利用，将计算结果按表7-8进行危险等级判定。

表7-8 LEC 法评估结果分级

D 值	危险程度	D 值	危险程度
>320	极度危险，不能继续作业	20～70	一般危险，需要注意
160～320	高度危险，要立即整改	<20	稍有危险，可以接受
70～160	显著危险，需要整改	—	—

[例题1]铁路某平交道口工作人员接车时，有时会被列车、汽车撞伤，或被列车坠落物件打伤。从10年以来的事故统计资料看，未发生过死亡事故，轻伤事故仅发生2次。作业时间为每天工作8 h。试评价该道口岗位作业条件的危险性。

解：为了评价该道口岗位作业条件的危险性，首先要确定每种因素的分数值。

(1)事故发生的可能性 L：属于“可能性小，完全意外”，$L=1$。

(2)暴露于危险环境的频繁程度 E：道口工作人员每天都在这样的条件下操作，$E=6$。

(3)发生事故后果的严重程度 C：轻伤，$C=1$。

于是有：

$$D=L\times E\times C=6<20$$

该道口岗位作业条件的危险性等级为“稍有危险，可以接受”。

这种评价方法的特点是简便，可操作性强，有利于掌握企业内部危险点的危险情况，有利于促进整改措施的实施。缺点是三种因素中事故发生的可能性只有定性概念，没有定量标准。评价实施时很可能在取值上因人而异，影响评价结果的准确性。对此，可在评价开始之前确定定量的取值标准，如“完全可以预料”是平均多长时间发生一次，“相当可能”为多长时间一次等，这样即可按统一标准评价系统内各子系统的危险程度。

小　结

本项目主要讲了安全系统工程有关概念；安全系统分析方法；安全检查表编制方法、步骤及应用；因果分析图应用步骤、绘图过程及案例分析；排列图分析步骤及案例分析；事故树符号、编制程序及案例分析；安全评价程序与方法；安全检查表评价法；作业条件危险性评价法。

【思考与练习】

(1)什么是安全系统分析？

(2)什么是安全系统管理？

(3)简述安全系统分析的基本内容。

(4)什么是安全系统评价？安全系统评价包括哪些类别？

(5)安全生产检查方式包括哪些？

(6)安全检查表分析方法的优缺点是什么？

(7)如何编制安全检查表？

(8)如何采用因果分析图法分析列车追尾事故的发生原因？

(9)试绘制列车追尾事故的事故树。

(10)撰写安全验收评价报告时应参考哪些数据资料？

(11)简述作业条件危险性评价法。

项目8　安全风险管理

【学习目标】

1. 知识目标

(1)掌握风险理论的基本概念和基础知识。

(2)了解风险管理的步骤。

(3)熟悉危险源辨识的要求及流程。

(4)会用工作危险风险法分析危险源。

(5)会用矩阵分析法评价风险的大小。

(6)会根据风险分析的结果提出对策措施。

(7)掌握风险控制案例分析方法。

(8)了解风险评估报告。

安全风险管理课件

2. 能力目标

(1)能够理解风险管理;能够理解危险源辨识的流程与辨识方法。

(2)会进行车站作业的风险源辨识与风险评价。

(3)能够理解风险控制案例应用。

【学习重点】

风险理论基本概念;风险管理步骤;危险源与危害因素;危险源辨识方法;风险矩阵评价法;风险控制案例分析;风险评估报告内容。

【学习难点】

风险管理步骤;危险源辨识的流程;危险源辨识方法;风险矩阵评价法应用。

安全风险管理将安全评价与风险理论相结合,在对事故进行系统分析的基础上,同时考虑了事故发生的可能性与事故后果,以及法律法规、社会、人们对安全标准的限定,以便寻找应对事故与突发事件的最优方案。

学习任务1　风险理论基础

风险理论基础视频

一、基本概念

1. 风险

风险就是遭受损失、伤害、不利或毁灭的可能性。通俗地讲,风险就是发生不幸事件的概率。或指一个事件产生我们所不希望的后果的可能性。

从广义上讲,只要某一事件的发生存在着两种或两种以上的可能性,那么就认为该事件存在着风险。而在保险理论与实务中,风险仅指损失的不确定性,这种不确定性包括发生与否的不确定、发生时间的不确定和导致结果的不确定。

2. 风险事件

风险事件也称风险事故,是指酿成事故和损失的直接原因和条件。风险一般只是一种潜在的危险，而风险事件的发生使潜在的危险转化成为现实的损失。从这个意义上来说风险事件是损失的媒介。

对于某一事件，在一定条件下，如果它是造成损失的直接原因，它就是风险事件；而在其他条件下，如果它是造成损失的间接原因，它便是风险因素。如下冰雹使得路滑而发生车祸，造成人员伤亡，这时冰雹是风险因素，车祸是风险事件。如果冰雹直接将行人砸伤，冰雹就是风险事件(见图 8-1)。

图 8-1　冰雹风险事件

3. 风险源

能够带来风险的人或物或事件，都可被视为风险源。风险源包括物质环境、社会环境、政治环境、法律环境、操作环境、经济环境、认识环境。相同的风险因素可能是由不同的风险源产生的。例如，火灾风险可能来源于物质环境(磷的自燃等)，也可能来源于社会环境(纵火)。有些风险源很好判断，但是有些则不易判断。

4. 风险评估

风险评估是指在风险事件发生之前或之后(但还没有结束)，对该事件给人们的生活、生命、财产等各个方面造成的影响和损失的可能性进行量化评估的工作。从信息安全的角度来讲，风险评估是对信息资产(即某事件或事物所具有的信息集)所面临的威胁、存在的弱点、造成的影响，以及三者综合作用所带来风险的可能性的评估。作为风险管理的基础，风险评估是确定信息安全需求的一个重要途径，属于组织信息安全管理体系策划的过程。

事故、风险源和致险因子之间的关系如图 8-2 所示。

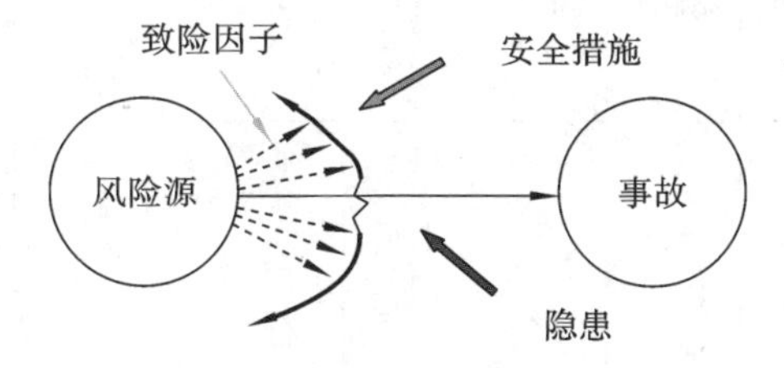

图 8-2　事故、风险源和致险因子之间的关系

5. 风险管理

风险管理是通过对风险的认识、衡量和分析，选择最有效的方式，主动地、有目的地、有计划地处理风险，以最小成本争取获得最大安全保证的管理方法。

风险管理作为企业的一种管理活动起源于 20 世纪 50 年代的美国。目前，风险管理已经发展成企业管理中一个具有相对独立职能的管理领域，在围绕企业的经营和发展目标方面，风险管理和企业的经营管理、战略管理一样具有十分重要的意义。

6. 不可接受风险

一般认为不可接受风险是指有可能导致重大的事故发生的风险，或者不符合国家相关规定的风险。

7. 可接受风险

可接受风险是指预期的风险事故的损失程度在单位或个人经济能力和心理承受能力的最大限度之内的风险。

二、风险管理步骤

风险管理的步骤主要包括危险源的辨识、风险分析、风险评价与风险控制四步。

1. 危险源的辨识

危险源的辨识就是从组织的活动中识别出可能造成人员伤害或疾病、财产损失、环境破坏的危险或危害因素，并判定其可能导致的事故类别和导致事故发生的直接原因的过程（见表8-1）。

表 8-1　某工程主要危险因素和危险风险一览表

作业活动	危险风险		类别	涉及范围	可能导致的事故	时态/状态/类型	法规及其他要求	判别依据	评价				级别	控制措施
									L	E	C	D		
船舶施工	1	大雾天气能见度低于5海里	管理缺陷	船舶	船舶碰撞	过去/正常/行为	有	V	3	6	7	126	D	a. d
	2	船舶超载	违章操作	船舶	人员伤亡	过去/正常/行为	有	V	3	6	7	126	D	a. d
吹填区施工	3	施工现场未设立安全警示牌，工作人员未戴安全帽及使用劳动保护用品	管理缺陷	船舶/陆上	人员伤亡	现在/正常/行为	有	V	10	3	3	90	D	a. e
舷外作业	4	工作人员在7类危险环境制定范围内工作未穿救生衣、未系安全带、未戴安全帽	管理缺陷	船舶	人员伤亡	现在/正常/行为	有	V	3	10	3	90	C	a. d
	5	施工船舶未合理配备救生圈	管理缺陷	船舶	人员伤亡	现在/正常/行为	有	V	3	10	3	90	C	a. e

续表

作业活动	危险风险		类别	涉及范围	可能导致的事故	时态/状态/类型	法规及其他要求	判别依据	评价				级别	控制措施
									L	*E*	*C*	*D*		
围堤施工	6	混凝土预制件、勾连块体吊装安放作业地面无人指挥，吊件坠落伤人	高空坠物	陆上	人员伤亡	现在/正常/高空坠物	有	V	3	3	15	135	*C*	a
	7	吊车钢丝绳断裂、吊件砸向地面	高空坠物	陆上	人员伤亡	现在/正常/高空坠物	有	V	3	3	15	135	*C*	a
	8	现场储油罐和氧气乙炔瓶	违章操作	陆上	人员伤亡	现在/正常/行为	有	V	3	10	3	90	*C*	a.e
	9	施工用电不规范	触电	陆上	人员伤亡	现在/正常/触电	有	V	3	10	3	90	*C*	a

2. 风险分析

风险分析是根据风险类型、获得的信息等，对识别出的风险进行定性和定量的分析，为风险评价和风险应对提供支持。风险分析不仅要考虑导致风险的原因及其发生的可能性、影响后果和可能性的因素，还要考虑现有的管理措施及其效果。

根据风险分析的目的、获得的信息数据和资源，风险分析可以是定性的、半定量的、定量的或以上方法的组合。一般情况下，首先采用定性分析，初步了解风险等级和揭示主要风险。适当时，进行更具体和定量的风险分析。风险分析由三部分组成，即风险评估(核心和基础)、风险管理和风险信息交流。

3. 风险评价

木桶效应，也称短板效应，是指一只水桶能盛多少水，并不取决于最长的那块木板，而是取决于最短的那块木板。如果用水桶代表系统，各个木板代表构成系统的相关部分，水桶的装水量代表系统安全水平(见图8-3)。

木桶效应对风险管理的启示主要体现在通过风险识别、分析，并确定风险等级，从而查找系统中的"短板"(即高风险部分)，并按照高风险事件优先控制的原则，将有限的安全管理资源投入到对系统"短板"的加高上，实现系统安全水平的最大化(见图8-4)。

风险评价是在风险识别和风险估测的基础上，对风险发生的概率和损失程度，结合其他因素进行全面考虑，评估发生风险的可能性及危害程度，并与公认的安全指标相比较，以衡量风

图 8-3 木桶效应

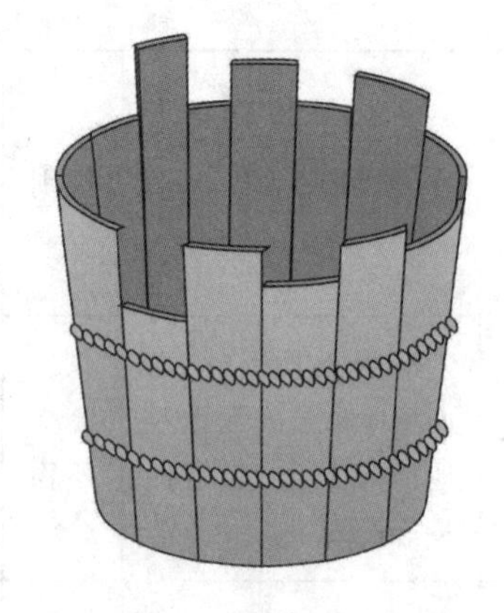

图 8-4 加高“短板”

险的程度，并决定是否需要采取相应的措施的过程。

4. 风险控制

风险控制是指风险管理者采取各种措施和方法，消灭或减少风险事件发生的各种可能性，或减少风险事件发生时造成的损失。

然而，总会有些事情是不能控制的，风险也总是存在的。作为管理者应采取各种措施减小风险事件发生的可能性，或者把可能的损失控制在一定的范围内，以避免在风险事件发生时带来难以承担的损失。风险控制的四种基本方法是：风险回避、损失控制、风险转移和风险保留。

学习任务 2　危险源辨识理论

危险源辨识(1)视频

一、危险源与危害因素

危险源是可能引起事故的根源或状态。在《职业健康安全管理体系要求及使用指南》(GB/T 45001—2020)中，危险源的定义为：可能导致伤害或危险状态的来源，或可能因暴露而导致伤害和健康损害的环境。

危险源由三个要素构成：潜在危险性、存在条件和触发因素。危险源的潜在危险性是指一旦触发事故，可能带来的危害程度或损失大小，或者说危险源可能释放的能量强度或危险物质量的大小。危险源的存在条件是指危险源所处的物理、化学状态和约束条件状态。例如，物质的压力、温度、化学稳定性，盛装压力容器的坚固性，周围环境障碍物等情况。触发因素虽然不属于危险源的固有属性，但它是危险源转化为事故的外因，而且每一类型的危险源都有相应的敏感触发因素。如易燃、易爆物质，热能是其敏感触发因素；又如压力容器，压力是其敏感触发因素。因此，一定的危险源总是与相应的触发因素相关联。在触发因素的作用下，危险源转化为危险状态，继而转化为事故。天津港大爆炸事故如图 8-5 所示。

危险源辨识是确认危险源的存在并确定其特性的过程，其特性即指危害因素，因此，实质上是找出识别范围内可能存在的人的不安全行为、物的不安全状态、作业环境中存在的危害因素及管理缺陷。如图 8-6 所示为不安全接电行为，属于危险源。

图 8-5 天津港大爆炸事故

图 8-6 不安全接电行为

二、危险源范围

危险源的实质是具有潜在危险的部位，是爆发事故的源头，是能量、危险物质集中的核心。危险源存在于确定的系统中，不同的系统范围内危险源的区域也不同。例如，从全国范围来说，对于危险行业（如石油行业、化工行业等），具体的一家企业（如炼油厂）就是一个危险源；而从一个企业系统来说，某个车间、仓库就是危险源；在一个车间系统内；某台设备可能就是危险源。因此，分析危险源应按系统的不同层次来进行。一般来说，危险源可能存在事故隐患，也可能不存在事故隐患，对于存在事故隐患的危险源一定要及时加以整改，否则随时都可能导致事故。重大危险源贮存区域示例如图 8-7 所示。

实际中，对事故隐患的控制管理总是与一定的危险源联系在一起，因为没有危险的隐患也就谈不上要去控制它；而对危险源的控制，实际就是消除其存在的事故隐患或防止其出现事故隐患。

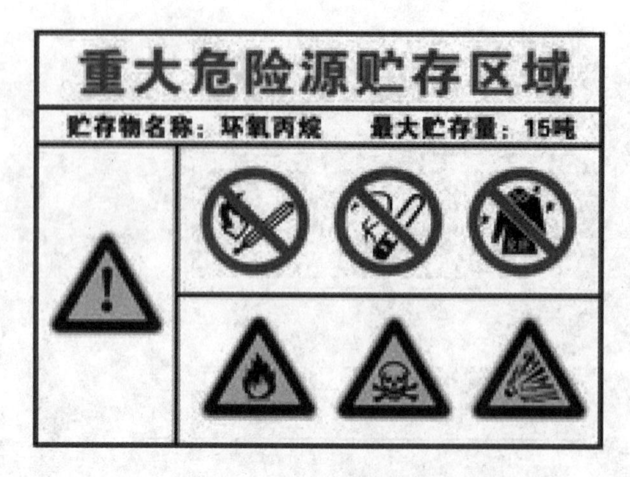

图 8-7 重大危险源贮存区域示例

三、危险源的分类

工业生产作业过程中的危险源一般分为 7 类：

(1)化学品类：具有毒害性、易燃易爆性、腐蚀性等特性的危险物品；

(2)辐射类：放射源、射线装置及电磁辐射装置等；

(3)生物类：动物、植物、微生物(传染病病原体类)等危害个体或群体生存的生物因子；

(4)特种设备类：电梯、起重机械、锅炉、压力容器(含气瓶)、压力管道、客运索道、大型游乐设施、场(厂)内专用机动车等；

(5)电气类：高电压或高电流、高速运动、高温作业、高空作业等非常态、静态、稳态的装置或作业；

(6)土木工程类：建筑工程、水利工程、矿山工程、铁路工程、公路工程等；

(7)交通运输类：汽车、火车、飞机、轮船等。

四、危险源辨识

危险源辨识不仅包括对危险源的识别，而且必须对其性质加以判断。国内外应用的危险源辨识方法有几十种之多，如安全检查表法、预先危险性分析法、危险和可操作性研究法、故障类型和影响分析法、事件树分析法、故障树分析法、LEC 法、储存量比对法等。

危险源辨识应划分作业类别，以建筑行业部分典型工程类别为例，危险源可按以下工程分类。

(1)基坑支护与降水工程：基坑支护工程是指开挖深度超过 3 m(含 3 m)的基坑(槽)并采用支护结构施工的工程；或基坑虽未超过 3 m，但地质条件和周围环境复杂、地下水位在坑底以上的工程。

(2)土方开挖工程：土方开挖工程是指开挖深度超过 3 m(含 3 m)的基坑(槽)的土方开挖。

(3)模板工程：各类工具式模板工程，包括滑模、大模板及特殊结构模板工程等。

(4)起重吊装工程。

(5)脚手架工程:高度超过 24 m 的落地式钢管脚手架、悬挑式脚手架、吊篮脚手架和卸料平台等。

(6)拆除、爆破工程:采用人工、机械拆除或爆破拆除的工程。

(7)临时用电工程。

(8)其他危险性较大的工程:建筑幕墙的安装施工工程;预应力结构张拉施工工程;特种设备施工工程;网架和索膜结构施工工程;6 m 以上的边坡施工工程;30 m 及以上高空作业;采用新技术、新工艺、新材料,可能影响建设工程质量安全,已经行政许可,但尚无技术标准的施工工程;对工地周边设施和居民安全可能造成影响的分部分项工程;其他专业性强、工艺复杂、危险性大、有交叉作业等易发生重大事故的工程。

学习任务3　城市轨道交通危险源辨识要求

一、城市轨道交通危险源辨识范围

危险源辨识(2)视频

城市轨道交通危险源辨识范围包括城市轨道交通覆盖范围内的工作区域及其他相关范围内的生产经营活动、人员、设施等。根据城市轨道交通运营管理及其他活动情况,可分成以下类别。

(1)按地点划分:城市轨道交通沿线各车站、车辆段、OCC(控制中心)大楼、办公楼等。

(2)按活动划分:常规活动、非常规活动、潜在的紧急情况,其主要内容见表 8-2。

表 8-2　各项活动的主要内容

活动类别	主要内容
常规活动	运营服务活动:依据运营时刻表组织列车运营和客运服务
	设备设施的设计、安装、调试、验收、接管、使用过程
	公共活动:相关部门均有的活动,包括办公,电梯、叉车、消防设施、空调、空压机、抽风机的使用,化学物品的搬运、储存、废弃等
	间接活动:为运营服务活动提供支持的活动,主要包括物资部仓库管理、检验、物料采购以及物料的使用管理、食堂管理等
非常规活动	设备设施维护保养,消防及行车疏散演习,因公外出等
潜在的紧急情况	如火灾、爆炸、化学物品泄漏、中毒、台风、雷击、碰撞等事故或事件(潜在的紧急情况的危险辨识须考虑紧急情况发生时和发生后进行抢险救援过程中存在的危险)

二、确定危险源事故类型

在进行危险源辨识前必须把危险源事故类型确定下来,以防止危险源辨识不清晰、不全面,通过借鉴和分析城市轨道交通运营过程可能产生的行车事故/事件、列车延误及财产损失等事故类别,确定了危险源事故类型,见表 8-3。

表 8-3 危险源事故类型

类型编号	事故类型名称	备注	类型编号	事故类型名称	备注
1	物体打击	伤害事故	15	噪声聋	职业病
2	车辆伤害(指马路车辆)		16	尘肺	
3	机械伤害		17	视力受损	
4	起重伤害		18	其他职业病	
5	触电		19	健康受损	健康危害
6	淹溺		20	财产损失(2000 元及以上)	无伤害事件/事故
7	灼烫		21	列车延误	无伤亡的列车延误事件
8	火灾		22	行车事件/事故	含人员伤亡的行车事件/事故
9	高处坠落		23	可能引发行车事件/事故的设备缺陷事件和行为事件	指引发行车事件/事故的危险源
10	坍塌		24	其他事件/事故	无伤害事件/事故
11	容器爆炸		—	—	—
12	其他爆炸		—	—	—
13	中毒和窒息		—	—	—
14	其他伤害		—	—	—

表 8-3 中“可能引发行车事件/事故的设备缺陷事件和行为事件”与“行车事件/事故”这两个事故类型是一种从属关系,即“可能引发行车事件/事故的设备缺陷事件和行为事件”事故类型的风险属于“行车事件/事故”事故类型风险的危险源。涉及这种从属关系的事故类型,可把运营过程中可能发生的重要风险所涉及的危险源划归到相关部门进行控制。

三、划分危险源辨识对象

在各部门列出辨识范围内的活动或流程所涉及的所有事件后,选用合适的设备分析法、工艺流程分析法或其他划分方法,根据事故类型划分危害事件,并根据以下方法划分危险源辨识对象。

(1)对车辆设备大修的活动,可按照其工艺流程分析法划分危险源辨识对象。

(2)对设备维护及保养的活动,以设备作为危险源辨识对象,并结合活动实施过程进行划分。

(3)使用设备时可根据具体操作过程划分危险源辨识对象。

(4)根据行车组织、客运组织过程划分危险源辨识对象。

针对每一危险源辨识对象,参考危险源事故类型表,识别可能存在的事故/事件,并登记在表 8-4 所示的危险源辨识及风险评价登记表中的“危害事故/事件”栏以及“事故类型”栏内。

表 8-4 危险源辨识及风险评价登记表

序号	地点	作业	设备/设施/物料	危害事故/事件	事故类型	风险评价			风险级别	控制措施	备注
						风险发生的可能性	事故后果严重程度	风险值			

学习任务 4 风险矩阵评价法

一、概述

安全风险分析法视频

风险矩阵评价法是一种将定性或半定量的后果分级与产生一定水平的风险或风险等级的可能性相结合进行综合分析的方法。它主要用于风险等级排序，以确定哪些风险需要更细致的分析，或者应首先处理哪些风险以及哪些风险此时无须进一步考虑，哪些风险可以接受，哪些风险不能接受。

二、绘制要求

绘制风险矩阵时，将后果等级绘制在横轴上，可能性等级绘制在纵轴上。后果等级应涵盖需分析的各类不同的结果，后果等级标度可以为任何数量的点，最常见的有 3、4 或 5 个点的等级。可能性等级标度也可为任何数量的点。需要选择的可能性的定义应尽量避免含糊不清，如果使用数字来界定不同的可能性，则应给出相应的单位。

如图 8-8 所示，该矩阵带有 7 点后果等级和 10 点可能性等级，且将风险分为四个等级，从高到低分别为不可容忍的风险、不期望的风险、可容忍的风险、可忽略的风险。为了对风险进

可能性等级									
A	每周发生数次或更多	R2	R1	R1	R1	R1	R1	R1
B	每月发生数次	R3	R2	R1	R1	R1	R1	R1
C	每年发生数次	R4	R2	R2	R1	R1	R1	R1
D	十年内发生数次	R4	R3	R2	R1	R1	R1	R1
E	一百年内发生数次	R4	R3	R3	R2	R1	R1	R1
F	不大可能出现	R4	R4	R3	R3	R2	R1	R1
G	非常不可能出现	R4	R4	R4	R3	R3	R2	R1
H	发生可能性极少	R4	R4	R4	R4	R3	R3	R2
I	不可能发生	R4	R4	R4	R4	R4	R3	R3
J	难以置信	R4	R4	R4	R4	R4	R4	R3
		1	2	3	4	5	6	7
		微不足道	极轻微	轻微	严重	危急	重大	特别重大

后果等级

图 8-8 风险矩阵示例

行分级，首先要对当时情况的结果进行合适的描述，然后界定结果发生的可能性，最后从矩阵中读取风险等级。

三、优点及局限

风险矩阵评价法的优点包括：比较便于使用；可以将风险很快划分为不同的重要性水平。局限包括：必须设计出适合具体情况的矩阵，因此很难有一个适用于分析系统各相关环境的通用系统，很难清晰地界定等级，且使用具有很强的主观色彩，分级之间会有明显的差别。

学习任务5 风险控制

风险控制视频

一、最低合理可行原则

最低合理可行（As Low As Reasonably Practicable，ALARP）原则是指确定的风险控制措施应考虑降低风险的成本，除非风险控制措施所需的成本远远大于实施此措施所带来的效益，否则应采取所需的控制措施。此原则既可确保系统达到可接受的安全水平，而且不需耗费过高成本来控制没有必要进一步降低的风险。ALARP原则示意图如图8-9所示。

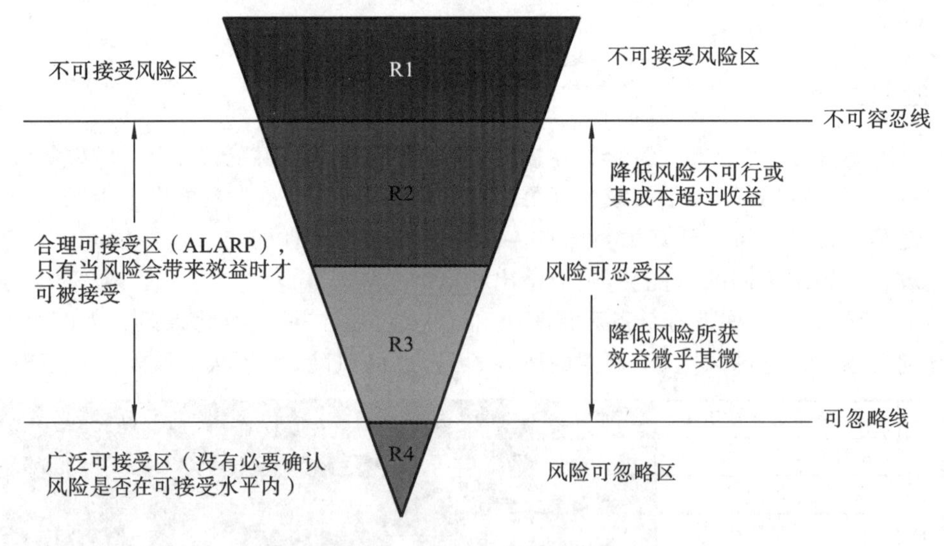

图8-9 ALARP原则示意图

ALARP原则依据风险的严重程度将系统可能出现的风险进行分级，在图8-9中，系统风险由不可容忍线和可忽略线将其分为不可接受风险区、风险可忍受区和风险可忽略区。不可接受风险区和风险可忍受区是项目风险辨识的重点，系统风险辨识必须尽可能地找出该区所有的风险。

图8-9中最上面的区域规定了不可接受的风险等级，有些风险很大且结果绝对不可接受，因此在任何场合它们都是不容许的，如果风险等级不能降到此范围以下，就不能投入运营或进行作业。最下面的区域为风险可忽略区，该区域中风险很小，不需要进行ALARP分析。中间的区域称为风险可忍受区，也可称为ALARP区，其风险符合合理可行的最低风险程度的原则。

作为一种通用原则，各企业单位可结合本行业或企业本身的实际情况制定具体的风险可接受水平。

二、风险控制措施

1. 风险控制措施的选取原则

风险控制遵循 ALARP 原则，风险等级不同，采取的控制措施也不同。城市轨道交通运营安全风险控制措施的选取原则见表 8-5。

表 8-5 城市轨道交通运营安全风险控制措施的选取原则

风险等级		控制措施
R1	不可容忍风险	(1)建立安全控制目标； (2)采取充分的控制措施，制定安全风险管理方案； (3)建立、修订并执行运行控制程序； (4)必要时，建立、修订并演练应急准备与相应程序； (5)采取减轻措施后重新评估风险，并考虑是否需要进行量化风险评估； (6)缺乏有效的控制措施时，不能投入运营或进行作业
R2	不期望风险	(1)沿用并大力加强已有的控制措施； (2)风险在切实可行的情况下必须降低； (3)若符合成本效益，应制定安全风险管理方案
R3	可容忍风险	(1)危害在有足够控制措施的情况下可接受； (2)若降低风险符合成本效益，则必须采取进一步的控制措施
R4	可忽略风险	(1)沿用已有的控制措施，可以不采取进一步的控制措施； (2)监控其危害状态的改变，当改变使危险源的风险等级提高时，应审查现行控制措施的成效

风险控制除了遵循以上原则外，出现以下几种情况时可直接判定需要对其进行控制：不符合法规要求的；已经发生过类似事故但危害未得到消除的；员工或相关方有比较强烈、合理的安全要求的；根据经验能够判断出明显需要控制的；出于企业的特殊安全考虑认为需要控制的。

2. 常见的控制措施

制定风险控制措施是风险管理的重要环节。控制措施的描述应具体，说明应采取何种做法以及怎样做，避免过于原则性的描述，如“小心”“仔细操作”等。下面按优先顺序列出了常见的控制措施。

(1)通过技术措施，从根本上消除危险、有害因素，如用危害较小的物质取代危害较大的物质、改装或更换旧设备或工具、提高设备设施的安全系数。

(2)采取预防性技术措施预防事故发生，如安装漏电保护装置、安全电压、熔断器、冗余设施等。

(3)无法消除和预防危害因素的情况下，可采取减少危害影响的措施，如采用局部通风排毒装置、采取降温措施、保持良好的通风条件、安装避雷装置、设置消除静电装置、安装减振消声装置等。

(4)无法消除、预防、减弱危害因素的情况下，应将人员与危险、有害因素隔开，如采用遥控作业、安装防护栏杆(罩、屏)、设置隔离操作室、划定警戒区域等。

(5)在易发生故障和危险性较大的地方,禁止人员的危险行为,设置醒目的安全色或安全标志,必要时设置声、光报警装置等。

(6)合理管理作业,如调整作业顺序、增减工作步骤、停止附近的作业、减少在危害环境中的作业时间、作业前确认安全条件是否满足、作业过程中定时沟通与加强提醒、建立完善的作业程序、定期检查作业环境等。

(7)科学管理设备,如监控设备的运行状态、对设备进行预防性维修、定期检测设备的性能与安全状态、特殊季节或天气加强设备维护、保持设备清洁、停用不合格设备、及时更换损坏零件(设施)、建立设备故障处理程序等。

(8)加强特殊作业的审批,没有操作证或不熟悉作业的人员严禁上岗,危险作业设置监护人员。

(9)配备并正确使用个人劳动防护用品。

(10)制定应急程序并定期进行演练,作业现场提供应急设备与设施。

(11)加强员工的技能培训与安全教育,提高其操作水平、处理事故的能力与安全意识。

(12)定期进行安全检查,建立安全奖惩机制。

案例:某公司及时、动态地对公司施工现场及机关办公区存在的危险源进行详细辨识,采用作业条件危险性评价法进行分析、评价,对识别出的重大危险源建立危险源告知制度,组织学习、讨论确定重大危险源防治、预防措施,切实将措施落实到位、责任落实到人,确保重大危险源的监控与防治处于受控状态。

(1)危险源辨识。

公司对本年度已承建各项目的危险源从项目经理部、分公司、总公司进行逐级识别、辨识与评价,确定了公司“施工现场危险源辨识和风险评价表”“施工现场重大危险源清单”“机关办公区域危险源辨识和风险评价表”“机关办公区域重大危险源清单”。按照施工区、办公区、生活区等作业场所,公司辨识危险源 950 项,重大危险源 223 项,并制定出了相应的安全防控措施,确保危险源在有效的监控范围内。

针对辨识出的重大危险源,确定了公司安全管理目标与指标,制定了各目标控制措施。

(2)风险控制。

公司施工中危险性较大的分部分项工程有:隧道工程、桥梁工程、路面工程、起重吊装工程、模板工程等。易发生重大事故的施工环节有:隧道施工;明挖基础施工中的基坑开挖作业;立柱、盖梁及主梁浇注中的高处作业;预应力混凝土梁、板预制中的张拉作业;大吨位梁、板预制构件的安装作业;大型模板的安装及拆卸作业;电气设备和线路的拆装作业;水上打桩及载人作业;沥青混凝土面层施工中的高温作业;等等。上述施工环节易引发的安全事故有:坍塌、中毒及窒息、瓦斯爆炸、坠落、物体打击、机械伤害、触电、淹溺、灼烫等。针对上述所有危险源,公司均制定了切实可行的安全监控措施,并组织学习。

公司针对各承建项目的特点,要求对项目中重大危险源绘制总体监控平面布置图,明确重大危险源内容、安全监控措施、现场监控负责人,将安全监控措施落实到位,将安全责任落实到人。在拌和站、预制场、现浇桥梁等现场设立重大危险源告知牌,让作业人员、外来人员、参观者、检查领导等对现场存在的危险源、防护措施与注意事项等一目了然。

学习任务6　风险评估报告

风险评估报告封面格式如图8-10所示。

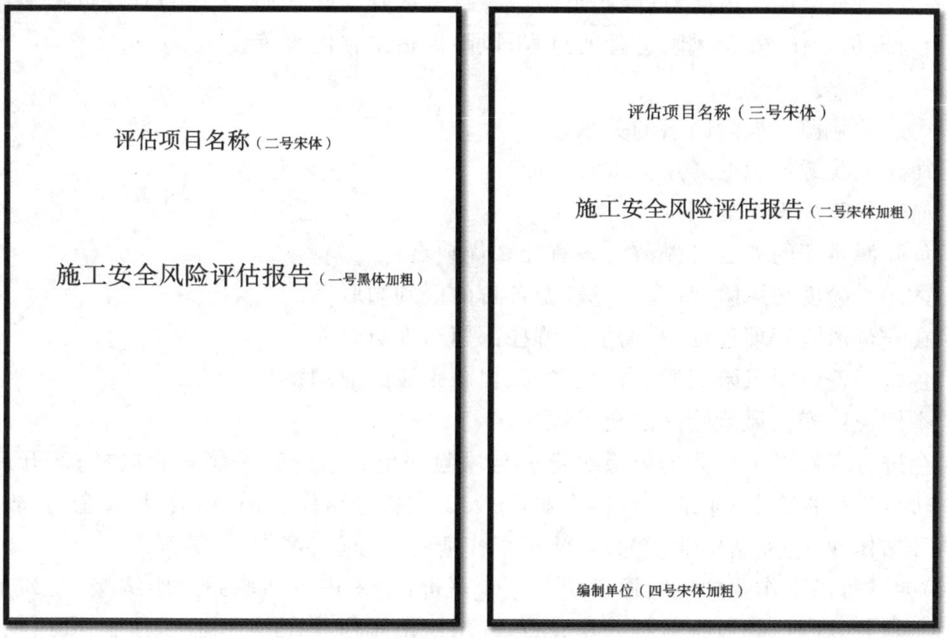

评估项目名称（二号宋体） 施工安全风险评估报告（一号黑体加粗）	评估项目名称（三号宋体） 施工安全风险评估报告（二号宋体加粗） 编制单位（四号宋体加粗）

图8-10　风险评估报告封面

风险评估报告应包含以下内容。

(1)编制依据。

①项目风险管理方针及策略。

②相关的国家和行业标准、规范及规定。

③项目设计和施工方面的文件。

④项目各阶段审查意见。

⑤设计阶段风险评估成果。

(2)工程概况。

(3)评估过程和评估方法。

(4)评估内容。

①总体风险评估。

②专项风险评估:包括风险源普查、辨识、分析以及重大风险源的估测。

(5)对策措施及建议。

(6)评估结论。

①重大风险源风险等级汇总。

②Ⅲ级和Ⅳ级风险存在的部位、方式等情况。

③分析评估结果的科学性、可行性、合理性及存在的问题。

小　　结

本项目主要讲了危险源与危险因素的关系;危险源辨识的要求;危险源辨识的流程;危险源辨识的方法;危险度与风险、危险与危险源各自的区别与联系;安全风险管理过程中,需要与哪些部门与人员合作;安全风险管理的过程;风险评估报告内容等。

【思考与练习】

(1)简述危险源与危险因素的关系。

(2)简述危险源辨识的通用要求。

(3)简述危险源辨识的流程。

(4)危险源辨识的方法有哪些?各有什么优缺点?

(5)试述危险度与风险、危险与危险源各自的区别与联系。

(6)在安全风险管理过程中,需要与哪些部门与人员合作?

(7)各举一例说明风险回避、自留、转移、控制手段的应用。

(8)举例说明安全风险管理的全过程。

(9)会进行车站以下作业的风险源辨识与风险评价:①开启/关闭垂直电梯;②开启/关闭扶梯;③轨行区拾物作业;④道岔清扫作业;⑤人工准备进路作业;⑥屏蔽门(安全门)故障处理作业;⑦开站作业;⑧关站作业;⑨大客流组织作业;⑩列车清客作业;等等。

(10)会进行以下作业的风险源辨识与风险评价:①采用电话联系法组织接、发列车作业;②组织工程列车开行;③组织救援列车开行;④组织出车作业;⑤组织收车作业;⑥组织送电作业;⑦发布口头调度命令作业。

项目9　应 急 管 理

【学习目标】

1. 知识目标

(1)了解应急管理的目标。

(2)掌握应急管理各阶段的主要工作内容。

(3)能够描述“一案三制”的内容及要求。

(4)了解应急救援体系的组织结构、运行机制及支持保障系统。

(5)熟悉突发事件的分类与分级。

(6)掌握应急预案的类别与作用。

应急管理课件

2. 能力目标

(1)能够描述应急管理的循环过程。

(2)能够描述应急预案体系。

(3)会编制现场应急预案。

【学习重点】

应急管理的四个阶段;应急管理体系结构,应急管理运行机制;应急预案体系,应急预案管理内容;应急预案的编制流程。

【学习难点】

应急管理的运行模式;应急管理体系;城市轨道交通应急预案体系;应急预案的核心要素。

学习任务1　应急管理概述

【知识链接】

2003年的“非典”事件促使我国政府下定决心全面加强和推进应急管理工作,2003年也因此成为我国全面加强应急管理研究的起步之年,被称为我国应急管理发展元年。随着2006年1月8日国务院发布的《国家突发公共事件总体应急预案》出台,我国应急预案框架体系初步形成。作为公众中的一员,我们每个人都应具备一定的应急文化素养及良好的心理素质和应急管理知识。

应急管理
概述视频

一、应急管理概念

应急管理是指政府及其他公共机构在突发事件的事前预防、事发应对、事中处置和善后恢复过程中,通过建立必要的应对机制,采取一系列必要措施,应用科学、技术、规划与管理等手段,保障公众生命、健康和财产安全,促进社会和谐健康发展的有关活动。

二、应急管理发展过程

1. 第一阶段:应急管理研究的萌芽时期

在2003年以前,关于应急管理的研究主要集中在灾害管理研究方面。自20世纪70年代中后期以来，随着地震、水旱灾害的加剧，我国学术界在单项灾害、区域综合灾害以及灾害理论、减灾对策、灾害保险等方面都取得了一批重要研究成果。而应急管理一般规律的综合性研究成果则寥寥无几。

2. 第二阶段：应急管理研究的快速发展时期

2003 年“非典”事件暴露了我国政府管理在应急管理工作中存在的不足，也推动了我国应急管理理论与实践的发展。针对事前准备不充分，信息渠道不畅通，应急管理体制、机制不健全这一系列问题，政府下定决心全面加强和推进应急管理工作。这一时期研究大致分为两个阶段：前半阶段是从 2003 年“非典”事件至 2006 年底，后半阶段则是从 2007 年至 2008 年初。

3. 第三阶段：应急管理研究的质量提升时期

2008 年对中国应急管理来说是一个特殊的年份。南方雪灾、拉萨 3·14 事件和汶川特大地震，为应急管理研究提出了严峻的命题。党和政府以及学术界从不同角度深入总结我国应急管理的成就和经验，查找存在的问题。2008 年 10 月 8 日，胡锦涛同志在党中央、国务院召开的全国抗震救灾总结表彰大会上指出要进一步加强应急管理能力建设。我国应急管理体系建设再一次站到了历史的新起点。

三、应急管理方针

“居安思危，预防为主”是应急管理的指导方针。预防在应急管理中占据着重要的地位。应急管理最理想的目标是少发生甚至不发生突发事件，发生后要有力、有序、有效地加以处置，做到平时重预防，事发少损失。

四、应急管理原则

《国家突发公共事件总体应急预案》提出了六项工作原则，即以人为本，减少危害；居安思危，预防为主；统一领导，分级负责；依法规范，加强管理；快速反应，协同应对；依靠科技，提高素质。

五、应急管理的内容

应急管理的内容包括预防、准备、响应和恢复四个阶段(见图 9-1)。

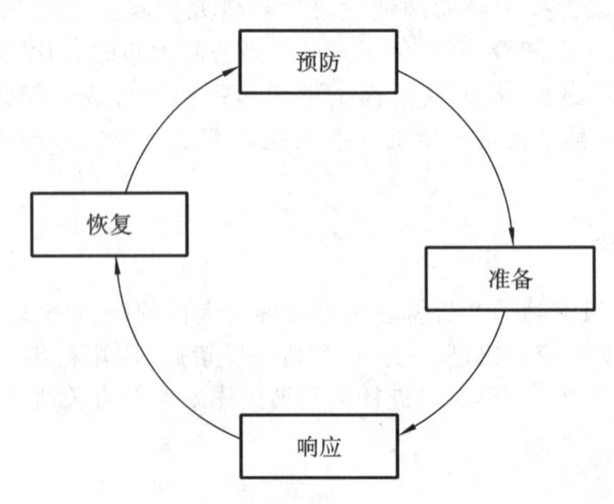

图 9-1　应急管理的四个阶段

预防是指从应急管理的角度出发，防止突发事件或事故的发生；准备是指事故发生前采取的行动，目的是应对事故的发生，并提高应急行动能力，推进有效的响应工作，主要任务为制定应急预案及完善应急保障系统；响应是指事故发生后立即采取的行动，目的是保护生命、将财产损失降至最低程度；恢复是在响应结束后立即进行，目的是使生产、生活恢复到正常状态或得到进一步改善。

通常这四个阶段没有严格的界限，且往往是交叉的，但每个阶段都有自己明确的目标，且每一个阶段都是下一个阶段的基础，它们共同构成应急管理的动态循环。

应急管理四个阶段工作内容见表9-1。

表9-1 应急管理四个阶段工作内容

阶 段	工作内容
预防阶段：为预防、控制和消除事故对人类生命财产长期危害所采取的行动（无论事故是否发生，企业和社会都处于风险之中）	风险辨识、评价与控制；安全规划；安全研究；安全法规、标准制定；危险源监测监控；事故灾害保险；税收激励和强制性措施等
准备阶段：事故发生之前采取的各种行动，目的是提高事故发生时的应急行动能力	制定应急救援方针与原则；制定应急救援工作机制；编制应急救援预案；筹备应急救援物资、装备；应急救援培训、演习；签订应急互助协议；建立应急救援信息库等
响应阶段：事故即将发生前、发生期间和发生后立即采取的行动。目的是保护生命安全、减少财产损失、控制和消除事故	启动应急系统和组织；报告有关政府机构；实施现场指挥和救援；控制事故扩大并消除事故影响；人员疏散和避难；环境保护和监测；现场搜寻和营救等
恢复阶段：事故后，使生产、生活恢复到正常状态或得到进一步的改善	损失评估；理赔；清理废墟；灾后重建；人员培训和心理辅导；应急预案复查；事故调查

学习任务2 应急管理体系与机制

一、应急管理体系

应急管理体系与机制视频

应急管理体系的整体结构主要由指挥调度系统、处置实施系统、资源保障系统、信息管理系统、决策辅助系统、教育培训系统、宣传系统等部分组成（见图9-2）。

其中，指挥调度系统为应急管理体系的“大脑”，是体系中的最高决策机构，是应急管理的最高决策者，负责应急管理的统一指挥及给各支持系统下达命令。处置实施系统是对指挥调度系统形成的预案和指令进行具体实施的系统，负责执行指挥调度系统下达的命令，完成各种应急抢险任务。资源保障系统负责应急处置过程中的资源保障，主要工作包括应急资源的储存与日常养护、资源评估、应急资源调度等。信息管理系统是应急管理体系的信息中心，负责应急信息的实时共享及为其他系统提供信息支持，主要工作包括信息的采集、处理、储存、传输、更新与维护等。决策辅助系统在信息管理系统传递的信息基础上，对应急管理中的决策提出建议或方案，为指挥调度系统提供决策支持，主要工作包括预警分析、预案选择、预案效果评估、资源调度方案设计等。

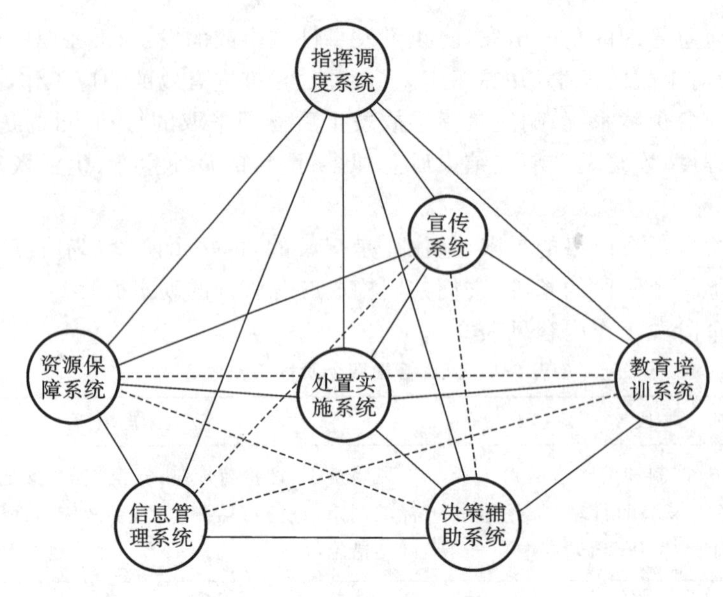

图 9-2 应急管理体系的结构

二、我国的应急管理体系

1. 我国应急管理体系的核心内容

我国应急管理体系的核心内容可以概括为“一案三制”。“一案”是指应急预案，就是根据发生和可能发生的突发事件，事先研究制定的应对计划和方案。应急预案包括各级政府总体预案、专项预案和部门预案，以及基层单位的预案和大型活动的单项预案。“三制”是指应急工作的管理体制、运行机制和法制。

要建立健全和完善的应急预案体系，就是要建立“纵向到底，横向到边”的预案体系。所谓“纵”，就是按垂直管理的要求，从国家到省再到市、县、乡镇各级政府和基层单位都要制定应急预案，不可断层；所谓“横”，就是所有种类的突发公共事件都要有部门管，都要制定专项预案和部门预案，不可或缺。相关预案之间要做到互相衔接，逐级细化。预案的层级越低，各项规定就要越明确、越具体，避免出现“上下一般粗”现象，防止照搬照套。

要建立健全和完善应急管理体制，主要是要建立健全集中统一、坚强有力的组织指挥机构，发挥我们国家的政治优势和组织优势，形成强大的社会动员体系；建立健全以事发地党委、政府为主，有关部门和相关地区协调配合的领导责任制；建立健全应急处置的专业队伍、专家队伍，充分发挥人民解放军、武警和预备役民兵的重要作用。

要建立健全和完善应急运行机制，主要是要建立健全监测预警机制、信息报告机制、应急决策和协调机制、分级负责和响应机制、公众的沟通与动员机制、资源的配置与征用机制、奖惩机制和城乡社区管理机制等等。

要建立健全和完善应急法制，主要是要加强应急管理的法制化建设，把整个应急管理工作建设纳入法制和制度的轨道，按照有关的法律法规来建立健全预案，依法行政，依法实施应急处置工作，把法治精神贯穿于应急管理工作的全过程。

2. 我国应急管理体系的组织机构

（1）领导机构。

在国家层面上，国务院是应急管理工作的最高行政领导机构。在地方层面上，各级政府是所在地区应急管理工作的领导机构，一般都设立应急委员会。

(2)办事机构。

国务院办公厅设置国务院应急管理办公室，是应急管理的办事机构。各级政府也设立与国务院应急管理办公室职能相对应的应急管理办事机构。

(3)工作机构。

国务院及地方政府的主管部门依据有关法律、行政法规和各自的职责，负责相关类别应急管理工作。

(4)专家组。

国家、地方政府及其主管部门根据实际需要聘请有关专家组成专家组，为应急管理提供决策建议，参加应急处置工作。

三、应急管理运行机制

1. 应急管理运行机制的基本概念

应急管理运行机制是指应急组织体系中各部分之间相互作用的方式和规律。

我国应急管理运行机制的基本原则为：统一指挥、分级响应、属地管理、公众动员。

2. 应急管理运行机制的主要内容

应急管理运行机制的主要内容包括：预测与预警机制、应急信息报告程序、应急决策协调机制、应急公众沟通机制、应急响应级别确定机制、应急处置程序、应急社会动员机制、应急资源征用机制和责任追究机制等。

(1)预测与预警机制。

预警级别可分为：Ⅰ级(特别严重，用红色表示)、Ⅱ级(严重，用橙色表示)、Ⅲ级(较重，用黄色表示)、Ⅳ级(一般，用蓝色表示)。

预警信息发布内容主要包括：事件的类别、预警级别、起始时间、可能影响范围等。

预警信息发布方式：可通过广播、电视、报刊、通信、信息网络、警报器、宣传车或组织人员逐户通知等方式进行。对老、幼、病、残、孕等特殊人群以及学校等特殊场所和警报盲区应当采取有针对性的公告方式。

(2)应急处置。

应急处置是应急运行机制的核心内容，必须按照相关原则和程序进行。应急处置需要制定详细、科学的应对突发公共事件处置的技术方案；明确各级指挥机构调派处置队伍的权限、数量、处置措施，队伍集中与部署的方式，专用设备、器械、物资、药品的调用程序，不同处置队伍间的分工协作程序等。如果是国际行动，还必须符合国际机构的行动要求。

应急处置程序主要包括信息报告、先期处置、应急响应、进入紧急状态、应急结束。

四、应急管理保障机制

应急管理保障机制是指为了保证应急救援工作的需要和灾区群众的基本生活以及恢复重建工作的顺利进行，在人力、财力、物力、交通运输、医疗卫生及通信等方面提供的保障措施。我国应急管理保障机制主要包括以下内容。

1. 人力保障

在我国，公安消防、医疗卫生、地震救援、矿山救护、抗洪抢险等专业应急救援队伍是处置突发公共事件的专业骨干力量；社会团体、企事业单位以及志愿者是社会力量；中国人民解放军和中国人民武装警察部队是处置突发公共事件的突击力量。

2. 财力保障

按照现行事权、财权划分原则，应急资金和工作经费由中央和地方财政分级负担，按规定程序列入各级政府财政预算。从中央到地方，各级财政要加大投入力度，完善财政预备费的拨付及使用制度，建立专项资金制度，建立中长期的应急准备基金，强化政府投资主渠道的保障作用，在强调地方政府承担主要的应急财力保障职责的同时，中央政府应通过转移支付、提供低息贷款、信用担保及税收优惠等手段予以补偿。与此同时，逐步建立多元化的应急融资和筹资机制，政府与商业保险主体基于经济利益与社会利益双赢的基础上开展合作，通过政策优惠鼓励商业保险、再保险进入公共风险保障领域，开发新险种，扩大承保范围。同时，积极吸收来自国内外企业、非政府组织、个人和国际组织的赞助和捐助，完善社会保障、医疗保险、商业保险等的投资与管理机制，培育和发展社会共同参与的危机管理财力保障机制。

3. 物资保障

各级政府主管部门负责基本生活用品的应急供应及重要生活必需品的储备管理工作。建立健全重要应急物资监测网络、预警体系和应急物资生产、储备、调拨及紧急配送体系，完善应急工作程序，确保应急所需物资和生活用品的及时供应，并加强对物资储备的监督管理，及时予以补充和更新。同时各地方应该与相邻省市建立物资调剂供应渠道，以备本地区物资短缺时，能迅速调入，保障应对各类突发公共事件的物资保障。

4. 医疗卫生保障

卫生部门负责组建医疗卫生应急专业技术队伍，根据需要及时赴现场开展医疗救治、疾病防控等卫生应急工作，并根据实际情况及时为受灾地区提供药品、器械等卫生和医疗设备。必要时，组织动员红十字会等社会卫生力量参与医疗卫生救助工作。

5. 交通运输保障

铁路、交通、民航等部门要保证紧急情况下应急交通工具的优先安排、优先调度、优先放行，确保运输安全畅通。根据应急处置需要，政府有关部门要对现场及相关通道实行交通管制，开设应急救援“绿色通道”，保证应急救援工作的顺利开展。

6. 治安维护

公安、武警部队按照有关规定参与应急处置和治安维护工作，加强对重点地区、重点场所、重点人群、重要物资和设备的安全保护，依法严厉打击违法犯罪活动。

7. 通信保障

信息产业、广播电视及通信管理部门负责建立健全应急通信、应急广播电视保障工作体系，完善公用通信网络，建立有线和无线相结合、基础电信网络与机动通信系统相配套的应急通信系统，确保通信畅通。

8. 公共设施保障

城市建设、环境保护、电力供应等部门确保突发事件发生时煤、电、油、气、水的供给，以及废水、废气、固体废弃物等有害物质的监测和处理。

学习任务3　应急预案管理

【知识链接】

2013年10月25日，国务院办公厅印发《突发事件应急预案管理办法》(以下简称“办法”），该办法进一步规范了预案的规划、编制、审批、发布、备案、演练、修订、培训、宣传教育等工作。

应急预案管理视频

一、应急预案

1. 基本概念

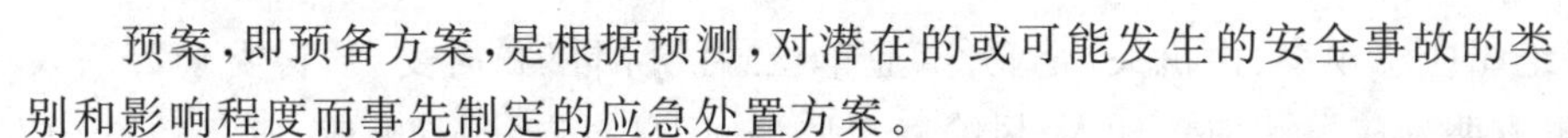

预案，即预备方案，是根据预测，对潜在的或可能发生的安全事故的类别和影响程度而事先制定的应急处置方案。

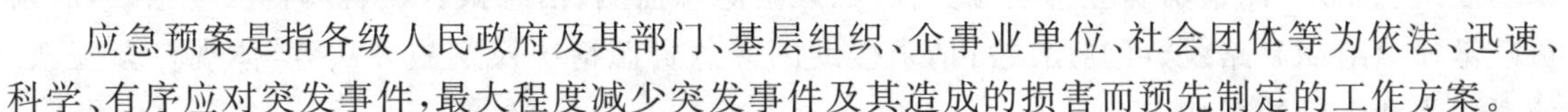

应急预案是指各级人民政府及其部门、基层组织、企事业单位、社会团体等为依法、迅速、科学、有序应对突发事件，最大程度减少突发事件及其造成的损害而预先制定的工作方案。

应急预案应在辨识和评估潜在的重大危险、事故类型、发生的可能性及发生过程、事故后果及影响严重程度的基础上，对应急的职责、人员、技术、装备、设施、物资、救援行动及其指挥协调方面预先做出具体安排。

2. 应急预案的作用

(1)应急预案确定了应急救援的范围和体系。

(2)应急预案有利于做出及时的应急响应。

(3)应急预案是各类突发事故的应急基础。

(4)应急预案建立了与上级单位和部门应急救援体系的衔接。

(5)应急预案有利于提高风险防范意识。

3. 应急预案的分类

(1)按照突发事件类型，应急预案可分为 4 类。

①自然灾害应急预案：主要包括水旱灾害、气象灾害、地震灾害、地质灾害、海洋灾害、生物灾害和森林草原火灾等的应急预案。

②事故灾难应急预案：主要包括工矿商贸等企业的各类安全事故、交通运输事故、公共设施和设备事故、环境污染和生态破坏事件等的应急预案。

③突发卫生事件应急预案：指突然发生，造成或者可能造成社会公众健康严重损害的公共事件的应急预案。这类事件主要包括传染病疫情的传播、群体性不明原因疾病的暴发、食品安全问题的发生以及其他严重影响公众健康和生命安全的事件。

④社会安全事件应急预案：主要包括恐怖袭击事件、民族宗教事件、涉外突发事件和群体性事件等的应急预案。

(2)按照预案层级和适用范围，可分为 3 个层级。

①综合应急预案：也称总体应急预案，从总体上阐述应急目标、原则、应急组织结构及相应职责，以及应急行动的整体思路等。通过综合应急预案可以较为清晰地了解应急体系和预案体系，更重要的是可以作为应急工作的基础和“底线”，即使对那些没有分析到的紧急情况或没有预案的事故也能起到一定的应急指导作用。

②专项应急预案：针对某一种具体的、特定类型的紧急情况的应急处理而制定的应急预案，例如人身伤亡事故预案、自然灾害事故预案等。专项应急预案是建立在对特定风险分析基础上的，它以综合应急预案为前提，对应急策划、应急准备等作了详尽描述，专项应急预案的可操作性比综合应急预案的可操作性更强，是现场应急预案的基础。

③现场应急预案：现场应急预案是在综合应急预案和专项应急预案的基础上，根据具体情况需要而编制的。它是针对特定的具体场所而制定的预案，通常是事故风险较大的场所。现

场应急预案的特点是针对某一具体现场的特殊危险，在详细分析的基础上，对应急救援中的各个方面都做出具体、周密的安排，因而现场应急预案具有更强的针对性、指导性和可操作性。

(3)按照应急预案制定主体划分，分为 2 大类。

①政府及其部门应急预案：由各级人民政府及其部门制定，包括总体应急预案、专项应急预案、部门应急预案等。

②单位和基层组织应急预案：由机关、企业、事业单位、社会团体和居委会、村委会等法人和基层组织制定，侧重明确应急响应责任人、风险隐患监测、信息报告、预警响应、应急处置、人员疏散撤离组织和路线、可调用或可请求援助的应急资源情况及实施方法等，体现自救互救、信息报告和先期处置特点。

(4)按照行政区域，可分为国家级应急救援预案，省、自治区、直辖市级应急救援预案，市级应急救援预案，县级应急救援预案，企业级应急救援预案等。不同层级的预案内容各有所侧重。

二、应急预案体系

1. 应急预案体系

应急预案体系如图 9-3 所示，与应急法制、应急管理体制和应急运行机制共同构建了我国的应急管理体系。

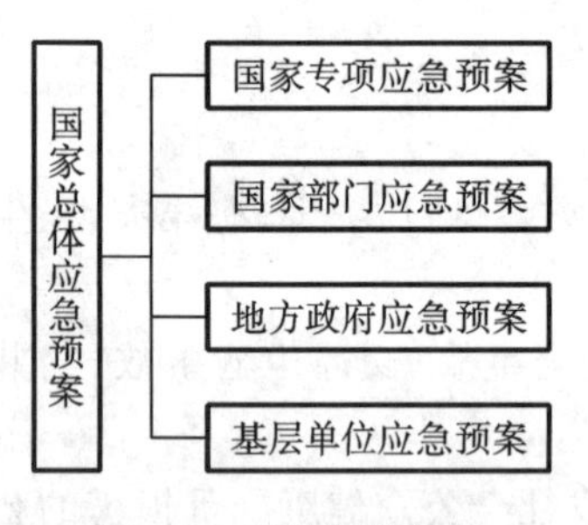

图 9-3 应急预案体系

(1)国家总体应急预案。

国家总体应急预案是全国应急预案体系的总纲，是国务院应对特别重大突发公共事件的规范性文件，适用于跨省级行政区划的，或超出事发地省级人民政府处置能力的，或需要由国务院负责处置的特别重大突发公共事件的应对工作，由国务院制定并公布实施。国务院根据各类突发公共事件的级别，相对应地启动总体预案，采取应对措施。各类突发公共事件严重程度处于Ⅰ级(特别重大)时，一般由国务院出面进行应对，其他除了特殊情况外，由部门和省级政府应对。

(2)国家专项应急预案。

国家专项应急预案主要是国务院及其有关部门为应对某一类型或某几种类型突发公共事件而制定的应急预案。由国务院有关部门牵头制定，报国务院批准后实施。

(3)国家部门应急预案。

国家部门应急预案是国务院有关部门根据国家总体应急预案、专项应急预案和部门职责，为应对突发公共事件而制定的应急预案。由国务院有关部门制定印发，报国务院备案。

(4)地方政府应急预案。

地方政府应急预案具体包括：省级人民政府的突发公共事件总体应急预案、专项应急预案和部门应急预案；各市(地)、县(市)人民政府及其基层政权组织的突发公共事件应急预案。此类预案在省级人民政府的领导下，按照分类管理、分级负责的原则，由地方人民政府及其有关部门分别制定并实施。

(5)基层单位应急预案。

基层单位应急预案是企事业单位以及社区街道、乡镇村庄等根据实际情况制定的应急预案。

2. 城市轨道交通应急预案体系

城市轨道交通应急预案体系包括国家级应急预案、省/市级应急预案和城市轨道交通内部应急预案3个层次，每个层次又包括总体应急预案和专项应急预案(见图9-4)。

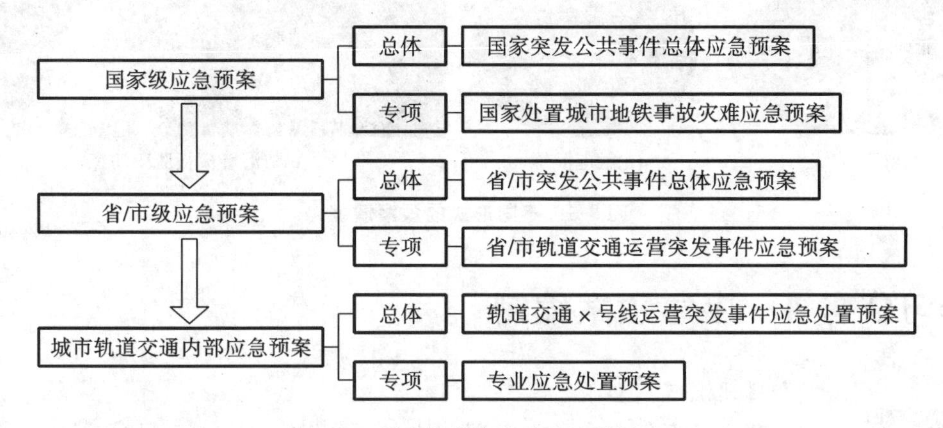

图9-4 城市轨道交通应急预案体系

注：城市轨道交通内部应急预案的专业应急处置预案中的“专业”主要包括：行车调度专业、客运专业、车辆专业、供电专业、通信专业、机电设备专业、线路道岔专业等。

三、应急预案管理

1. 应急预案管理的原则

应急预案管理要遵循统一规划、分类指导、分级负责、动态管理的原则。

2. 应急预案管理的内容

应急预案管理的内容主要包括应急预案培训、应急预案演练、应急预案修订、应急预案备案和应急预案实施。生产经营单位应急预案管理的内容见表9-2，不同形式的预案演练如图9-5所示。

表9-2 生产经营单位应急预案管理的内容

序号	内　容	含　义
1	应急预案培训	明确对本单位人员开展的应急预案培训计划、方式和要求，使有关人员了解相关应急预案内容，熟悉应急职责、应急程序和现场处置方案。如果应急预案涉及社区和居民，要做好宣传教育和告知等工作
2	应急预案演练	明确生产经营单位不同类型应急预案演练的形式、范围、频次、内容以及演练评估、总结等要求
3	应急预案修订	明确应急预案修订的基本要求，并定期进行评审，实现可持续改进
4	应急预案备案	明确应急预案的报备部门，并进行备案
5	应急预案实施	明确应急预案实施的具体时间、负责制定与解释的部门

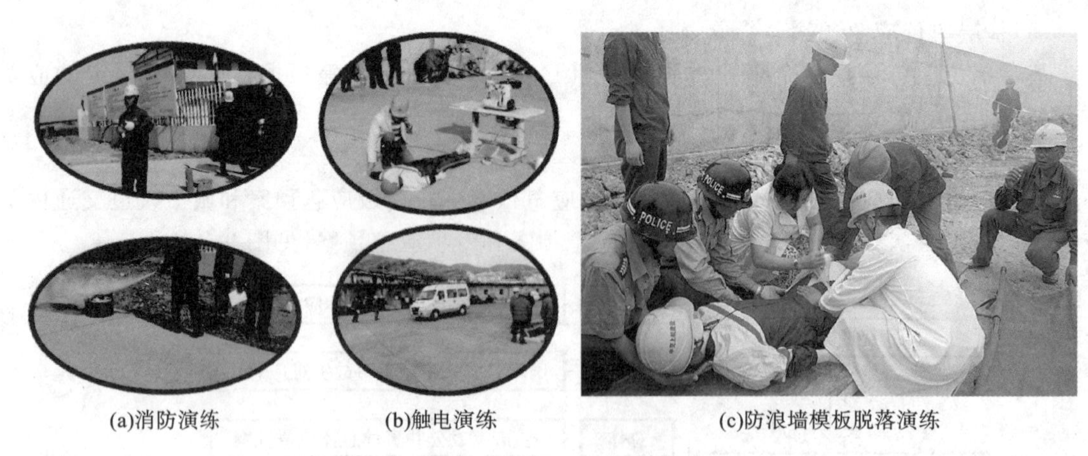

(a)消防演练　　(b)触电演练　　(c)防浪墙模板脱落演练

图 9-5　不同形式的预案演练

学习任务 4　应急预案编制

应急预案
编制视频

【知识链接】

《突发事件应急预案管理办法》(国办发〔2013〕101 号)对应急预案的编制进行了明确规定。

一、应急预案编制中要注意的问题

1. 要注重预案的科学性

应急预案的编制从事件或灾情设定、信息收集传输与整合、力量部署、物资调集到实施行动都要讲究科学,必须在科学论证的基础上确定方案,在实战演练中完善方案,在科学决策的基础上采取行动。

2. 要关注预案的可操作性

应急预案针对可能发生的事故(件)制定,主要目的是在事故(件)发生后,能按照预案进行力量部署、采取处置对策、组织实施,将灾害损失控制在最低。应急预案的关键在于“能够有效使用”,因此应急预案要具有可操作性。

3. 要充分认识预案的复杂性

编制应急预案是一项细致而复杂的工作。从方案的内容上说,应急预案既包括突发性公共事件,又包括自然灾害、事故灾难、公共卫生和社会安全等方面的事件;从方案的制定过程来看,有收集资料、调查研究、编制方案、演练检验、反复修订等环节;从预案的实施过程来看,由于预案是根据人们对事故设想发生的情景来制定的,因此容易受到制定者认识的局限性、灾害事故发生的不确定性以及事故现场千变万化等因素的影响。

4. 要明确预案之间的衔接性

要避免预案内容前后矛盾、应急响应级别与响应行为衔接混乱、部门职责交叉和矛盾等问题。应急预案编制应注重系统性,做到与相关部门和单位的应急预案相互衔接。

二、应急预案的编制流程

应急预案的编制流程如图 9-6 所示。

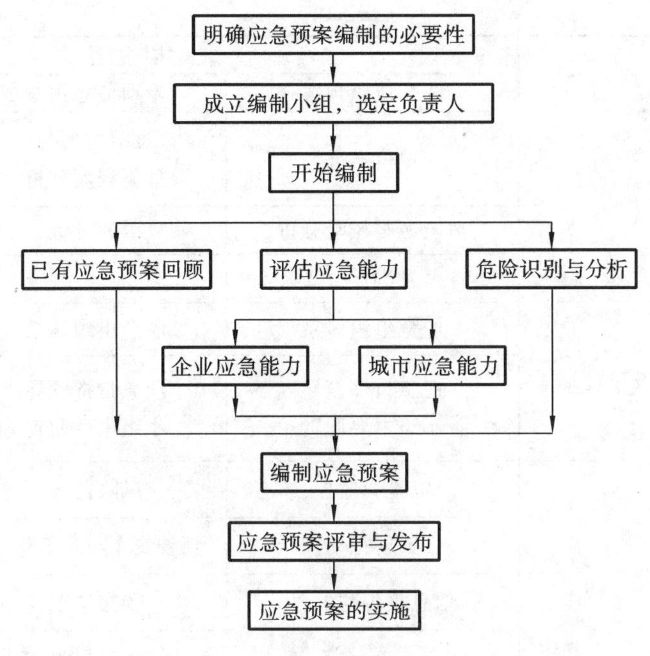

图 9-6　应急预案编制流程

(1)成立应急预案编制小组。包括选择小组领导，选择小组成员，选择组织方式，制定进度计划等。

(2)危险分析与能力评估。包括现有资料的调研，危险分析，应急能力评估，应急事件的分类，应急事件的分级等。

(3)编制应急预案。包括编排格式和条文，确定预案的基本结构等。

(4)应急预案的评审与发布。包括评审的方法、程序、要点等。

(5)应急预案的实施。包括模拟演练、修订完善、应急预案培训等。

应急预案的编制、修订和完善是一个动态的过程，不可能一蹴而就。应急预案的修订和完善要不断贯穿于编制流程的各个方面，要不断提高应急预案的处置效率和水平。

三、应急预案的核心要素

应急预案是各级部门应对突发事件的重要参考文件和依据，与各级管理部门和具体执行部门的业务具有紧密的关联。应急预案根据层级和适用范围的不同，其侧重点也各有不同，因此应急方案的内容表述也存在差别。应急预案的核心要素划分见表 9-3。

表 9-3　应急预案核心要素划分

序号	项　目	基本内容		
		综合应急预案	专项应急预案	现场应急预案
1	总则	编制目的	编制目的	编制目的
		编制依据	编制依据	编制依据
		适用范围	适用范围	适用范围
		工作原则	应急处置基本原则	—
		预案体系	—	—

续表

<table>
<tr><th rowspan="2">序号</th><th rowspan="2">项　　目</th><th colspan="3">基 本 内 容</th></tr>
<tr><th>综合应急预案</th><th>专项应急预案</th><th>现场应急预案</th></tr>
<tr><td rowspan="3">2</td><td rowspan="3">风险分析</td><td>单位概况</td><td>事故类型与
危害程度分析</td><td>事件特征</td></tr>
<tr><td>风险源与风险分析</td><td>事故分级</td><td>—</td></tr>
<tr><td>突发事件分级</td><td>—</td><td>—</td></tr>
<tr><td rowspan="2">3</td><td rowspan="2">组织机构及职责</td><td>应急组织体系</td><td>应急组织体系</td><td>应急救援指挥部</td></tr>
<tr><td>应急指挥领导
小组主要职责</td><td>应急指挥领导
小组主要职责</td><td>指挥部人员职责</td></tr>
<tr><td rowspan="4">4</td><td rowspan="4">预防与预警</td><td>危险源监控</td><td>风险监测</td><td>—</td></tr>
<tr><td>预警行动</td><td>预警发布与预警行动</td><td>—</td></tr>
<tr><td>信息报告与处置</td><td>预警结束</td><td>—</td></tr>
<tr><td>—</td><td>信息报告</td><td>—</td></tr>
<tr><td rowspan="4">5</td><td rowspan="4">应急响应</td><td>响应分级</td><td>响应分级</td><td>—</td></tr>
<tr><td>响应程序</td><td>响应程序</td><td>—</td></tr>
<tr><td>应急处置</td><td>应急处置</td><td>应急处置</td></tr>
<tr><td>应急结束</td><td>应急结束</td><td>注意事项</td></tr>
<tr><td rowspan="2">6</td><td rowspan="2">信息沟通与后期处理</td><td>信息公开</td><td>—</td><td>—</td></tr>
<tr><td>后期处置</td><td>后期处置</td><td>—</td></tr>
<tr><td rowspan="5">7</td><td rowspan="5">保障措施</td><td>应急队伍保障</td><td>应急队伍保障</td><td>—</td></tr>
<tr><td>物资装备保障</td><td>物资装备保障</td><td>—</td></tr>
<tr><td>通信与信息保障</td><td>通信与信息保障</td><td>—</td></tr>
<tr><td>经费保障</td><td>经费保障</td><td>—</td></tr>
<tr><td>其他保障</td><td>其他保障</td><td>—</td></tr>
<tr><td>8</td><td>培训与演练</td><td>培训与演练</td><td>培训与演练</td><td>—</td></tr>
<tr><td rowspan="5">9</td><td rowspan="5">附则</td><td>术语和定义</td><td>术语和定义</td><td>—</td></tr>
<tr><td>预案备案</td><td>预案备案</td><td>—</td></tr>
<tr><td>预案修订</td><td>预案修订</td><td>—</td></tr>
<tr><td>制定与解释</td><td>制定与解释</td><td>—</td></tr>
<tr><td>预案实施</td><td>预案实施</td><td>—</td></tr>
</table>

续表

序号	项目	基本内容		
		综合应急预案	专项应急预案	现场应急预案
10	附件	规范化格式文本	—	—
		有关部门、机构或人员的联系方式	—	—
		应急物资装备名录或清单	—	—
		关键的路线、标识和图纸	—	—
		有关协议或备忘录	—	—
		有关流程	—	—

【实训任务】

实训1 编制车站站厅层火灾现场应急预案

1.任务描述

火灾事故是城市轨道交通车站重点控制的事故之一，根据应急预案编制导则的要求，编制车站火灾现场应急预案。

2.相关资料及资源

(1)教材。

(2)应急预案编制导则。

3.任务实施说明

(1)学生分组，每5～8人为一小组。

(2)按小组进行任务分析，编制任务执行计划。

(3)确定组内分工，收集相关资料。

(4)进行作业风险分析。

(5)小组成员共同编制预案。

(6)预案评审。

(7)展示成果，进行讲解演练。

4.任务实施注意事项

预案编制应有可操作性、针对性、协调一致性和连续性。

5.效果评价

采用学生自评50%＋组内互评20%＋组间评价30%的形式。

实训2 编制车站火灾现场应急预案演练方案

1.任务描述

演练是提高城市轨道交通运营人员应急能力的有效途径，为了保证演练过程的安全，在演练之前须对演练过程进行风险识别，并针对风险识别的结果制定对策措施。

某地铁运营公司拟于下周开展一次车站火灾的现场应急预案的演练，请对演练过程的风险进行分析，并制定演练方案。

2.相关资料及资源

(1)教材。

(2)教学课件。

3. 任务实施说明

(1)学生分组，每5～8人为一小组。

(2)按小组进行任务分析，编制任务执行计划。

(3)确定组内分工，收集相关资料。

(4)进行作业危险分析。

(5)小组成员共同编制演练方案。

(6)展示成果，进行讲解演练。

4. 任务实施注意事项

演练计划应具有较强的可操作性。

5. 效果评价

采用学生自评50%＋组内互评20%＋组间评价30%的形式。

小　　结

本项目主要讲述了应急管理的概念、原则和运行模式；应急管理体系的整体结构；我国应急管理体系的核心内容、组织体系；应急管理运行机制；应急管理保障机制；应急预案的概念和分类；应急预案体系；应急预案管理的原则和内容；应急预案的编制流程；应急预案的核心要素等。

【思考与练习】

(1)什么是应急管理？应急管理的基本原则是什么？

(2)应急管理的四个阶段是什么？

(3)我国应急管理体系的“一案三制”指的是什么？

(4)我国应急管理运行机制的基本原则是什么？

(5)应急处置程序主要包括哪些内容？

(6)我国应急管理保障机制主要包括哪些内容？

(7)什么是应急预案？应急预案的重要性有哪些？

(8)综合应急预案、专项应急预案和现场应急预案分别是什么？它们之间有何联系？

(9)我国的五级应急预案体系指的是什么？

(10)应急预案管理的原则是什么？

(11)应急预案管理的主要内容包括哪些？

(12)请描述应急预案编制的流程。

项目10　行车安全事故预防

【学习目标】

1.知识目标

(1)掌握接发列车作业常见事故的类型、原因及预防措施。

(2)掌握调车作业常见事故的类型、原因及预防措施。

(3)掌握行车调度安全的相关知识。

2.能力目标

(1)熟悉列车驾驶作业安全准则。

(2)掌握车辆段作业安全关键点控制。

【学习重点】

接发列车作业常见事故原因及预防措施;调车作业常见事故原因及预防措施;行车调度安全的相关知识;列车驾驶作业安全准则;车辆段作业安全关键点控制。

【学习难点】

接发列车作业常见事故及预防措施;调车作业常见事故及预防措施;车辆段作业安全关键点控制。

行车工作是城市轨道交通运营系统的主要工作,也是最容易产生不安全因素的工作环节,城市轨道交通运营过程中所出现的大部分不安全现象都发生在行车工作中。因此,行车安全是城市轨道交通运营安全的核心。从某种程度上说,保证了行车工作安全也就保证了城市轨道交通运营的安全。

学习任务1　行车安全管理基础

一、行车安全

通常把列车的组织和运行工作统称为行车工作,而行车安全一般是指关于城市轨道交通列车在运送乘客过程中对行车人员、行车设备以及乘客产生作用和影响的安全。行车安全工作包括行车调度安全工作、列车驾驶安全工作、车站作业安全工作、接发列车作业安全工作、调车作业安全工作等。

二、行车事故

凡因操作人员违反规章制度、劳动纪律和作业纪律,或者因设备不良及其他原因,在行车中造成人员伤亡、设备损坏、经济损失、影响正常行车或危及行车安全的,均构成行车事故。

学习任务2　行车调度安全

城市轨道交通系统是一个大联动机,具有高度集中、统一指挥、各个工作环节协同动作的特点。城市轨道交通行车工作是一个由互相联系、互相影响的多部门、多单位组成的完整的系统。在这个系统中，各部门、各单位、各工种间的紧密联系和协调一致对于保证行车安全和提高运输效率有着决定性的意义。行车调度(一般简称“行调”)是为适应城市轨道交通运输特点而设置的，在保证行车安全的大系统中具有重要的地位和作用。

城市轨道交通行车调度工作由调度控制中心实施，实行高度集中统一指挥，以使各个环节紧密配合，协调工作，保证列车安全、正点运行。行车调度工作是城市轨道交通运营系统的核心，直接影响行车安全及运输质量。

一、行车调度工作的基本任务及作用

(1)行车调度工作的基本任务。

①组织指挥各部门、各工种严格按照列车运行图工作。

②监控列车到达、出发及途中运行情况，确保列车运行秩序正常。

③当列车运行秩序不正常时，及时采取措施，尽快恢复正常运行秩序。

④及时、准确地处理行车异常情况，防止行车事故的发生。

⑤随时掌握客流情况，及时调整列车运行方案。

⑥检查监督各行车部门执行运行图的情况，发布调度命令。

⑦当发生行车事故时，按规定程序及时向上级主管部门汇报，并采取措施防止事故扩大，积极参与组织救援工作。

(2)行车调度在行车安全工作中的作用。

行车调度贯彻集中领导、统一指挥的原则，组织协调行车有关各部门、各单位、各工种的工作，指挥和监督行车工作的全过程，保证行车工作均衡协调、安全准确地进行。

在日常运输中，行车调度负责编制日常运输工作计划，发布各种有关行车的调度命令，组织行车各部门协同动作，保证列车按列车运行图运行，实现日(班)计划规定的各项任务；负责监督和检查行车各部门执行运输工作日常计划和规章制度的情况以及列车运行情况，及时组织处理和排除各种危及或有可能危及行车安全的意外情况；遇到行车事故或灾害而中断行车时，采取积极有效的措施，组织事故救援，迅速恢复行车，保证运输畅通。

总体来说，行车调度在安全工作中的作用有以下几个方面。

①指挥行车人员完成各项行车作业，保证列车安全正点运行。

②组织、协调、监督、检查行车各有关部门的安全生产，纠正各种违章现象，及时处理行车中发生的问题，消除事故隐患，防止发生行车事故。

③在发生事故后，积极组织救援，减少事故损失。

二、行车调度安全指挥工作的基本要求

调度指挥必须坚持安全生产的原则，正确、及时地指挥列车运行，防止因指挥不当造成事故隐患。遇突发紧急事件时，要冷静、正确、及时处理。

(1)城市轨道交通行车调度工作必须严格执行单一指挥的原则。行车各有关部门必须服从所在区段行车调度的集中统一指挥，各级领导对列车运行的指示必须通过行车调度下达，坚决禁止令出多口或多头指挥，维护调度命令的严肃性和权威性。

(2)行车调度工作人员要具备较高的业务水平和紧急处理能力，熟练掌握调度工作技能是做好安全指挥工作的基础。行车调度工作人员必须熟悉主要行车人员情况，掌握车辆、线路设

备等方面的知识，熟知各项规章制度和各种行车作业的程序，掌握与其他调度的工作衔接，掌握处理各种行车意外情况和行车事故的方法，做到调度指挥胸有成竹、沉着冷静。

(3)发布调度命令要正确、完整、清晰。调度命令是城市轨道交通运输工作实行集中领导、统一指挥的具体体现和保证之一。具体要求如下。

①调度命令是指挥列车运行的命令和口头指示，只能由行车调度发布，有关行车人员必须坚决执行，不得违反。

②发布调度命令前应详细了解现场情况，听取有关人员意见。发布调度命令时应严格按章办理，必须先拟后发，不得边拟边发。

③调度命令应按“一拟、二签、三发布、四复诵核对、五下达命令号码和时间”的程序办理。

④制定常用行车调度命令格式和统一用语，使调度命令发布规范化，用语更加准确、简练、清晰、完整。

⑤发布调度命令时为确保命令的传达准确无误，行车调度应指定其中一人复诵，其他人核对，确保无误，书面调度命令须填写记录。

学习任务 3　列车驾驶安全

列车驾驶安全是整个城市轨道交通行车安全工作的关键环节之一，是把好行车安全的最后一道关口。

一、影响列车驾驶安全的主要因素

(1)行车纪律松弛、制度执行不严。纪律松弛、出乘标准化作业未落实、责任制贯彻不力是影响安全行车的重要因素。

(2)疲劳行车、带情绪开车。司机睡眠不足或将受外界环境影响而产生的情绪带入运行作业中，会产生生理、心理的疲劳，从而精力不济、精神不集中，给安全行车带来隐患。

(3)业务素质不高。由于技术问题及缺乏经验，司机业务水平不精，不能及时处理运行中的突发事件和故障。

(4)安全意识不强。司机思想波动大、情绪不稳定、责任心不强、行车纪律观念淡薄、臆测行车是造成行车事故的重要原因。

(5)行车技术、设备不完善。行车设备老化，结构不合理，不能满足实际行车的需要。

(6)风、雪、雷、电等恶劣气候及环境的影响。风、雪、雷、电等恶劣天气对安全运行的影响是不可低估的，列车司机对气候环境变化及对突发事件能否正确处置直接影响城市轨道交通运营安全。

(7)安全管理制度、规章的适用性存在缺陷。安全管理归根结底是对人的管理，而各项制度的健全和完善是行车安全的基础和依据，没有完整、有效的制度是影响安全行车的重要因素。

二、不安全因素的控制

从安全运行管理的角度分析，行车事故是各种不安全因素相互作用的结果。因此，对行车不安全因素的控制是行车安全的重要环节。

(1)加强对司机违章行为的管理与控制。许多行车事故案例表明，人的不安全行为是引起行车不安全的因素及行车事故的直接原因。因此,对列车司机的教育、培训、考核、惩戒等,可使列车司机对安全行车采取正确的态度。

(2)不断做好对列车司机的技术业务培训。司机的技术知识不足,特别缺乏安全行车知识和没有经验是引起行车不安全的重要原因。加强安全行车知识和业务技术知识的学习,可使司机在技术上得到提高,成为合格的操作者。

(3)强化和改善对行车设备的管理。许多行车事故的发生都是由于行车设备技术状态不良造成的,因而应不断改进相关行车设备的技术,使行车设备功能符合运营要求。

(4)提高司机适应环境变化与处置突发事件的应变能力。由于运行环境的变化和行车中产生的突发事件难以预测,因此提高司机在发生意外事件时的应变能力是防止与减少行车事故的重要手段。列车司机应在不断学习的基础上,以各类预案和规定为依据,定期和不定期地参加讲解、演练、培训活动,以提高应变能力。

三、列车安全驾驶的基本规定

(1)列车司机必须牢记"安全第一"的宗旨,严格按照安全制度、行车规则执行驾驶任务,驾驶列车时做到"三严格"。

①严格遵守各种规章制度,正确执行各种作业程序,确保列车运行安全。

②严格按照运营时刻表及信号显示行车,工作时严守岗位,不得擅自离岗。

③严格遵守动车前认真确认"行车三要素"规定,即确认进路、信号和道岔。

(2)列车司机必须掌握列车(车辆)的基本构造、性能,具有一般故障的处理能力,熟悉城市轨道交通线路和站场等基本设施情况,明确驾驶区段、站场线路纵断面等。

(3)列车司机必须掌握其他相关的业务知识,并具有一定的应变能力。在列车的运行过程中,一般情况下只有司机一个人值乘,而运行中的突发事件有着不可预测性,在事件的初期往往只有司机能够最早发现,所以一名职业素养较好的司机应该而且必须掌握有关事件初期的处理方法,使事件能够在初期阶段得到控制,减少损失,稳定现场局面。

(4)列车司机上岗值乘的必要条件。鉴于列车司机在整个运行过程中的重要作用,城市轨道交通管理部门规定了列车司机上岗值乘的必要条件。首先,司机必须经过考试合格,并取得列车驾驶证后方可独立驾驶列车;其次,脱离驾驶岗位 6 个月以上的,如需再驾驶列车,必须经过业务知识和安全运行知识等的再培训,并且应考试合格,其纪律性和身体状况、心理状况由相关管理部门及有关领导做出鉴定。

四、列车驾驶作业安全准则

列车司机的操作应在正常情况下确保准确,在非正常情况下确保安全,所有操作均应动作紧凑,快速正确。列车驾驶作业包括调车作业、整备作业、正线作业、折返作业、站台作业等,具体的作业安全准则有以下内容。

(1)调车作业安全准则。

①设置铁鞋防溜时,不拿出铁鞋不动车。

②凭自身动力动车时,没有制动不动车。

③机车、车辆制动没有缓解不动车。

④调车作业目的不清不动车。

⑤调车作业没有联控不动车。

⑥没有信号或信号不清不动车。

⑦道岔开通不正确不动车。

⑧侵限、侵物不动车。

(2)整备作业安全准则。

①整备作业前必须了解列车停放位置及列车状态。

②检查列车走行部时,必须确认列车已降下受电弓。

③严禁跨越地沟,进行车底检查时戴好安全帽,应注意空间位置,避免碰伤。

④受电弓升起后,严禁触摸电器带电部位,严禁进入地沟检查及攀登车顶。

⑤检查列车时必须佩戴检查灯、一字旋具,并严格按要求整备列车,列车没有经过整备严禁动车。

⑥车库内动车前,必须确认地沟内无人和两侧无侵限物后方可动车。

(3)列车正线作业安全准则。

①司机在取得司机驾驶证并经鉴定合格后,方可独立驾驶。

②严格遵守各种规章制度,按照要求操作使用设备,正确执行各项作业程序,确保列车运行安全。

③严格按运营时刻表动车,动车前必须确认行车凭证,列车退行或推进时,运行前必须有人引导。

④班前注意休息,班中集中精力,保持不间断瞭望。严禁在列车运行中打盹、看书或干与工作无关的事。

⑤接受调度命令或行车指示时,司机必须认真逐句复诵并领会命令内容。

(4)折返作业安全准则。

①严格遵守交接班制度。

②关门前必须确认行车凭证、道岔、进路正确。

③动车前确认所有人均在安全区域。

(5)站台作业安全准则。

①开关屏蔽门、车门时,必须严格执行开关门作业程序。

②列车到站停稳后,应先确认列车是否停在规定的范围内。

③跨出站台开关屏蔽门、车门时,应注意列车与站台间的空隙,避免摔伤。

④关屏蔽门、车门前,应先确认DTI,判断是否处于关门时刻,再确认车载信号或进路防护信号是否开放或者具有行车凭证。

⑤动车前,司机应先确认屏蔽门、车门是否关好,同时确认屏蔽门与车门间的空隙无人无物后方可进驾驶室。

五、乘务作业安全事故预防关键点

1. 防错开车门

采用SM、RM、URM驾驶模式时,严格执行“先确认,再呼唤,跨半步,再开门”的开/关门程序;当设备发生故障需使用“强行开门”按钮时,严格执行开关门程序。

2. 防夹人夹物

车门关闭前,司机应确认车门黄色指示灯是否全部熄灭,车门操纵控制盘是否亮起绿灯。操纵旁路开关前,必须得到行调的授权。

3. 防冒进信号

动车前必须确认“行车三要素”，即进路、信号和道岔；严格执行呼唤应答制度，按照标准化要求作业；提高工作责任心，注意班前休息，出乘后集中思想。

4. 防挤岔

作业时集中精神，加强瞭望，确认进路；调车作业时，司机与调车长、信号值班员保持联系，详细了解作业计划内容和要求。

5. 防列车追尾

采用 URM 驾驶模式时，司机严格执行规章制度，加强瞭望，不超速，平稳操纵；认真确认行车凭证，包括路票、调度命令等；认真确认行车三要素；站务员显示停车手信号时，司机要马上采取停车措施；需切除 ATP 时，司机必须得到值班主任的授权。

6. 防撞止挡

进入车挡 10 m 内进行调车作业，动车前车长要通知司机，严格控制速度（不超 3 km/h），加强瞭望和引导工作，做好停车准备。自动折返时，司机要注意车速，做好紧急停车介入准备。人工驾驶折返时，司机要加强瞭望，控制好车速。

学习任务 4　接发列车作业安全

一、车站安全工作

车站的行车组织工作是在调度统一指挥下，合理运用车站的各项技术设备，负责车站行车控制指挥、施工及其他作业。

1. 车站安全工作的基本任务

（1）建立健全各项行车作业、管理的规章制度，包括车站行车控制室的管理制度、交接班制度、行车值班员责任制等，并对车站的行车组织工作进行规范管理，确保行车安全。

（2）进行车站各项安全检查，检查车站安全隐患，并落实整改。

（3）建立各项事故预案，开展演练，以提高车站员工的应急处理能力，有效处理车站突发事件。最终通过明确职责、落实责任、加强安全管理，确保车站行车、施工、治安、消防等工作以及车站员工、乘客人身的安全和车站所辖设备运行安全。

2. 车站行车安全工作的基本要求

车站工作包括列车运行控制、设备施工组织、接发列车作业等，其中各项作业均涉及行车安全。车站各项作业情况下的具体行车安全要求如下。

（1）列车运行控制。车站的列车运行控制根据整个系统列车运行控制方式的变化而变化，在调度集中控制与自动控制方式下，车站行车控制的主要工作是监护行车运营状态；如中控因故放权而由车站进行控制，则在有集中控制设备的车站应负责接发列车进路、折返作业等的排列；在非正常情况下，车站根据行调的指令，按规定的作业办法办理列车在车站的接车、发车、调车等作业。

（2）设备施工组织。在车站管辖范围内的任何施工均应在车站行车控制室登记，在得到行车值班员的签字确认后方可进行。

（3）接发列车作业。车站员工应确保在各种控制方式下车站的接、发列车组织工作安全、有序。

二、列车车次、运行方向及运行指挥与行车安全

1. 列车车次与行车安全

列车车次具有区别列车种类、作业性质及运行方向等重要作用，与列车安全密切相关。接、发列车作业中，列车车次的误听、误传、误填往往是造成行车事故的重要原因。为此，办理接、发列车时，要认真核对，防止误抄误填。车次不清楚时，必须立即询问，严禁臆测行车。

2. 列车运行方向与行车安全

列车运行方向是保证接、发列车及行车安全的重要条件之一。尤其是一端有两个及以上列车运行方向的车站更应引起注意，在办理列车闭塞及下达接、发进路命令等作业事项时，均应冠以相邻方向或线路名称，以防止列车开错方向。

3. 列车运行指挥与行车安全

行车工作必须坚持集中领导、统一指挥、逐级负责的原则。为安全顺利地组织列车运行，列车运行的指挥工作应注意两点，即正确指挥和服从指挥。列车运行的指挥工作首先应强调其安全的重要性。日常行车作业中，行车调度错发、漏发调度命令，盲目指挥列车运行，或车站值班员错发、漏发接发列车命令，盲目指挥及错误操纵控制台等，是造成列车事故的重要因素。因此，在指挥列车运行工作和行车调度发布命令之前，应详细了解现场情况，并听取有关人员的意见，以便正确下达指挥列车运行的调度命令和口头指示。

车站行车值班员在指挥及办理接、发列车作业时，须认真遵守行车有关规章要求，严格执行接、发列车作业规定，正确下达接、发列车的有关命令，确保列车运行安全。

三、接发列车作业惯性事故的种类及主要原因

车站在办理接车、发车和列车通过作业程序中发生的一切行车事故称为接发列车事故。经常发生的接发列车作业事故，称为接发列车作业惯性事故。

1. 接发列车作业惯性事故的种类

(1)向占用区间发出列车。占用区间包括：已进入列车的区间；已被列车取得占用许可的区间；封锁的区间(凭调度命令进入区间的除外)；有停留或溜入的机车车辆、施工作业车辆的区间；邻线已进入列车但禁止列车交会的区间。

(2)向占用线路接入列车。占用线路是指车站内已办理进路的线路或停有机车车辆的线路或已封锁的线路。

(3)未准备好进路就接发列车。未准备好进路的情况包括：进路上的道岔未扳、错扳、临时扳动或错误转动；进路上有轻型车辆(包括拖车)、小车及其他能造成脱轨的障碍物(不包括其他交通车辆)；邻线的机车车辆越过警冲标。

(4)未办或错办闭塞发出列车。未办或错办闭塞发出列车是指未和邻站、车场办理闭塞手续，或办理闭塞的区间与列车运行的区间不一致而发出列车。

(5)列车冒进信号或越过警冲标。列车冒进信号或越过警冲标是指列车前端任何一部分越过地面固定信号显示的停车信号，或停车列车越过警冲标或轧上线路脱轨器(用于接发列车起隔开作用的脱轨器)。双线区间反方向运行，列车冒进站界标，也属于列车冒进信号或越过警冲标事故。

(6)错误办理行车凭证发车或耽误列车。错误办理行车凭证发车或耽误列车是指与邻站已办妥闭塞手续，但由于未交、错交、未拿、错拿、漏填、错填行车凭证，或行车凭证交与司机显

示发车手信号后,发现行车凭证错误。行车凭证上错填、漏填电话记录号码、车次、区间、地点时,也属于错误办理行车凭证发车或耽误列车事故。

2. 发生接发列车作业惯性事故的主要原因

(1)当班人员离岗、打盹或做与接发列车无关的事情。接发列车作业人员擅离职守、打盹睡觉、看书看报、闲谈打闹等都直接影响作业人员的注意力,会造成误听、误传车次、股道,忘办、错办闭塞、信号,忘扳、错扳道岔等后果,并有可能造成事故。

(2)办理闭塞时没有确认区间处于空闲状态。在设有移动闭塞或准移动闭塞设备的线路,信号设备正常时,ATP 设备可以保证两车之间保持一定的安全间隔,即由设备实现移动闭塞或准移动闭塞。但设备发生故障,通过设备不能准确地定位列车及保持安全行车间隔时,就必须采用电话闭塞法,人工办理闭塞,以保证同一时间、同一区间只有一辆列车占用。办理闭塞时如不认真确认区间空闲状态,就有可能向占用区间发出列车,发生严重的行车事故。

(3)不按规定检查确认接发列车进路。不按规定检查确认接发列车进路是造成接发列车事故的重要原因,特别是在无轨道电路的车场或因停电、施工等导致线路无联锁时接发列车,如果不按规定认真检查接发列车进路,极易发生未准备好进路就接发列车的行车事故。

(4)不认真核对行车凭证。行车凭证是列车占用区间的依据,非正常情况下办理接发列车时,如果漏填、错填、未交、错交、未拿、错拿行车凭证,轻则耽误列车,影响正常运行,重则造成向占用区间发出列车的严重后果。

(5)错办或未及时办理信号。及时、正确的开放信号是保证行车安全和不间断地接发列车的一项重要工作。信号开放不正确或不及时,会造成列车晚点或机外停车,甚至造成向占用线路接车或向占用区间发车等严重后果。

(6)取消、变更接发列车进路时联络不彻底。车站在办理接发列车时,原则上不许变更接发列车进路,但如果遇到特殊情况,例如在接轨车站,出、收车计划产生变化,必须变更发车进路时,应先通知发车人员取消发车后再变更。

四、接发列车作业安全事故预防

接发列车作业,从办理闭塞、准备进路到开放信号、递交凭证,直至列车由车站发出或通过,其间任何一个环节的错漏都可能形成事故隐患,任何一项作业的差错都可能危及列车安全。因此,日常办理每一趟列车的接发工作,均须高度重视,认真作业。

目前,国内外城市轨道交通均采用信号系统控制列车运行、监控列车运行安全。列车正常行车时,由信号系统自动控制,信号正常时车站不需要接发列车,只需由车站行车值班员、站台人员完成接发列车安全监控和乘客乘降的服务工作。遇到特殊情况(信号系统出现故障需人工排列进路组织列车运行时或列车退回车站等情况)须接发列车时,应注意以下要求。

1. 办理列车闭塞作业的安全要求

办理列车闭塞作业是接发列车的首要作业环节,是列车取得区间占用权的重要环节,也是较易发生列车事故的关键环节。

(1)办理列车闭塞作业前,必须认真确认区间已空闲。车站值班员在办理闭塞作业时,为防止向占用区间发出列车,在确认区间空闲时必须认真做好以下工作。

①检查确认前一列车是否完整到达。在无联锁状态下接车时,车站行车值班员必须监控列车全部到达且听取现场接车人员汇报。现场人员应认真检查列车尾部标志,防止区间遗留车辆,重点是加强对工程列车的检查。

②通过闭塞设备确认区间空闲。自动闭塞区段根据控制台上的信号表示灯、轨道区段光带进行确认。半自动闭塞区段根据本站发生闭塞机表示灯确认。电话闭塞根据车站行车日志上列车到达(或出发)的电话记录号码确认(城市轨道交通电话闭塞法行车间隔有“两站两区间”“两站一区间”等方式,但至少须保证“一站一区间”的行车间隔),并与揭挂的标示牌进行核对。

③检查确认区间是否有列车占用。

④检查确认区间是否封锁。

⑤检查确认区间是否遗留车辆。

⑥检查确认区间内设有道岔时,发车进入正线的列车,区间道岔是否正线开通并锁闭。

⑦检查确认有关记录情况。

在确认区间空闲时,还要认真核对轻型车辆使用书、行车设备检查登记簿、调度命令等有关记录。

⑧检查确认其他占用区间的情况。

(2)办理闭塞作业时,车次必须准确、清晰。

(3)办理闭塞作业时,用语必须准确、完整。

现场作业中,有的车站值班员承认闭塞时,仅简化回答“同意”两字而未复诵,未起到与相邻站互控、联控的作用,极易发生错办发车。因此,办理闭塞及承认闭塞时,均须完整按照行车标准用语执行。

2. 准备进路作业的安全要求

准备进路作业是指将列车经由车站所运行的线路安全开通。准备进路是接发列车工作中一项极为重要的作业环节,主要有以下几个方面须引起注意。

(1)确认接车线路空闲。车站在准备列车的接车进路或通过进路时,首先必须确认接车(通过)的线路空闲,以防止线路上存有机车、车辆及其他危及列车运行安全的障碍物等。为此,车站值班员和现场作业人员必须对接车(通过)进路线路是否空闲进行检查和确认;设有轨道电路及控制台上设有股道占用标志的,通过控制台对股道是否占用进行确认。

(2)确认接发车进路正确无误。接发进路直接关系列车运行安全。因此,在接发列车作业中,对列车进路的确认极为重要,切不可疏忽。联锁设备正常时,车站可通过信号设备的显示来确认接发车进路;遇到联锁设备停用时,需逐个确认进路上的道岔位置正确并按要求加锁后,方可报告接发车进路准备妥当。

(3)确认影响进路的其他作业已经停止。

3. 办理及交付行车凭证的安全要求

行车凭证是列车占用区间的依据,包括信号机显示、路票、调度命令等。有关作业人员办理行车凭证时必须认真、严谨,注意防止因出现差错而造成行车事故。

(1)防止误操作信号设备。信号是用于指示列车运行的命令。信号正常时,信号机上显示的准许列车运行的各种信号均为列车行车凭证。信号的开放和关闭至关重要,因此,车站值班员、信号员在操作信号设备时,必须全神贯注,精力集中,遵章守纪,严格坚持“眼看、手指、口呼”确认操作制度,确保信号指示准确无误。

(2)防止误填写行车凭证。使用路票、调度命令等书面凭证办理行车时,对其使用日期、区间、车次、地点、电话记录号码或调度命令号码等应特别注意。书面凭证填写后,必须逐字逐项复诵,认真进行核对并确认无误后,方可交付使用,以防止因填写错误而导致行车事故。

4. 接发列车作业程序及用语要求

为确保接发列车作业的安全稳定，尤其在应急处理中，车站接发列车作业应按规定程序办理，并使用规定用语。随意简化，甚至颠倒或遗漏作业程序及用语，将危及行车安全。

5. 接送列车及指示发车作业的安全要求

接送列车及指示发车直接关系接发列车作业安全。在信号正常的情况下，车站原则上不办理接发列车作业，遇特殊情况（指信号联锁发生故障需要人工排列进路组织列车运行时，或列车开到区间因故障要退回车站等情况）须接发列车时，车站接发列车人员应严格执行以下接发列车作业程序。

(1)确认列车整列到达。

(2)严密监视列车运行安全状态。站台岗人员随时注意站台乘客动态，当客车进站时，应站立于站台扶梯口靠近紧急停车按钮附近，防止乘客在关门时冲上车被夹伤，维护站台秩序，监督司机按规范动作关门。发车时，站台岗（或司机）若发现站台或屏蔽门异常，应立即用对讲机通知司机（或站台岗）并及时处理。

(3)确认列车发车条件无误后，方可指示发车。

学习任务5 调车作业安全

调车作业是指除列车在正线运行、车站（车厂）到发以外的一切机车、车辆或列车有目的的移动。在调车作业中发生的事故称为调车事故。一般来说，调车作业惯性事故分为撞、脱、挤、溜四种类型，即撞车、脱轨、挤岔、机车车辆溜逸。

一、调车作业事故的常见原因

(1)调车作业计划不清或传达不彻底。调车作业计划是信号员、调车组等调车作业相关人员统一的行动计划，如果调车作业计划本身不清晰，造成调车进路排错，机车车辆进入异线，或调车作业传达不彻底，造成信号员及调车司机行动不一致，则极易发生事故。

(2)作业前检查不彻底，准备不充分。调车作业前，必须按规定提前排风，摘解风管（工程列车），核对计划，确认进路，检查线路、道岔和停留车辆情况，手闸制动时要选闸、试闸，铁鞋制动时要准备足够、良好的铁鞋。

(3)误排进路或未扳、错扳、临时扳动道岔或错误转动道岔。信号员误排进路或未扳、错扳、临时扳动或错误转动道岔，调车员和司机未认真确认信号机及道岔位置，极易造成撞车、脱轨和挤岔事故。

(4)调车手信号显示不标准。调车手信号显示不标准有三种情况：一是未按规定的要求显示信号；二是错过了显示信号的时机；三是错误地显示信号。上述情况都可导致事故的发生。

(5)前端无人引导推进运行或推进车辆不试控。推进作业时，由于前端无人引导，调车司机无法确认线路和停留车情况，极易造成撞车和挤岔事故。推进车辆未试拉，一旦车辆中有假连接，制动或停车时车辆脱钩发生溜逸，也容易发生撞车、脱轨、挤岔和溜逸等事故。

(6)没按规定采取防溜措施。调车作业在线路上停放车辆时，如不按规定采取防溜措施，极易发生车辆溜逸事故，一旦车辆溜入区间，后果不堪设想。

二、调车作业安全的基本要求

1. 调车作业指挥及各岗位的作业要求

(1)车厂调车工作由车厂调度员集中领导、调车长统一指挥,车厂值班员负责接发列车进路和调车作业进路控制,调车作业人员应按相关标准和调车作业计划单执行。

(2)车厂调度员应根据机车车辆(包括客车,下同)、线路、设备检修计划和现场作业情况,科学、合理地编制调车作业计划,组织调车人员安全、及时地完成调车任务。

(3)调车作业由调车长统一指挥,根据调车作业计划单,正确、及时地显示信号,指挥调车司机,并注意行车安全。

(4)调车司机应根据调车长的信号准确、平稳地操纵机车,时刻注意确认信号,不间断进行瞭望,正确、及时地执行信号显示的要求,负责调车作业安全。

(5)车厂信号员根据调车作业计划单和现场作业情况、机车车辆停放股道,正确、及时地排列调车进路、开放调车信号,做到随时监控机车车辆运行情况,执行"唱一钩、干一钩、划一钩"的操作方法。

2. 编制和布置调车作业计划的基本要求

(1)编制调车作业计划。编制计划必须在确保安全的前提下,充分考虑调车效率,做到有调车机车名称,有编解或摘挂车次,有作业计划起止时间,有编制人员姓名、日期。一批作业超过3钩或变更计划超过3钩的,应使用调车作业通知单。

(2)布置调车作业计划。调车作业计划要正确、及时布置。调车领导人要将调车作业计划亲自传达给调车长(员),调车长(员)亲自传达给参加调车作业的司机。调车长(员)必须确认有关人员均已了解调车作业计划后方可开始作业。

(3)变更调车作业计划。变更计划时,调车领导人必须停止调车作业,将变更内容重新传达给每一名作业人员,确认无误后方可作业。

3. 调车作业前准备工作的基本要求

认真检查线路、道岔、停留车情况:一是检查进行调车作业的线路上有无障碍物;二是检查停留车位置;三是检查防溜措施;四是检查确认道岔开通位置;五是检查"道沿"距离。检查确认无误后方可作业。

4. 调车作业显示信号的基本要求

目前部分城市轨道交通企业在车厂内调车作业和正线工程车推进运行时采用无线调车电台进行现场指挥。正常情况下,使用无线调车电台指挥调车作业及进行调车作业人员相互的联系,但在该设备发生故障时,则改用手信号指挥调车作业。因此,调车作业人员不但要熟悉信号显示内容,还必须熟练掌握显示方法。显示信号时,应严肃认真,做到位置适当、正确及时、横平竖直、灯正圈圆、角度准确和段落清晰。

(1)正确显示信号的位置。调车员应站在易于瞭望,能确认前方进路,又能使司机看见信号的位置上显示信号。

(2)正确显示连挂信号。在推进车辆连挂作业时,为了使司机及时了解调车车辆与停留车之间的距离,调车员应显示连挂信号和距离信号,以做到平稳连挂。没有显示连挂信号和距离信号不允许挂车。调车员显示信号后,没有听到司机鸣笛回示信号时,要立即显示停车信号。机车、车组接近被连挂车辆不少于1 m时,要一度停车,确认车钩位置正确后再连挂。确认连挂后、推动车辆前应指挥司机进行试拉。

5. 调车运行安全的基本要求

(1)调车作业四禁止:设备或障碍物侵入线路设备限界时,禁止调车作业;禁止提活钩,溜放调车作业;客车转向架液压减振器被拆除且空气弹簧无气时,禁止调车作业;禁止两组车组或列车同时在同一条股道上相对移动。

(2)车厂值班员正确、及时地排列调车进路、开放调车信号,做到随时监控机车车辆运行。调车作业中,司机与车厂值班员保持联系,严格执行呼唤应答制度。

(3)调车作业中司机要准确掌握速度,在瞭望条件差、天气不良等非正常情况下应适当降低速度。

(4)在尽头线上调车时,距线路终端应有 10 m 安全距离,遇特殊情况需小于 10 m 时,应与司机联系,严格控制速度并采取防溜措施。

(5)在机车、车辆移动中,作业人员禁止有下列行为:在平板车的侧板或端板、支架上坐立;站在车梯上探身过远;在装载易于窜动货物的车辆间和货物空隙间站立或坐卧;骑坐车帮,跨越车辆;进入线路内摘挡或调整钩位;在机车前后端坐立。

6. 车辆停留、防溜及止轮器存放的规定

(1)连接线、牵出线、洗车线、走行线(接发列车时除外)、试车线、咽喉道岔区禁止停放机车车辆。在其他线路存放车辆时,应经车厂调度员同意。机车车辆应停在线路两端信号机内一侧。

(2)工程机车、轨道车停放在带电区时,应在上车顶扶梯处悬挂“高压电,禁止爬上”标志牌。

(3)调车作业,应做到摘车前先做好防溜(电客车应恢复气制动和停车制动,工程车应拧紧手闸,必要时放置铁鞋);挂车前应首先检查防溜措施状况,确认无误后才能挂车,挂妥后再撤除防溜。

(4)铁鞋应统一放置于机车车辆一侧的车轮下,撤除防溜后,铁鞋应及时放回原位。

学习任务 6　车辆段作业安全关键点控制

车辆段作业安全关键点控制包括以下内容。

(1)防止碰触高压电。按规定的安全线路行走,从指定的登车平台处上下车;作业前确认接触轨带电显示灯显示状态和本线、相邻两线路的隔离开关显示状态;必须在地面划定的线路内行走,禁止跨越黄线,并保持与接触轨有足够的安全距离;禁止任何人靠近移动的电客车,禁止越线行走;禁止横跨、踩踏接触轨,任何时候都禁止触摸接触轨、电客车的高压带电部件。正常情况下,禁止在电客车未对好登车平台位置时上下电客车;禁止在电客车未对好集电靴时停车;未办理好停电作业前,禁止对电客车进行车下部件的检查作业;处理车下部件故障需要接触或靠近带高压电设备时,必须在办理停电手续并做好安全防护措施后才能进行;进入车辆段检修库,必须穿规定的绝缘鞋,特殊作业必须穿好绝缘靴和戴好绝缘手套。

(2)防止未确认信号、误认信号动车。动车前与信号楼进行联系;操纵司机打开司机室侧门与监控司机的手势口呼信号同时显示正确后再动车;进出场作业或在车场内调车运行时,在进路信号和道岔前 10~20 m 必须执行手势呼唤确认制度。

(3)防止电客车在场内超速运行造成脱轨。在进场信号机前经过转换轨时必须转换为

RM 模式；库内作业后确认信号屏显示当前模式为 RM 模式才能动车；车辆段线路最高运行速度不得超过 25 km/h。

(4)防止未确认进路就动车造成电客车进入无电区。联系信号楼，明确进路，动车前必须手势确认信号、道岔、进路情况；运行中距离前方信号机 10～20 m 时手势确认进路上的道岔和信号机显示状态；进场时在进场信号机前停车后，未联系到信号楼确认进路和股道时，禁止盲目进场。

(5)防止客车司机洗车作业时，不清楚调车进路及相关安全注意事项。司机与运用调度员或信号楼值班员复诵调车进路及安全注意事项时，必须得到对方确认复述正确的通知后才能执行计划。

(6)防止试车线调试作业时有异物侵限。进入试车线的第一趟或调试作业中途停车超过 2 h 后需要重新调试时，必须限速 10 km/h 进行线路出清检查；禁止任何人在试车线中间下车。

(7)防止试车线调试时发生触电事故。任何情况下，严禁任何人在试车线调试时擅自下车，需要下车时须向车场调度办理申请并确认接触轨已停电且经现场调试负责人同意，由现场安全负责人监视在非接触轨侧下车；所有人员必须在固定地点上下车，下车后应立即离开调试区域，上车前，提前联系调试负责人，由调试负责人负责安排上车作业；试车线原则上实行封闭管理，因部分区域停电不能驾驶电客车进出试车线时，必须由现场调试负责人统一组织调试人员从车辆部规定的安全线路进出该区域，并在行走时遵守“横跨线路，与接触轨保持安全距离，时刻注意前后来车”的安全原则。

(8)防止作业计划不清。应明确车辆停放股道、车辆状态、客车条件、铁鞋防溜设置情况并进行复诵；严格执行调车作业过程中“唱一钩，干一钩，划一钩”的制度；接调车进入车场后，两人必须在通道处先手指确认股道号码牌，才能通过安全线路进入该线路的登车平台。

(9)防止未确认防溜设施撤除情况。运用调度员接到作业计划或出库通知后，必须先从列车存放示意图板上确认是否存在防溜设施未撤除及其他影响运行的情况，出勤时必须向司机口头传达清楚；司机进入股道登车平台上车前，必须先检查车列轮轨状态，确认防溜设施已撤除和车列周围无影响调车作业安全的情况；第一次动车时，必须在 5 km 以下的速度内将牵引手柄回零，观察车辆惯性运行无阻碍后再加速。

(10)防止误认左侧信号、未确认信号盲目动车造成挤岔。

(11)防止司机误入股道上错车。司机出勤或接调车时，必须先核对调车计划是否与车辆存放股道线路示意图标识一致；登车前司机必须手持调车计划，核对股道号和车组号；司机在作业及动车前与信号楼联控时，必须准确呼唤本线股道号和车组号(三位)；动车前司机必须先与信号楼值班员进行“××道/××线进路好，信号开放”的联控后，才能确认信号动车作业。

(12)防止电客车误闯无电区。

(13)防止进路错误。动车前与信号楼联控，明确进路，手指确认信号，动车后逐个呼唤确认进路、道岔和信号；进场时联系不到信号楼，必须在进场信号机前停车，待联系好后再进场。

(14)防止在车场内挤岔掉道。在车场内停车后，必须按照轨道电路不良地段的联控办法与车场信号值班员进行停车位置联控，未得到信号值班员的进路开通的通知，不得擅自动车；列车头部越过平交道口时，必须一度停车确认并以不超过 10 km/h 的速度越过道口。

学习任务7 行车安全事故案例分析

案例1 未确认信号机和道岔造成挤岔

1. 事故概况

某列车在洗车线进行洗车，洗车完毕，司机和副司机未与车厂信号楼值班员联系，未确认进厂信号机，也未确认道岔而擅自动车(当时速度为 15 km/h)，导致将车厂 4 号交分道岔挤坏。信号楼值班员听到挤岔警示后，立即用电台呼叫司机停车，司机听到呼叫后紧急停车，列车在超过 4 号岔尖轨 28～30 m 处停稳，造成了挤岔。

2. 原因分析

(1)司机、副司机安全意识不强，动车前未确认信号、进路、道岔，又未与车厂信号楼的信号值班员联系，这是造成这起事故的主要原因。

(2)当值司机、副司机简化作业程序，未认真执行呼唤应答制度。

3. 防范措施

(1)强调"安全第一"的指导思想，各工种密切配合，加强联系。如列车进、出车厂前，司机须与信号值班员联系，确认信号、进路、道岔后方可动车。

(2)司机驾驶中及动车前的呼唤应答不能流于形式，要落到实处。

(3)各级人员认真检查、监督规章制度落实情况，保证规章制度得到认真执行。

(4)车厂派班员向司机安排作业计划时，同时布置安全注意事项。

案例2 速度过快导致列车撞击车挡

1. 事故概况

某日，一列车在试车线北端停稳后，报告信号楼值班员要求开始调试作业。信号楼值班员封锁试车线后，回复司机"试车线封锁，司机可以进行调试作业"，于是司机开始调试作业。

列车从北往南进行第一次调试，在制动工况下车组偶尔出现"空转滑行"现象，其他无异常。到达试车线南端停稳换端后，司机以人工模式从南往北动车，并在试车线北端停车点停车。

司机再次采用人工模式由北往南驾驶，在制动工况下车组依然会偶尔出现"空转滑行"现象，其他无异常。列车停稳换端后，司机接到车厂调度的通知：如果列车无故障就可以回库。司机按其指示执行，准备驾驶车组到试车线北端后结束调试申请回库(在以上行车中司机均未按要求在"一度停车"标前停车再动车)。

司机以人工模式由南向北动车，没有按要求在"一度停车"标前停车。车辆进入北端最后一个轨道区段时，由于速度过快，虽然司机采取了紧急制动措施，车辆仍然撞击到北端摩擦式车挡，撞毁尽头的混凝土车挡，司机立即报告车厂调度员及信号楼值班员。

2. 原因分析

(1)司机严重违反了调试、试验有关安全规定，这是造成本次事故的直接原因。

(2)主办部门没有明确调试的内容和要求，没有安排人员跟车指挥调试，对试车工作预想不足。

(3)司机在本次调试过程中没有按要求在"一度停车"标前停车。

(4)列车在试车线运行过程中多次出现"空转滑行"现象，由于司机经验不足，未能给予高度的警觉，并及时采取相应措施。

3. 防范措施

(1)完善试车线使用人工模式驾驶调试的规章制度,调试时要加派一名监控员进行监控。

(2)列车上试车线时,主办部门必须派人跟车。试车线两端停车标前要预留70 m的停车距离。

(3)对所有车挡的技术状态进行检查,确保车挡的功能良好。

(4)在雨季和异常气候条件下,加强线路、信号、接触网的巡视,保证设备正常交付使用。

案例3 线路未出清,工程车压地线

1. 事故概况

某日,一工程车作业结束,返回某车站上行站台。15:10时行车调度通过调度电话联系各站,逐站检查上行线路出清情况及防护撤除情况,各站依次回报"上行线路已出清、防护已撤除",行车调度随即通知车站排列工程车上行,反方向回车厂进路。15:12时行车调度通知工程车凭地面信号动车。15:24时值班主任从洗手间回到中控室,当时工程车已运行两个区间。值班主任询问行车调度上行线地线是否已经拆除,行车调度才意识到地线还没有拆除,便立刻使用无线调度电话通知工程车立即停车待令。15:27时行车调度询问工程车司机运行线路是否有异常,司机刚使用无线电台答复"线路没有异常",就发现有两名供电人员从变电房开门出来,对地线进行检查,随后司机打开车门,发现离车站头端墙20 m处有一组地线,且地线已在机车中部,附近没有红闪灯防护。

2. 原因分析

(1)当班行车调度工作责任心不强,安全意识淡薄,未与电力调度核对并在登记本上标记地线位置,在未拆除地线的情况下,排列了工程车回厂进路,并盲目指挥司机动车,这是造成本次事故的主要原因。

(2)当班值班主任工作责任心不强、安全意识淡薄,对当晚施工组织和行车作业安全预想不到位、安全监控不到位,未能发现当晚施工组织和工程车开行存在的安全隐患,是造成本次事故的原因之一。

(3)当班电力调度未掌握当晚现场地线具体位置,也未与行车调度核对地线所挂位置,没有做到"自控、互控、他控"。

3. 防范措施

(1)电力调度在收到工班负责人挂地线作业完成的报告后,须与工班负责人核对地线的数量、位置和挂拆时间,在确认后通知行车调度,行车调度在施工作业登记簿中对地线位置进行记录。排列进路时,必须检查确认进路上的地线已拆除。

(2)行车调度与电力调度确认挂地线的位置后,应在相应轨道区段设置"封锁区段道岔"命令,作为行车调度在准备工程车回厂进路时的防护。同时建立施工作业流程表,以卡片的形式规范施工作业进程,防止行车调度在施工作业过程中忘记某个步骤。

(3)每个调度班组在上中班时,应对第二天夜班的施工计划进行审核,对工程车开行、停电区域、拆挂地线的地点要有一个全盘的了解。夜班交接班会时,值班主任要对重点的施工进行布置,各调度之间要沟通好,做好班前安全预想,保证施工安全顺利地进行。

案例4 未确认信号机列车闯红灯

1. 事故概况

某日,一列车于16:19时进站停稳。接车副司机操作站台PSL打开屏蔽门,接车司机则打开司机室侧门进入司机室与到达司机交接。待乘客上下完毕后,副司机关屏蔽门,司机通知交班司机关客室门，副司机关好屏蔽门后进入司机室打开主控钥匙，此时对讲机传来“交班司机已下车”的信号，司机复诵后，副司机立即坐到主控台的驾驶座位上打开主控钥匙，没有确认前方信号机，就将方向手柄推向前位，接着推动牵引手柄动车。动车后发现列车走向不是直向而是侧向，司机和副司机意识到闯了出站信号机显示的红灯，进错了股道，便立即停车。列车在超过前方信号、压道岔约 10 m 后停车。司机没有把情况汇报给车站，而将方向手柄打到“后”位，退行超过信号机后进入站内停车。

2. 原因分析

(1)该机车班组责任心不强，动车前精力不集中，没有确认信号就盲目动车。司机、副司机没有严格执行标准化作业程序和呼唤应答制度，司机没有对副司机进行认真监控从而在作业中失控，没有凭进路防护信号机的信号显示行车，导致事故发生。

(2)人员管理问题。当值司机是刚从 1 号线调到 2 号线的第二个班，对 2 号线来说也是新司机，2 号线到事发时 9 天时间内换了 3 名司机。司机、副司机相互之间了解不够，安排两个新司机配班不妥当。

(3)排班上的问题。该机车班组在 17:55 至次日 0:28 上了一个班，接着在次日10:10至18:05 上第二个班，在第二个班第五个往返时发生冒进信号事故(当天的交路表是跑 7 个往返共 8.3 h，司机出勤前休息不充分)。

3. 防范措施

(1)加强对客车司机工作责任心的教育，严格履行岗位职责和执行标准化作业程序，动车前和客车运行中要认真确认道岔、进路和信号，严格按信号显示行车。

(2)司机应认真执行在信号开放后再关闭客室门的作业程序。

(3)在行车工作中，各岗位员工必须严格执行呼唤应答制度和车务安全联控措施，做到信号不清不动车，未经确认不动车。

(4)科学合理地安排作业人员的班次、人员之间的搭配，防止行车作业人员出现过度疲劳现象和避免人为事故的发生。

【实训任务】

实训 1　接发列车作业事故案例分析

1. 任务描述

某日，某市地铁电工在 10 号线 C 站进行电缆孔洞封堵作业时，造成 A 站至 C 站准移动闭塞信号系统失电，进而造成 OCC 的 HMI 与车控室 LOW 工作站上 A—C 联锁区出现红光带故障。此时，以 AM 模式驾驶的 1016 号列车在 A 站下行出站后显示无速度码，行车调度员命令 1016 号列车以手动限速(RMF)方式凭地面信号向老西门站运行。14 时，1016 号列车在 A 站至 B 站区间遇红灯停车，行车调度员命令停车待命。14 时 08 分，行车调度员在 A 站与 B 站区间有车占用的情况下，发布电话闭塞调度命令。14 时 35 分，1005 号列车从 A 站发车。14 时 37 分，1005 号列车以 54 km/h 的速度行进到 A 站至 B 站区间弯道时，发现前方有列车停留，随即采取制动措施，但由于惯性仍以 35 km/h 的速度与 1016 号列车发生追尾碰撞，见图 10-1。

分析上述事故的类型、原因及预防措施。

2. 相关资料及资源

(1)教材。

(2)教学课件。

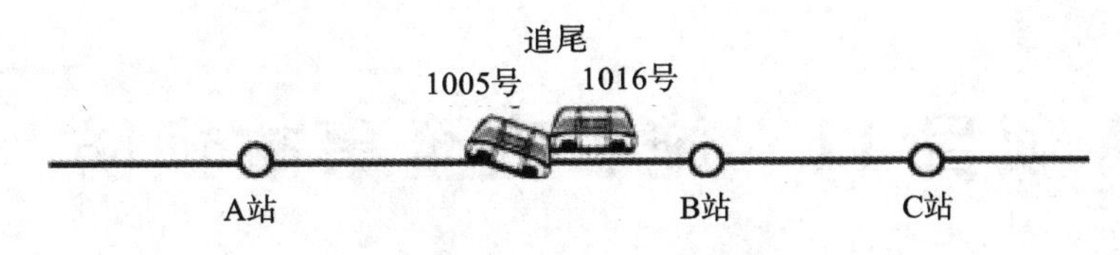

图 10-1　列车追尾示意图

3. 任务实施说明

(1)学生分组,每 5～8 人为一小组。

(2)小组进行事故分析。

(3)小组成员共同完成任务。

(4)展示成果,进行讲解演练。

4. 效果评价

采用学生自评 50%+组内互评 20%+组间评价 30%的形式。

小　　结

本项目主要讲述了接发列车作业常见事故的类型、原因及预防措施;调车作业常见事故的类型、原因及预防措施;行车调度安全的相关知识;列车驾驶作业安全准则;车辆段作业安全关键点控制等。

【思考与练习】

(1)下达调度命令时如何才能保证安全?

(2)简述列车驾驶员站台作业安全准则。

(3)简述列车驾驶员折返作业安全准则。

(4)说明接发列车作业惯性事故的种类、原因。

(5)说明接发列车作业惯性事故的预防措施。

(6)说明调车作业安全的基本要求。

(7)简述车辆段作业安全关键点控制。

项目11 施工安全事故预防

【学习目标】

1. 知识目标

(1)掌握施工作业的防护及组织流程。

(2)熟悉接触轨停电挂拆地线作业安全要求。

(3)熟悉线路巡检作业安全要求。

2. 能力目标

(1)熟悉抢修作业安全要求。

(2)掌握正线调试、试验的安全措施。

【学习重点】

施工作业的防护及组织流程;接触轨停电挂拆地线作业安全要求;线路巡检作业安全要求;抢修作业安全要求;正线调试、试验的安全措施。

【学习难点】

施工作业的防护及组织流程;正线调试、试验的安全措施。

施工安全对城市轨道交通运营安全有着重要的影响。做好施工安全工作,确保行车设备、设施维修保养符合技术要求,发生事故后及时进行抢修施工,是保证城市轨道交通顺利运营的保障手段之一。

学习任务1 施工作业安全

为了加强施工安全管理,提高维修、施工的效率和质量,协调各单位的工作,需成立有效的施工管理组织,加强维修、施工作业的管理,施工方案的审核,施工人员安全的培训,以及进行施工工作分析及总结等(图11-1)。

一、施工计划的制定

1. 施工计划分类

按计划的时间进行划分,施工计划可分为周计划、日计划、临时抢修计划;按计划的施工作业地点和性质不同划分,施工计划可分为影响正线的施工、车站范围内的施工、车场范围内的施工。

2. 施工计划申报程序

(1)外单位施工负责人须接受培训后才能申请在城市轨道施工作业中担任负责人,施工作业编制部门应与外单位施工负责人签订安全协议。

(2)施工单位、内部相关部门应按规定时间向施工计划编制部门提报计划,施工计划编制部门平衡协调后发相关部门执行。

(3)施工单位、内部相关部门应填写施工计划申报表,其中包括作业日期、作业部门、作业时间、作业区域、作业内容、供电安排、申报人、防护措施和备注(列车编组、配合部门及详细配

图 11-1　施工中的安全管理

合要求、联系电话等)。

3. 施工计划的编制

1)施工计划编制原则

(1)在确保安全的前提下,考虑均衡安排,避免集中作业。

(2)处理好列车的开行时间和密度、施工封锁等几方面的关系,避免出现抢时、争点现象。

(3)经济、合理地使用机车车辆,避免浪费资源。

2)施工进场作业令

(1)凡进行计划施工,都必须领取施工进场作业令,以此作为请点施工的凭证。

(2)施工计划编制部门负责施工进场作业令的管理工作。

二、施工安全管理

1. 施工责任人制度

每项施工作业须设立一名施工负责人,辅站另设施工责任人,每个施工负责人都须经过培训后取得安全证书,并实行持证上岗制度。

1)施工责任人职责

(1)负责作业人员/设备的管理。

(2)办理请/销点手续。

(3)作业过程的组织指挥。

(4)及时与车站、车厂联系作业有关事项。

(5)组织设置/撤销作业安全防护设施。

(6)出清作业区域/设备状态恢复正常的确认。

2)施工责任人任职条件

(1)熟知行车规章制度及有关规定。

(2)熟悉该项作业的性质、内容、方法、步骤、要求等。

(3)具备与该项作业相关的安全知识和技能。

(4)经过培训并考试合格、取得相关资格证书。

2. 施工防护要求

(1)接触网停电检修或需接触网停电配合挂地线时,该作业地段两端应挂接地线。

(2)站内或站间线路施工时,须在施工区域两端轨道上设置红闪灯防护。

(3)在折返线、存车线、联络线上施工时,须在作业区域的可能来车方向处设置红闪灯防护。

(4)车站值班人员应到站台检查红闪灯是否按规定摆放,并监督红闪灯状态是否良好。

(5)施工作业时应按施工部门有关施工操作程序的防护规定执行。

(6)凡在运营时间内进行作业的,均须做好防护措施,确保城市轨道交通乘客的安全,最大限度减少对乘客的影响。

3. 现场施工要求

(1)施工人员和工程车在同一区域作业时,由施工负责人与车长根据现场情况进行协调。

①按施工前进方向,列车在前,施工人员在后,原则上不得颠倒顺序或在列车前后同时进行作业。

②非随车施工人员与列车应有一定的安全间隔,原则上列车不得随便动车,如有需要动车时,须施工负责人和车长协商后才能动车,以确保人身安全。

③施工人员应在现场作业区的来车方向设置红闪灯防护。

(2)组织工程车运行时,在工程车运行的到达站前方必须保证至少有一个站间区间空闲。

(3)在开行工程车进行作业的封锁作业区的前后方必须保证至少有一个站台区或站间区间空闲。

(4)在开行高速调试列车的封锁作业区的前后方必须保证至少有一个站间区间空闲。

(5)凡在线路施工的施工作业人员必须按要求穿荧光衣,并根据作业性质要求使用其他安全防护用品。

(6)施工作业过程中如要进行动火作业,必须事前办理有关动火手续,严禁在未办理动火手续的情况下进行动火作业。

(7)外单位施工由主办部门或主配合部门负责安全管理、安全监督。

(8)各施工单位、部门在申报施工计划时应严格按照相关规定,结合施工作业过程中的实际情况,提出安全防护要求和配合要求。在施工作业过程中,施工单位、部门应严格遵守安全规定和施工进场作业令中的要求。

三、施工组织

1. 施工时间的安排

(1)如有工程车运行时,须等工程车通过后才能开始施工。

(2)严格按照施工计划按时完成施工作业。

(3)每日尾班车离开车站后,可由车站根据施工登记表向行车调度预请点。

(4)车厂内施工(作业)时间安排严格按照施工计划的要求执行,车厂调度、维修调度、派班员应根据当日施工计划提前做好线路空闲、车辆和司机配合准备。

2. 施工组织

(1)各施工单位及部门的施工、检查作业,必须严格控制作业区范围及作业时间,并加强对施工负责人(责任人)的安全资格管理。

①外单位施工负责人(责任人)须持有安全资格相关证件,方可在城市轨道交通范围内进

行施工。

②施工负责人须持有安全资格相关证件，方有资格申请城市轨道交通施工。

③持有安全资格相关证件的施工负责人向施工计划编制部门申报施工计划。

④以主办部门或主配合部门名义申报的外单位作业，由外单位人员担任施工负责人，主办部门或主配合部门协助办理请销点。

(2)施工人员进出站规定。

①施工负责人持作业令并在作业令规定的施工开始时间前到达主站；施工责任人及维修人员在作业令规定的施工开始时间前到达辅站和相关车站，并按规定程序办理施工作业手续。

②施工负责人向内部相关部门申请车站紧急出入口的钥匙。施工人员遇特殊情况需在收车后到达车站的，施工负责人到内部相关部门申请领取车站出入口钥匙，施工人员经各站指定的紧急出入口进出车站后，施工负责人及时将出入口上锁。

③外单位的施工人员进出车站须提前与车站当值人员联系，并于关站前进站。特殊情况确须关站后进入的应事先与车站预约，车站根据预约地点、时间，查验手续后开门放行。

(3)施工组织规定。

①每日运营结束后，维修部门按计划对各设备系统进行检修，并应于规定时间内完成运行线路巡道和施工线路出清程序。

②在正线及辅助线施工开始前，施工负责人应进行施工登记，经行车调度批准、发布封锁命令及车站签认后，通知施工负责人设置防护信号，并送施工人员到站台端墙，确保施工人员进入正确的施工区域。

③对维修、调试、施工等作业按性质、地点分别组织：涉及正线的施工作业须经行车调度批准方可进行；涉及车厂内的施工作业须经车厂调度员同意方可进行，如影响正线行车须报行车调度批准；涉及车站的施工作业须经车站批准方可施工。

④在两站之间作业需要开行工程车时，由行车调度指定的车站值班员负责掌握施工情况，监督施工安全。

⑤施工结束后，施工负责人负责线路出清、人员撤离，经检查确认撤除防护后，办理注销施工登记手续，车站报告行车调度取消封锁线路的命令。

⑥对于多个车站同时进行施工的作业项目，施工负责人除到主站办理外，还需核实辅站情况。辅站施工责任人在作业令规定的施工开始时间前到达辅站办理登记手续，辅站值班员向主站值班员核实施工事项并请点。主站接到行车调度允许施工的命令后，传达给施工负责人及辅站，辅站值班员通知施工责任人开始该作业点的施工。

⑦当多站销点时，辅站施工责任人完成本线路出清工作并报施工负责人后，进行辅站销点；辅站值班员向主站值班员销点；施工负责人完成该项作业区域的全部出清工作后，方可报主站值班员销点，主站值班员再向行车调度销点。

⑧外单位进行作业时，由指定的施工主办部门或主配合部门人员协助办理请点后，方可开始作业。

四、工程车开行

1. 行车调度统一指挥

行车调度负责统一指挥工程车开行，在进行作业安排时，有关人员应注意以下几点。

(1)安排工程车作业时，必须严格按照划分的区域安排作业。

(2)工程车离开作业区返回时,车长、司机负责观察工程车返回途中的前方路线出清情况,应保证车上物品及部件不掉落,工程车在回库前应向行车调度汇报。

(3)工程车进路排列由行车调度负责,行车调度在指挥工程车运行时要严格确认工程车运行前后有无施工作业。

(4)封锁区域工程车运行由施工负责人负责指挥。

(5)涉及接触网停电挂地线且需工程车配合的作业,工程车到达作业区后,须经行车调度同意后才可挂地线;作业完毕且拆除地线并得到行车调度命令后司机方可动车返回。

2. 工程车开行

(1)在工程车出车厂前,工程车司机要与行车调度检验无线电台的性能;工程车在运行中,司机和车长要加强与行车调度的联系(如联系不上时,通过车站转达),掌握列车运行计划,确认进路。

(2)工程车在进站,出站,运行至曲线前、站内,或区间动车前,应按规定鸣笛示警。

(3)工程车在车站装卸物料时,物料必须整齐、稳固地堆放在距站台边缘安全限线以外的地方,车站要负责监控,查看是否有物品侵限。

3. 正线发生各类设备故障或事故时,工程车、救援列车进出封锁区间的组织

(1)维修调度负责向行车调度提出使用工程车的计划(人数、设备、地点和数量),由行车调度向车厂调度员发布调车指令。

(2)车厂调度员按行车调度的要求组织工程车开行到车厂内指定地点。

(3)抢修工作执行部门原则上应在工程车到达后 10 min 内完成装载设备、物品等工作,并安排跟车人员上车。

(4)行车调度负责组织工程车或救援列车从车厂至封锁区间两端关系站的运行,在封锁区间两端关系站把工程车或救援列车交给维修调度,并命令该站向工程车或救援列车交付封锁命令。

(5)维修调度负责通知现场指挥指派一名联络员进入工程车或救援列车驾驶室,将进入区间的计划交给车长,由车长引导进入封锁区间,并按计划指挥动车。

(6)如封锁区间内有道岔、辅助线时,由车长与车站联系确认调车进路计划,车站排好进路后通知车长,由车长指挥动车。

学习任务 2 接触轨停电挂拆地线作业安全

(1)所有进入线路(包括在接触轨上或其带电体附近)的作业,施工作业部门或单位都应根据作业性质、作业时间以及相关规定,在提报计划时明确说明“需停电并挂地线”“需停电但不需挂地线”或“必须带电”的要求。

(2)需接触轨停电的施工作业,由电调负责相关作业区域的接触轨停电,由供电室人员在作业区域两端挂接地线,并设置红闪灯防护。

(3)需供电室人员配合挂地线进行防护的作业,施工负责人作业前需与供电室工班施工负责人联系,确认接地线是否挂好并确认接地线的位置,严格在接地线防护区域内作业,作业完成后,须及时通知供电室工班施工负责人,并及时销点。

(4)正线需接触轨停电并挂地线配合作业时,按以下程序执行:

①线路出清后,行调通知电调组织停电;

②行调接到电调已停电的通知，向车站发布停电通知，并通知电调指定区域可以挂地线；

③供电室人员接到电调挂地线的通知后，到车站进行挂接地线；

④地线挂好后，供电室人员通知电调接触轨地线已挂好；

⑤电调通知行调该区域接触轨地线已挂好；

⑥行调即时通知车站接触轨地线已挂好，允许该区域施工；

⑦车站接到行调的通知后，即可办理相关施工的请点手续，并根据行调的批准时间开始施工；

⑧施工结束后，施工负责人向车站申请销点，车站报行调销点；

⑨行调确认作业销点后，通知电调可以拆除地线；

⑩电调通知供电室人员到车站拆除地线；

⑪地线拆除完毕后通知电调，电调核实地线已拆除后，通知行调地线拆除情况；

⑫行调根据实际情况，通知电调进行该区域接触轨送电；

⑬电调根据行调的要求进行组织送电。

(5)车场需接触轨停电并挂地线配合作业时，按以下程序执行：

①施工负责人到DCC值班主任处申请接触轨或供电分区停电作业；

②DCC值班主任确认可以停电后，由DCC值班主任向电调申请接触轨停电；

③电调对申请停电区域进行停电，停电完毕后通知DCC值班主任；

④DCC值班主任接到电调停电通知后，车辆段库内（如静调库、停车线、列检线、检查线）的接触轨挂拆地线由DCC值班主任组织，其他接触轨挂拆地线由电调组织供电室人员进行；

⑤DCC值班主任在接触轨地线挂好后，批准相关作业。

学习任务3　线路巡检作业安全

(1)巡检管理部门应根据施工安排做好巡检计划，编制线路巡回图，巡回图应规定起止日期、巡道时间、巡回路线、起止区段、重点巡查部位、交接班要求等内容。

(2)线路巡检的主要工作是轨道设备巡检、线路小补修和处理侵限障碍物等。

(3)发现问题的处理。线路巡检人员发现线路、设备故障时，能消除的应立即消除，消除不了的应及时汇报维修调度并通知相关人员进行处理。若故障危及行车安全，应积极采取措施进行处理，不能马上处理的，应设置防护并立即通过区间电话或其他通信工具报告DCC或车站，说明危险程度及需处理的时间。

(4)车辆段工班负责车辆段内车场线的巡检。巡检时间一般安排在白天，车场线巡检由车场值班主任负责审批。

(5)进入区间前应确认接触轨已经停电。

(6)应按巡回图规定的路线登记请点及销点，做到全面查看、重点检查。

(7)应穿防护鞋、防护服装，携带必备的工具、材料、备品。

(8)应在轨道中心行走。

学习任务4　抢修作业安全

(1)进入区间线路进行抢修时，车站应密切配合抢修作业，加强与行调联系，了解抢修情况及配合需求。

(2)若行车未中断,进入线路前,抢修人员须先到车控室办理有关手续,在得到行调批准,并停止接触轨供电及落实安全防护措施后,方可进入。

(3)若行车中断,车站根据行调指示在站台设立“故障/事故处理点”标志等候抢修人员,抢修作业负责人可不到车控室办理手续,但站务人员须对进出线路的人数进行清点、核实,抢修作业完毕后,抢修作业负责人到车控室补办请点手续并办理销点手续。

(4)除抢修人员外,其他人员若需进入线路,必须到车控室登记,车控室与抢修作业负责人联系,征得同意后准许其进入线路。

(5)进入正线、辅助线抢修的安全措施:

①抢修需得到行调批准并停止接触轨供电,落实相关安全防护措施后,方可进行;

②行调应把列车扣停在后方站(相对于列车运行方向);

③值班站长(行车值班员)在IBP控制盘上使用紧急停车按钮对相关轨道区段进行施工安全防护,并通知行调和站台保安;

④抢修作业负责人或由抢修作业负责人指派的人员按规定设置红闪灯进行防护;

⑤抢修人员进入轨道时,应通过站台端墙的上下轨道楼梯进出,站台岗人员要监督施工作业人员进入作业区域。

学习任务5　调试、试验安全

一、调试、试验计划申报与实施管理

(1)在正线范围内的调试、试验过程中,行车调度与调试、试验负责人必须加强联系,行车调度有权向调试、试验负责人了解调试、试验进行情况,调试、试验负责人有责任向行车调度通报调试、试验进行情况。在车厂范围内的调试、试验过程中,车厂调度员必须与调试、试验负责人加强联系,车厂调度员有权向调试、试验负责人了解调试、试验进行情况,调试、试验负责人有责任向车厂调度员通报调试、试验进行情况。

(2)在调试过程中,无论调试区段是否封锁,原则上在调试区段不能进行其他施工作业。若确须进入调试区段抢修设备时,由抢修施工负责人与调试负责人联系,在得到调试负责人许可后,行车调度可在保证运营安全的情况下,安排人员进入调试区段抢修。

(3)凡在城市轨道交通范围内进行的调试、试验工作,均由控制中心负责跟踪调试、试验过程。

(4)调试、试验作业现场的请点与销点流程及作业安全防护措施应按施工管理规定执行。

(5)调试、试验作业结束后,调试、试验工作人员应该清扫、整理现场。调试、试验负责人应进行周密检查,确认无误后方可离开。

二、调试、试验车辆行车安全

(1)客车调试、试验作业的运行安全工作由司机负责,在调试、试验客车运行过程中,禁止调试、试验人员擅自动用与行车安全有关的设备实施。

(2)客车进行任何调试、试验,必须由调试、试验负责人统一指挥,司机必须根据调试、试验负责人的要求操纵列车。需要动车时,必须与车场值班员或行车调度联系落实运行进路的安

全,得到其同意并确认行车“三要素”(进路、信号、凭证)符合行车条件后方可动车。

(3)严禁爬上客车车顶,运行中严禁任何人探身车外、飞乘飞降下车,且不得扶着手扶杆站在车厢外面。进行动态试车前,必须确保客车的制动系统功能良好。静态试验前,必须对车辆施加停车制动。

(4)客车司机应该按列车操作条款及检车流程对调试、试验客车进行全面检查、试验,确保客车状态符合行车要求。客车有异常或故障时,要严格按照相关要求及时汇报、处理。

(5)在客车动车出场前,司机必须正确理解调度命令内容,明确调试指挥负责人,与其确认调试内容及安全注意事项,清楚并正确执行调试程序。司机须检查确认客车制动试验、线路限界、进路信号的显示、调试人员及设备到位等情况是否具备行车安全条件,如有异常及时报告车厂调度员。

(6)严禁客车实习员操纵列车进行调试、试验作业。司机应严格执行规章制度并控制好速度,加强瞭望和呼唤应答,认真操作,密切注意观察设备、仪表的状态,遇信号异常或危急行车安全时,应立即采取紧急停车措施,并及时报告调试、试验负责人及行车调度或车厂调度员,听从其指示,确保调试客车安全。作业途中停止时,没有调试、试验负责人的指示,严禁擅自动车。

(7)在调试、试验作业过程中出现车辆故障时,司机应及时向调试负责人汇报,由其进行处理,视其需要给以协助。禁止未经调试负责人同意擅自动用车载设备或进行任何试验操作。

(8)在客车调试、试验期间,司机需服从调试、试验负责人的指挥,但调试、试验负责人提出的调试要求超出计划内容时,司机应及时向行车调度(在车厂则报车厂调度员)汇报并得到其同意后方可执行。下列情况司机应给予坚决制止,严禁动车,并将情况报告行车调度(在车厂则报车厂调度员)处理,若调试人员不听劝阻,司机有权停止作业:

①调试、试验指令违反相关安全规定或规章时;

②危及行车安全(如有物品侵入限界、道岔位置不对等情况)时;

③不具备动车条件(如客车上的设备未恢复正常位置、未进行制动试验等情况)时;

④作业计划不清或计划与实际有出入时。

(9)试车线调试、试验的安全措施如下。

①严格执行施工管理规定中有关在车厂内调试、试验作业的组织流程。车厂调度员在接到调试、试验任务时将调试、试验计划有关内容向司机传达清楚。

②在试车线进行客车调试、试验时要符合试车线的限制速度,按照试车线行车信号、标志要求,严格控制运行速度。

③雨天、大雾天时严禁在试车线进行客车的高度调试、试验,制动时做到早拉少拉,并按规定停车。夜间严禁进行人工模式下的高度调试、试验。

④进行调试时,必须安排两名司机上岗,一人操作一人监控。司机要按试验大纲要求操作,严格控制运行速度。

(10)正线调试、试验的安全措施如下。

①司机应严格执行相关规定,整备客车,确保客车状态符合上正线运行要求。

②客车出厂前,司机必须检查调试、试验人员的到位情况,确认调试区间具体线路,明确调试项目、程序及其安全事项。

③列车在始发站发车前,司机要与行车调度共同确认调试、试验进路的开通情况。司机要密切注意列车运行前方的线路状态,严格执行行车调度命令,听从调试、试验负责人指挥。

④列车进行调试、试验时原则上按信号显示行车，如行车调度要求列车在封锁线路进行调试、试验时，司机必须认真确认进路上的每副道岔位置，在通过进路防护信号机、道岔时要适当降低速度。

⑤每次动车前，司机都要认真确认信号、进路、道岔情况，运行时要集中精力，严格按照规定的速度或按行车调度的限速命令运行，严禁超速驾驶。

⑥遇较难确认信号的车站或区间，司机应适当降低速度，直至能清楚确认信号显示后按规定速度运行。

⑦列车在两端终点或在运行中途折返换端时，司机应确认进路信号机的显示、道岔位置是否正确，并与行车调度确认运行进路后方是否可插入主控钥匙，凭调试、试验负责人的指令动车。

三、设备安装及调试、试验注意事项

(1)所有参加设备安装，软硬件更换与调试、试验的人员都必须符合城市轨道交通安全规定的要求，并熟悉方案的要求，严禁无证操作。

(2)在调试期间如发现有危及行车安全的情况，任何人都有权中断调试。

(3)发生雷雨或风暴时，禁止在电线杆上作业。打雷时，禁止对避雷器、地线等进行调试。

(4)调试、试验需要挖坑、沟时，应与有关部门联系，了解地下设备情况，土质松软处应设防护和加固措施，以防坍塌，坑、沟一般不过夜，不得已时须采取防护措施。

(5)凡进行危险性较大、影响行车和人身安全的调试、试验，都必须事先拟定安全措施，并由调试负责人组织，派专人进行防护。

(6)在设备安装，硬软件更换与调试、测试过程中需要使用易燃、易爆和有毒材料的，应设专人负责并应隔离存放和妥善保管。

(7)调试、试验作业中需下地沟作业时应戴安全帽，上车顶作业时应采取安全防护措施并确认其状态良好。禁止穿拖鞋、高跟鞋、硬底鞋进行作业。

(8)任何人未经允许和接地线未挂好时，不得进入车顶检修平台，任何时候不得翻越车顶检修平台，未经允许不得使用移动扶梯上车顶。

(9)调试人员因调试需要而进出屏蔽门端门时，必须关好端门，以免活塞风将端门吹动撞烂。

(10)调试期间，任何参与调试的人员原则上不能进入调试区域的轨行区，如确有需要进入时，必须征得调试现场指挥的同意，并确认在车上已采取了相关的安全措施后方可进入。

(11)外单位调试人员进入设备房、列车及轨行区作业，必须按本单位规定的内容执行；操作运营设备时，必须有本单位人员在场。

(12)在调试过程中，主办部门必须督促供货商做好充分的备件准备，以利于应对突发事件。

学习任务6　施工安全事故案例分析

案例1　某地二号线A站作业人员擅自安排设置/撤除防护信号事件

1. 事件概况

某日凌晨，某地二号线A站有一项施工作业(作业内容为隧道病害整治施工，作业代码为

2A2-03-07，作业区域为 B 站～A 站下行，作业时间为次日 3:20—4:50)。0:29 分，施工负责人到 A 站进行请点并签名。A 站行车值班员启动工作流程，将施工相关资料记入系统并保存在站控中心任务箱。

3:23 分，A 站行车值班员在未确认 2A2-03-07 工单审批状态的情况下主观以为该施工行调已批点，并通知本站值班站长该施工已批点，同时通知 B 站值班站长设置防护。A 站值班站长在未核对施工条件的情况下，签署相关防护设置情况。3:29 分，B 站值班站长在未核对施工条件的情况下设置红闪灯防护，并在施工系统上签名确认。3:32 分左右，A 站值班站长在核对施工作业时，发现施工开始时间有异常，且没有施工承认号；同时发现 B 站值班站长已于 3:29 分设置防护并已签名。3:34 分，A 站值班站长致电 B 站，询问 B 站值班站长该施工防护设置情况，并将具体情况告知行调。3:36 分，A 站值班站长向 B 站值班站长说明情况，在未经行调同意的情况下要求 B 站值班站长撤除已设置的防护，B 站值班站长按 A 站值班站长的要求撤除已设置的防护。3:49 分按行调要求，A 站行车值班员提交系统工单进行请点，待行调批准后，A 站值班站长及 B 站值班站长重新设置防护。

2. 原因分析

(1)A 站行车值班员在进行施工组织过程中未按要求打开施工系统实时请销点列表查看作业请销点状况，未严格执行施工控制表流程办理施工作业，在没有提交请点流程，也未得到施工承认号的情况下，主观认为施工已请点，自控措施执行不到位。

(2)A 站值班站长在监控施工组织办理过程中，未按流程及时确认施工请销点条件和状况，盲目听从行车值班员的安排操作。对当班期间施工组织过程中请销点状态等关键环节未进行重点监控，未做好互控。

(3)B 站值班人员(含行车值班员和值班站长)在请点车站 A 站通知设置防护时未按要求确认施工请销点状况，盲目听从请点车站 A 站的安排操作，未做好他控。

(4)A 站值班站长在发现错误设置防护后，未向行调申请下线路，擅自组织 B 站及本站直接撤除了线路的防护，存在较大的安全隐患。

3. 防范措施

(1)施工组织请销点各岗位人员在办理施工组织过程中必须将施工系统实时请销点列表保持常开状态，随时查看作业请销点状况，严格按照施工控制表流程办理施工作业，严禁未完成或未确认上一步情况，就进行下一步操作，严禁事后确认。

(2)防护车站在下线路设置防护信号前，要确认行调已发放施工承认号。

(3)值班站长须全面掌握当班的施工组织工作，及时确认行车值班员防控措施的落实情况，加强对施工组织环节的监控力度，与行车值班员共同确保施工组织安全。

(4)加强员工的业务培训，提高员工的业务技能，确保员工熟悉施工组织的各项安全关键点。

案例 2　某地四号线 A 站施工作业违章销点事件

1. 事件概况

2009 年 6 月 21 日，某地 A 站有一辆工程车配合作业施工，作业代码为 4A1-20-01(131568)，施工内容是隧道照明及维修电源箱季检，区域为 Z～A 站上行(不含 Z 站上行站台)，作业时间为 0:30—3:00。00:37 分，行调发布封锁命令，工程车作业完毕后到 A 站上行线待令。2:10 分，施工负责人到 A 站销点，行车值班员询问此施工是否具备销点条件，其回复销点条件已经具备可以销点，A 站通知 Z 站施工结束撤除防护，并通知值站撤除防护。值站未询问行车值班员工程车是否出清。2:17 分,A 站提交施工给行调销点。行调致电 A 站,告知工程车还在区间不能销点,然后 A 站要求施工负责人联系工程车司机。此时行车值班员了解到,施工人员未登乘工程车回站,而是步行回到 A 站,工程车还在区间内。2:50 分,工程车在 A 站上行站台停稳。

2. 原因分析

(1)A 站当班行车值班员对工程车需到车站站台停稳方可进行销点的规定不清楚,对施工的内容及调度命令的要求没有了解透彻是本次事件发生的主要原因。

(2)A 站当班值班站长在得知工程车还在区间内时,未告知行车值班员要联系行调,安排工程车出清。对重点施工跟进不到位,对工程车的开行情况没有做好预想,在施工的重点环节中没有起到把关作用。

(3)Z 站行车值班员在接到 A 站通知撤除防护时,明知工程车仍在区间的情况下,未提醒 A 站注意工程车开行情况,对要求工程车需到车站站台停稳方可进行销点的规定不了解。

3. 防范措施

(1)销点时,必须确认工程车按施工的计划或调度命令的要求停稳后,才能撤除防护。凡是有工程车开行的施工,值班站长都必须清楚工程车的运行情况,对当晚的施工情况做好安全预想。请点时,通知相关车站有关的信息。

(2)行车值班员通知值班站长设置/撤除防护时,值班站长须审核施工系统、施工情况控制表、调度命令中该施工的区域情况无误后再设置/撤除。

(3)当调度发布调度命令时,各站须按调度命令内容认真地进行核对,车站各岗位人员须做好调度命令的交接工作。值班站长及行车值班员均须签名确认。

小　　结

本项目主要讲述了施工作业的防护及组织流程;接触轨停电挂拆地线作业安全要求;线路巡检作业安全要求;抢修作业安全要求;正线调试、试验的安全措施等。

【思考与练习】

(1)如何进行施工作业防护?

(2)简述施工组织作业流程。

(3)简述接触轨停电挂拆地线作业安全要求。

(4)简述线路巡检作业安全要求。

(5)简述抢修作业安全要求。

(6)简述正线调试、试验的安全措施。

项目 12　消防安全事故预防

【学习目标】

1. 知识目标

(1)掌握燃烧的定义、必要条件、主要类型。

(2)掌握灭火的原理与方法。

(3)掌握火灾自动报警系统的组成及各部分的功能,火灾自动报警系统的工作原理。

消防安全事故预防课件

(4)掌握消火栓的作用、使用方法。

(5)掌握防烟排烟系统的作用与工作原理。

(6)掌握灭火器的种类及使用方法。

(7)掌握自救逃生的方法,懂得保护自己的生命。

(8)掌握火灾人员疏散组织的内容。

2. 能力目标

(1)能够描述燃烧的三要素,会对燃烧类型进行分析。

(2)能够描述主要消防设施设备的种类及工作原理。

(3)能够使用火灾逃生自救方法保护自己,并帮助他人。

(4)能够从消防事故中分析得出改进措施。

【学习重点】

燃烧的定义、要素、类型;火灾的定义、分类;预防火灾的原理;灭火的原理与方法;消防设备设施的种类及工作原理;消火栓、灭火器的使用方法;火灾逃生时人的行为特征;火灾逃生的原则与方法。

【学习难点】

不同类型火灾的灭火方法;火灾自动报警系统各部分的功能与使用;使用火灾逃生自救方法保护自己;分析事故原因,分析改进措施。

【知识链接】

发生火灾时,拨打“119”火灾报警电话向公安消防队报警,必须讲清以下内容。

(1)发生火灾的单位或个人的详细地址。包括街道名称,门牌号码,靠近何处;农村发生火灾要讲明县、乡(镇)、村庄名称;大型企业要讲明分厂、车间或部门;高层建筑要讲明第几层;等等。总之,地址要讲得明确、具体。

(2)起火场所起火物。起火场所包括房屋、商店、油库、露天堆放场等。房屋着火最好讲明是哪种建筑类型,如棚屋、砖木结构、新式工房、高层建筑等,尤其要注意讲明的是起火源是什么,如液化石油气、汽油、化学试剂、棉花、麦秸等,以便消防部门根据情况派出相应的灭火车辆。

(3)火灾情况。如冒烟,有火光,火势猛烈,有多少间房屋着火等。

(4)报警人姓名及所用电话的号码。以便消防部门电话联系,了解火场情况。报警之后,还应派人到路口接应消防车。

学习任务1　消防安全概述

消防安全概述视频

一、消防与公共安全

在我国，凡是预防火灾发生，减少火灾危害，扑灭火灾的事务都称为消防。

消防安全是指人们的生命健康或者财产免受火灾危害的状态。消防安全与公共安全关系密切，是公共安全的重要组成部分。

公共安全涉及自然灾害、事故灾难、公共卫生安全和社会安全。在这四大类事务中，除了公共卫生安全，其他公共安全都与消防安全有直接或间接的联系。一方面，自然灾害、事故灾难、社会安全都会导致火灾发生，如自然灾害中的地震就容易引发火灾；事故灾难本身就包括火灾；许多公共社会安全事件也常常伴随火灾发生，如2005年11月法国巴黎骚乱中引发多起火灾。另一方面，火灾也会引发其他次生灾害事故。

在我国，消防与安全既有联系又有区别，有联系是因为安全包括消防；有区别是指我国现有行政管理体制把消防安全与其他安全进行了区分，分属不同的政府部门管理。

二、消防工作的意义

消防工作是国民经济和社会发展的重要组成部分，是发展社会主义市场经济不可缺少的保障条件。消防工作直接关系人民生命财产的安全和社会的稳定。近年来我国发生的一些重特大火灾，造成几十人甚至数百人的伤亡以及巨大的经济损失，这不仅给许多家庭带来了不幸，也使大量的社会财富化为灰烬(见图12-1)。同时，事故的善后处理往往也严重影响经济建设的发展和社会的稳定，有些火灾事故还成为国内外舆论的焦点，造成了不良的社会影响。因此，做好消防工作、预防和减少火灾事故特别是群死群伤的恶性火灾事故的发生，具有重要的意义。

图12-1　火灾危害

消防工作是一项社会性很强的工作，它涉及社会的各个领域，与各个行业有着十分密切的关系。随着社会的发展，就用火、用电、用气的范围而言，消防安全问题几乎无处不在。全社会每个行业、每个部门、每个单位，甚至每个家庭，都有随时预防火灾、确保消防安全的需要。总结以往的火灾教训，绝大多数火灾都是由于部分领导、管理者和群众思想麻痹、行为放纵、不懂消防规章或者有章不循、管理不严、明知故犯、冒险工作造成的。火灾发生后，缺乏基本的消防科学知识，遇到火情束手无策，不知如何报警，甚至不会逃生自救，最终导致严重后果。“隐患险于明火、防患胜于救灾、责任重于泰山”的科学论断，用辩证唯物主义观点科学地阐述了消防工作的重要意义，深刻地揭示了消防工作的内在规律，突出强调火灾预防是做好消防工作的关键性问题，对指导和加强消防工作具有十分重要的现实意义和深远的历史意义。因此，全社会、各部门、各行业、各单位以及每个社会成员都要高度重视并认真做好消防工作，认真学习并掌握基本的消防安全知识，共同维护公共消防安全。只有这样，才能从根本上提高一个城市、一个地区乃至全社会预防和抗御火灾的综合能力。

三、消防工作的方针

我国的消防工作方针是“预防为主，防消结合”。消防工作包括防火与灭火两个方面。

“预防为主”是指必须把预防火灾的工作放在首位，从思想上、组织上、制度上及物资保障上采取各种积极措施，防止火灾的发生。

“防消结合”是指在积极做好预防火灾工作的同时，在人力、物力、技术上积极做好灭火的充分准备，加强公安消防部队、企事业专职和义务消防队的建设，配备足够的消防器材装备，加强灭火训练，做好战备执勤，做到常备不懈，有备无患，一旦发生火灾，能及时扑灭，把火灾损失降低到最低限度。

学习任务2 防火与灭火基本知识

一、燃烧概述

防火与灭火
基本知识视频

1. 定义

燃烧是可燃物与氧化剂作用发生的一种放热发光的剧烈化学反应，通常伴有火焰、发光和发烟的现象。

2. 要素

燃烧需要可燃物、助燃物、着火源，我们称之为燃烧的三要素。这三要素同时存在才能发生燃烧，缺少其中的任何一个，均不能引起燃烧。

(1)可燃物：是指能与空气中的氧或其他氧化剂发生燃烧化学反应的物质，如汽油、木材等。

(2)助燃物：主要指能帮助和支持燃烧的物质，如空气、氧气。此外，氧化剂(氯酸盐、过氧化物)等易释放氧气的物质也是助燃物。

(3)着火源：指供给可燃物与助燃物发生燃烧反应的能量来源。除明火外，电火花，摩擦、撞击产生的火花及热量，许多物理或化学现象产生的热能都有可能成为着火源(见图12-2)。

3. 主要类型

燃烧有许多类型，主要包括闪燃、着火、自燃和爆炸。

(1)闪燃。

在液体或固体表面上产生足够的可燃蒸气，遇火一闪即灭的燃烧现象称为闪燃。发生闪

图 12-2 着火源

燃的最低温度称为闪点。闪点在消防工作中具有重要的意义，它是衡量物质的火灾危险性的重要参数。液体的闪点越低，火灾危险性越大。

(2)着火。

可燃物发生持续燃烧的现象叫着火。可燃物开始持续燃烧所需要的最低温度叫燃点(又称为着火点)，通俗来说就是引起着火的最低温度。燃点越低，越容易起火。根据可燃物的燃点高低，可以鉴别其火灾危险程度。

(3)自燃。

可燃物在没有外部火花、火焰等火源的情况下，因受热或自身发热并蓄热所产生的燃烧称为自燃。可燃物产生自燃的最低温度是该物质的自燃点，物质的自燃点越低，则发生火灾的危险性越大。

(4)爆炸。

由于物质急剧氧化或发生分解反应而产生温度、压力分别增大或同时增大的现象称为爆炸。爆炸时化学能或机械能转化为动能，释放出巨大能量，常见的爆炸分为物理爆炸和化学爆炸。

①物理爆炸：由于液体变成蒸气或者气体迅速膨胀，压力急速增大，并大大超过容器的极限压力而发生的爆炸，如蒸汽锅炉、液化气钢瓶等的爆炸。

②化学爆炸：因物质本身发生化学反应，产生大量气体和温度升高而发生的爆炸。可燃气体和粉尘与空气混合物的爆炸属于化学爆炸。

二、火灾概述

1. 定义

火灾是指在时间和空间上失去控制的燃烧所造成的灾害。

2. 分类

根据国家标准《火灾分类》(GB/T 4968—2008)和物质及其燃烧特性，火灾可分为以下几种。

A 类火灾：指普通固体物质发生的火灾。这种物质具有有机物性质，一般在燃烧时能产生灼热的余烬，如木材、棉、毛、麻、纸张等。

B 类火灾：指液体火灾或可熔化的固体物质发生的火灾。如石油制品、有机溶剂等。

C 类火灾：指可燃气体物质发生的火灾。如煤气、天然气、烷类气体、乙炔、乙烯、氢气等。

D 类火灾：指金属物质发生的火灾。如钾、钠、镁、铝及合金等。

E 类火灾：指电器设备及带电电线缆等发生的火灾。

F 类火灾：指烹饪器具内的烹饪物(如动植物油脂)发生的火灾。

3. 火灾中的燃烧产物

由燃烧或热解作用产生的全部的物质称为燃烧产物。通常指燃烧生成的气体、热量、可见烟等。

(1)气体。

燃烧生成的气体，一般指一氧化碳、氰化氢、二氧化碳、氯化氢和二氧化硫等。

(2)热量。

大多数物质的燃烧是一种放热的化学氧化过程，从这种过程放出的能量以热量的形式表现，形成热气的对流与辐射。热量对人体具有明显的物理伤害。

(3)可见烟。

由燃烧或热解作用所产生的悬浮在大气中可见的固体和(或)液体颗粒总称为可见烟。可见烟中的大多数物质是由于在火灾中不完全燃烧而生成的。

三、防火与灭火的基本方法

1. 预防火灾的基本方法

一切防火措施都是为了防止产生燃烧的条件，防止燃烧条件互相结合、互相作用。

(1)控制可燃物：限制燃烧的基础或缩小可能燃烧的范围。

(2)控制助燃物：限制燃烧的助燃条件。

(3)消除着火源：消除或控制燃烧的着火源。

(4)阻止火势蔓延：不使新的燃烧条件形成，防止或限制火灾扩大。

2. 灭火的基本方法

物质燃烧必须同时具备三个必要条件，即可燃物、助燃物和着火源。根据这些基本条件，一切灭火措施都是为了破坏已经形成的燃烧条件，或终止燃烧的连锁反应而使火熄灭以及把火势控制在一定范围内，最大限度地减少火灾损失，这就是灭火的基本原理。根据这一原理和实践经验，现行的灭火基本方法有以下四种。

(1)隔离法。

将周围未燃烧的可燃物移开或与正在燃烧的物质隔离，中断可燃物的供给，使燃烧因缺少可燃物而停止。具体方法有：将火源附近的可燃物品、易燃物品、易爆物品和助燃物品搬走；关闭可燃气体、可燃液体管道的阀门，减少和阻止可燃物进入燃烧区；设法阻拦流散的易燃液体、可燃液体；拆除与火源毗连的易燃建筑物，形成防止火势蔓延的空间地带。

(2)冷却法。

设法将已经燃烧或有可能燃烧的物品的温度降低到该物质的燃烧点以下而阻止物品燃烧。冷却的主要办法是喷水或将灭火剂直接喷射到燃烧物上，以降低燃烧物的温度，或者将水和灭火剂喷洒在火源附近的可燃物上，使其温度降低，防止辐射热影响而形成新的火点。冷却法是灭火的主要方法，主要用水和液态二氧化碳来冷却降温。但必须注意，对禁水的物资和部位则切不可用水进行扑救。

(3)窒息法。

窒息法是设法使助燃物特别是空气中的氧气减少或消失从而终止燃烧。窒息法是一种简易常用的灭火应急方法。实际运用时,可以用石棉毯、湿棉被、黄沙、泡沫等一时不易燃烧的物质迅速覆盖在燃烧物上阻止燃烧;用水蒸气或二氧化碳等惰性气体灌注发生火灾的容器来抑制燃烧;用沙土覆盖燃烧物或封闭起火的建筑和设备门窗、孔洞等来阻止燃烧;等等。

应该注意的是,运用窒息法灭火要动作快捷,当火苗压住以后,应该检查火源是否彻底熄灭,如有余烬,应补以其他灭火措施,以防止覆盖物未完全覆盖而引燃更大的火种。窒息法在容器失火时使用较为有效,如油锅着火,只需立即盖上锅盖,就可灭火。

(4)抑制法。

将化学灭火药剂喷射到燃烧区,使之参与燃烧的化学反应,而使燃烧反应停止。采用这种方法可使用的灭火剂有干粉和卤代烷灭火剂。灭火时,一定要将足够数量的灭火剂准确地喷射在燃烧区内,使灭火剂参与和阻断燃烧反应,否则将起不到阻止燃烧的作用。同时还要采取必要的冷却降温措施,以防复燃。

灭火方法是多种多样的,在具体运用时应做到不拘一格、灵活运用。在具体选择灭火方法时主要考虑两点:一要看是否便捷,二要看是否有利于火灾的扑灭和有效地减少损失。

针对不用类型的火灾应采取不同的灭火方法。

(1)扑救A类火灾:一般可采用水冷却法,但对于忌水的物质,如布、纸等应尽量减少水渍所造成的损失。对珍贵图书、档案应使用二氧化碳灭火剂、卤代烷灭火剂和干粉灭火剂灭火。

(2)扑救B类火灾:首先应切断可燃液体的来源,同时将燃烧区容器内可燃液体排至安全地区,并用水冷却燃烧区可燃液体的容器壁,减慢蒸发速度,并及时使用大剂量泡沫灭火剂、干粉灭火剂将液体火灾扑灭。

(3)扑救C类火灾:首先应关闭可燃气阀门,防止可燃气发生爆炸,然后选用干粉灭火剂、卤代烷灭火剂、二氧化碳灭火剂灭火。

(4)扑救D类火灾:镁、铝燃烧时温度非常高,水及其他普通灭火剂无效,可选用干粉灭火器灭火。

(5)扑救带电火灾:用干粉灭火器、二氧化碳灭火器效果好,因为这两种灭火器的灭火药剂绝缘性能好,不会发生触电伤人的事故。

学习任务3 消防设备设施及其使用方法

消防设备设施及其使用方法视频

【知识链接】

根据《中华人民共和国消防法》,消防设施是指火灾自动报警系统、自动灭火系统、消火栓系统、防烟排烟系统以及应急广播和应急照明、安全疏散设施等。消防器材是指灭火器等移动灭火器材和工具。

一、火灾自动报警系统

1. 概念

火灾自动报警系统是探测火灾早期特征、发出火灾报警信号,为人员疏散、防止火灾蔓延和启动自动灭火设备提供控制与指示的消防系统。

2. 组成

火灾自动报警系统的组成形式多样，但基本上可概括为触发装置、火灾报警装置、火灾警报装置和电源四部分，对于更复杂的系统还包括控制装置。

(1)触发装置。

在火灾自动报警系统中，自动或手动产生火灾报警信号的设备称为触发装置，主要包括手动报警按钮(见图 12-3)和火灾探测器(见图 12-4)。

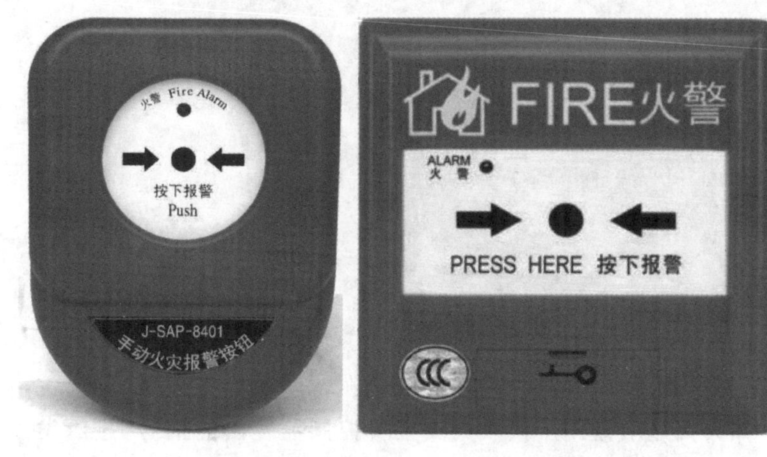

图 12-3　手动报警按钮

(a)感烟火灾探测器

(b)感温火灾探测器

(c)红外火焰探测器

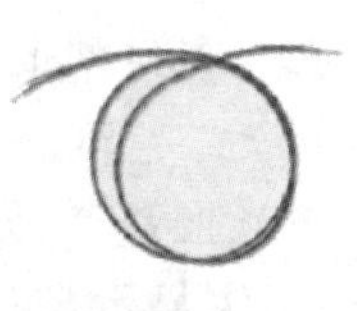

(d) 感温电缆

图 12-4　火灾探测器

手动报警按钮是用手动方式产生火灾报警信号的器件，也是火灾自动报警系统中不可缺少的组成部分之一。按下手动报警按钮 3～5 s，手动报警按钮上的火警确认灯会点亮，这表示火灾报警控制器已经收到火警信号，并且确认了现场位置。

火灾探测器是能对火灾的物理特征(如烟、温度、光、火焰、气体等)发生响应，并自动产生火灾报警信号的器件。火灾探测器的种类很多，按性能可分为感烟火灾探测器、感温火灾探测器、红外火焰探测器、感温电缆等。不同类型的火灾探测器适用于不同类型的火灾和不同的场所。

(2)火灾报警装置。

在火灾自动报警系统中，用以接收、显示和传递火灾报警信号，并能发出控制信号和具有其他辅助功能的控制指示设备称为火灾报警装置。火灾报警控制器就是其中最基本的一种。

火灾报警控制器(见图 12-5)担负着为火灾探测器等外设提供稳定的工作电源，监视外设及系统自身的工作状态，接受、转换、处理火灾探测器输出的报警信号，进行声光报警，指示报警的具体部位及时间，同时执行相应的辅助控制等诸多任务，是火灾报警系统中的核心组成部分。

在火灾报警装置中，还有一些如中断器、区域显示器、火灾显示盘等功能不完整的报警装

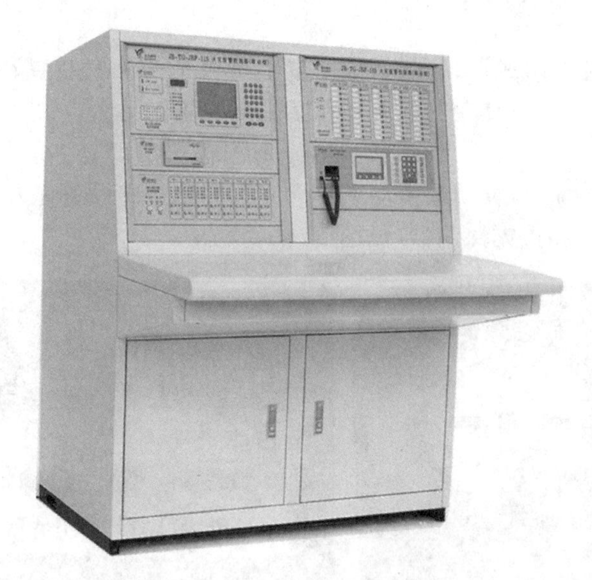

图 12-5　火灾报警控制器

置，它们可视为火灾报警控制器的演变或补充，只在特定条件下应用，与火灾报警控制器同属火灾报警装置。如火灾显示盘用于接收火灾报警控制器发出的信号，显示发出火警的部位或区域，通常设置于经常有人员活动而没有设置火灾报警控制器的现场区域。

(3)火灾警报装置。

在火灾自动报警系统中，用以发出区别于环境的声、光的火灾警报信号的装置称为火灾警报装置。

声光报警器(见图 12-6)是一种最基本的火灾警报装置，通常与火灾报警控制器(如区域显示器、火灾显示盘和集中火灾报警器)组合在一起，它以声、光方式向报警区域发出火灾警报信号，以提醒人们展开安全疏散、灭火救灾等行动。

图 12-6　声光报警器

警铃、讯响器也是一种火灾警报装置。火灾时，它们接收由火灾报警装置发出的控制信号，发出有别于环境声音的音响，大多安装于建筑物的公共空间部分，如走廊、大厅等。

(4)电源。

火灾自动报警系统属于消防用电设备，应设有主电源和直流备用电源。其主电源应当采用消防电源，备用电源一般采用蓄电池组。系统电源除为火灾报警控制器供电外，还为与系统相关的消防控制设备等供电。

(5)控制装置。

在火灾自动报警系统中，当接收到火灾报警后，能自动或手动启动相关消防设备并显示其工作状态的装置，称为消防控制装置。

消防控制装置主要包括火灾报警联动一体机，自动灭火系统的控制装置，室内消火栓系统的控制装置，防烟排烟系统及空调通风系统的控制装置，常开防火门、防火卷帘的控制装置，电梯迫降控制装置，火灾应急广播、火灾警报装置、消防通信设备、火灾应急照明与疏散指示标志的控制装置的部分或全部。

消防控制装置一般设置在消防控制中心，以便于实行集中统一控制。也有的消防控制装置设置在被控消防设备所在现场，但其动作信号仍必须返回消防控制中心，实行集中与分散相结合的控制方式。

3. 工作原理

火灾自动报警系统的工作原理：火灾初期所产生的烟和少量的热被火灾探测器接收，火灾探测器将火灾信号传输给区域报警控制器，发出声光报警信号；区域报警控制器输出外控接点动作，自动向失火层和有关层发出报警及联动控制信号，并按程序对各消防联动设备完成启动、关停操作(也可由消防人员手动完成)。该系统能自动(手动)发现火情并及时报警，以控制火灾的发展，将火灾的损失降到最低限度。

二、自动灭火系统

自动灭火系统主要有两大类：自动水灭火系统和自动气体灭火系统。其工作原理为：火灾发生的初期，温度或烟雾浓度上升到一定的程度迫使各种不同的感受元件发生变化，进而使灭火系统自动运作，开始灭火；当温度等值回复常态之后，系统便自动停止。

1. 自动水灭火系统

(1)湿式自动喷水灭火系统。

湿式自动喷水灭火系统主要由闭式喷头、管道系统、湿式报警阀和供水设备组成。湿式报警阀的上下管网内均充以压力水。当火灾发生时，火源周围环境温度上升，导致火源上方的喷头开启并出水，管网压力下降，报警阀压力下降致使阀板开启，进而接通管网和水源供水灭火。与此同时，部分水由阀座上的凹形槽经报警阀的信号管，带动水力警铃发出报警信号。如果管网中设有水流指示器，水流指示器感应到水流流动，也可发出电信号。如果管网中设有压力开关，当管网水压下降到一定值时，也可发出电信号，启动水泵供水。湿式自动喷水灭火系统在环境温度不低于4 ℃且不高于70 ℃的建筑物和场所(不能用水扑救的建筑物和场所除外)都可采用。

(2)干式自动喷水灭火系统。

干式自动喷水灭火系统主要由闭式喷头、管网、干式报警阀、充气设备、报警装置和供水设备组成。管网充有压力气体，水源至报警阀前端的管段内充有压力水。当火灾发生时，火源处温度上升，使火源上方喷头开启，首先排出管网中的压缩空气，于是报警阀之后的管网压力下降，阀前压力大于阀后压力，报警阀开启，水流向配水管网，并通过已开启的喷头喷水灭火。平时报警阀上下阀板压力保持平衡，当系统管网有轻微漏气时，由空压机进行补气，安装在供气管道上的压力开关监视系统管网的气压变化状况。干式自动喷水灭火系统适用于环境温度低于4 ℃和高于70 ℃的建筑物和场所，如不采暖的地下停车场、冷库等。

2. 自动气体灭火系统

根据使用灭火剂的不同，常用的自动气体灭火系统可以分为二氧化碳灭火系统、七氟丙烷灭火系统和烟烙尽(IG-541)混合气体灭火系统等。

自动气体灭火系统的工作原理：当防护区发生火灾时，火灾探测器首先动作，并向火灾报警控制器报警，确认后发出声、光报警信号，同时启动联动装置(关闭防护区开口、停止空调和通风机等)，延时一定时间(一般为30 s)后打开启动气瓶的瓶头阀，利用气瓶中的高压氮气将储存容器上的容器阀打开，灭火剂经管道输送到喷头并喷出灭火。灭火时，压力开关给出反馈信号，灭火控制器同时发出声、光报警信号。延时一定时间主要有三个方面的作用。一是便于防护区内人员的疏散，二是可以及时关闭防护区的开口，三是留出时间判断是否有必要启动气体灭火系统。

自动气体灭火系统的启动方式有三种：联动自动启动、电气手动启动和机械应急启动。

(1)联动自动启动：指系统从火灾探测器报警到关闭联动设备和释放灭火剂，均由系统自动完成，不许人员介入的操作与控制方式。

(2)电气手动启动：指人员发现火灾或者接到火灾自动报警信号并经确认后，按下手动控制盒或控制器上的手动控制按钮，通过灭火控制器操作联动设备和释放灭火剂的操作与控制方式。在自动控制状态，仍可实现电气手动控制。

(3)机械应急启动：指系统在自动与手动操作均失灵时，人员用系统所设的机械启动机构释放灭火剂的操作与控制方式。

当发出火灾警报，在延时时间内发现有异常情况，不需启动灭火系统进行灭火时，可按下手动控制盒或火灾自动报警气体灭火控制器上的紧急停止按钮，即可阻止控制器灭火指令的发出。

三、消火栓系统

消火栓系统是利用消防积水系统提供的水扑灭与水接触不会引起燃烧的火灾而设置的固定消防设施，一般由蓄水池、加压送水装置(水泵)及消防栓等主要设备构成，分为室外消火栓系统和室内消火栓系统两种。

1. 室外消火栓系统

室外消火栓系统由室外消火栓、供水管网和消防水池组成。供水管网中的消防管如图12-7所示，消防水池如图12-8所示。

室外消火栓(见图12-9、图12-10)主要供消防车从市政给水管网或室外消防给水管网取水实施灭火，也可以直接在消火栓上连接水带或水枪出水灭火。

室外消火栓的操作方法：铺开消防水带，将水带一头与水枪快速连接，另一头与消火栓连接，再打开消火栓出水阀门开关即可。地下消防栓上由于盖着厚重的井盖板，一般需由两个人用铁制的专用工具勾起井盖板，露出地下消防栓后再用加长的开关扳手深入到地下拧开阀门。

2. 室内消火栓系统

室内消火栓系统由室内消火栓设备(包括消火栓、水枪和水带)、给水管网、消防水池或水箱组成。室内消火栓如图12-11所示。

室内消火栓一般由2人同时操作，具体操作方法如图12-12所示。

图 12-7 消防管

图 12-8 消防水池

图 12-9 室外消火栓

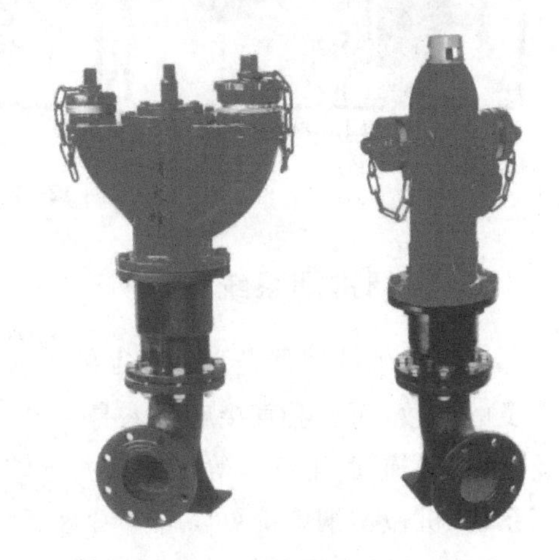

图 12-10 消火栓

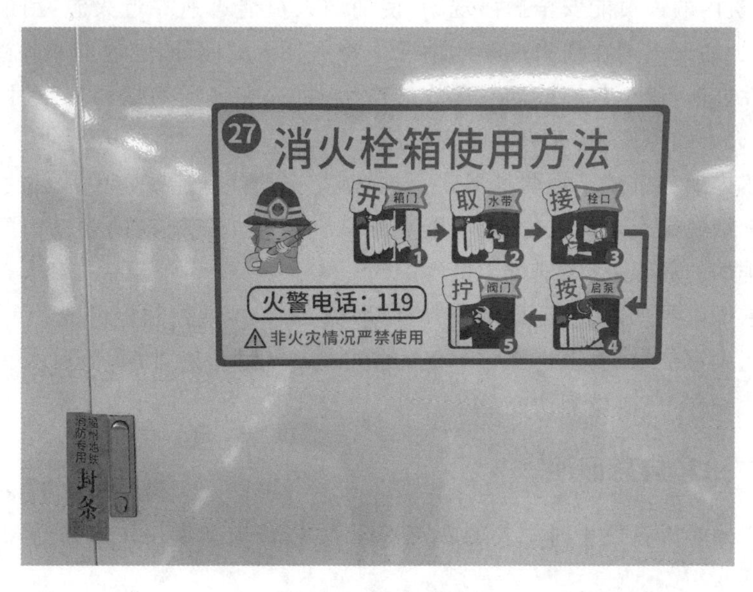

图 12-11 室内消火栓

1.打开或击碎箱门，取出消防水带

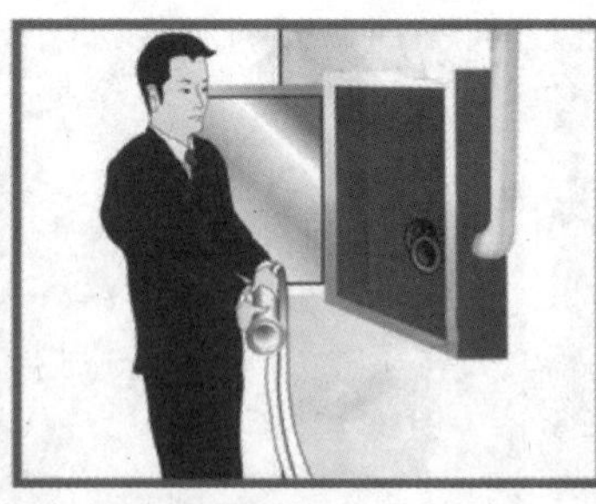

2.展开消防水带

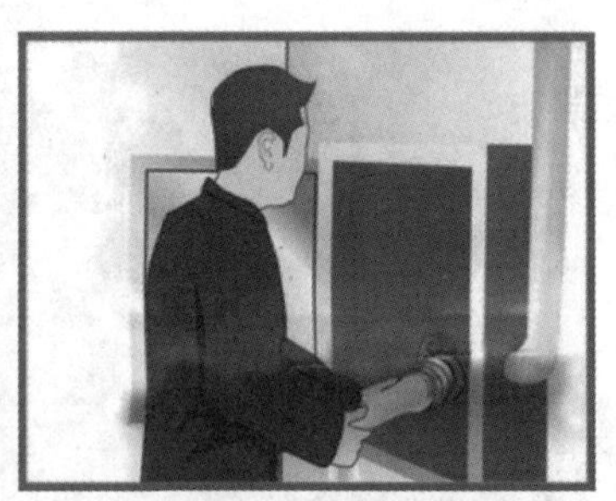

3.将水带一头接到消防栓接口上

4.另一头接上消防水枪

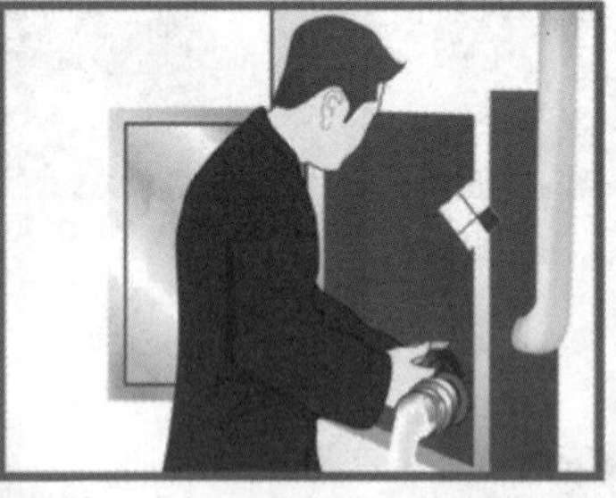

5.另外一人打开消防栓上的水阀开头

6.对准火源根部，进行灭火

图 12-12 室内消火栓的操作方法

四、防烟排烟系统

火灾产生的烟气是十分有害的。火场的烟气包括烟雾、有毒气体和热气，不但影响到消防人员的扑救，而且会直接威胁人身安全。火灾时，水平和垂直分布的各种空调系统、通风管道及竖井、楼梯间、电梯井等是烟气蔓延的主要途径。要把烟气排出建筑物外，就要设置防烟排烟系统，机械排烟系统可以减少着火层烟气及其向其他部位的扩散，利用加压进风可建立无烟区空间并可防止烟气越过挡烟屏障进入压力较高的空间。因此，防烟排烟系统能改善着火地点的环境，使建筑内的人员能安全撤离现场，使消防人员能迅速靠近火源，用最短的时间抢救被困人员，用最少的灭火剂在损失最小的情况下将火扑灭。此外，它还能驱除尚未形成易燃烧混合物的可燃性气体，避免轰燃或烟气爆炸的产生；将火灾现场的烟和热及时排出，可减弱火势的蔓延，排除灭火的障碍，是灭火的配套措施。

排烟有自然排烟和机械排烟两种形式。排烟窗、排烟井是建筑物中常见的自然排烟形式，它们主要适用于烟气具有足够大的浮力、能克服其他阻碍烟气流动的驱动力的区域。机械排烟可克服自然排烟的局限，有效地排出烟气。

防烟排烟系统由排烟阀、手动控制装置、排烟机、防烟排烟控制柜组成。火灾发生时，防烟排烟控制柜接到火灾信号，发出打开排烟机的指令，火灾区开始排烟，也可人为地通过手动控制装置进行人工操作，完成排烟功能。

五、应急广播和应急照明

消防应急广播是火灾发生时主要的救灾指挥工具，火灾初期用于广播通知人员疏散，后期可用于救灾指挥。

根据《火灾自动报警系统设计规范》(GB 50116—2013)的要求，控制中心报警系统应设置火灾广播，且应设置在走道、大厅等公共部位。

应急照明为人员疏散和发生火灾时仍需正常工作的场所提供照明，常用荧光灯，一般设置在楼梯间、走道、大厅、室内、楼梯口、安全出口等位置。

六、安全疏散设施

安全疏散设施的建立主要是使人们能从发生火灾的区域，迅速撤离到安全部位，尽可能减少火灾造成的人员伤亡与财产损失，也为消防人员提供有利的灭火条件等。安全疏散设施主要有安全出口(包括疏散门、防火门等)、疏散走道、疏散楼梯间和楼梯、消防电梯、避难层和避难走道、应急照明和安全疏散指示标志(见图 12-13)、应急广播、防烟排烟设施、屋顶直升机停机坪等。

图 12-13 安全疏散指示标志

七、灭火器

灭火器的种类很多，按其移动方式可分为手提式灭火器和推车式灭火器；按驱动灭火剂的动力来源可分为储气瓶式灭火器、储压式灭火器和化学反应式灭火器；按所充装的灭火剂则又可分为泡沫灭火器、干粉灭火器、卤代烷灭火器、二氧化碳灭火器、酸碱灭火器和清水灭火器等。我们常用的是干粉(BC 和 ABC 两类)灭火器、二氧化碳灭火器和泡沫灭火器。

1. 干粉灭火器

干粉灭火器主要通过在加压气体作用下喷出的粉雾与火焰接触、混合时发生的物理、化学作用灭火。主要用于扑灭油类、可燃气体、电气设备等初起火灾。

干粉灭火器的使用方法：手提灭火器快速奔赴火场(见图 12-14)，在距燃烧处 5 m 左右放下灭火器。如在室外，应选择站在上风方向喷射。使用前先将灭火器上下颠倒几次，使筒内干粉松动。若灭火器为外置储气瓶式，则一只手紧握喷枪、另一只手提起储气瓶上的开启提环，如果储气瓶的开启方式是手轮式的，则向逆时针方向旋开，并旋到最高位置，随即提起灭火器灭火；若灭火器为储压式，则应先拔下保险销，然后一手握住喷射软管前端喷嘴，另一只手用力压下压把。

图 12-14 手提灭火器快速奔赴火场

干粉灭火器扑救可燃、易燃液体火灾时，应对准火焰根部扫射，如果被扑救的液体火灾呈流淌状燃烧时，应对准火焰根部由近而远并左右扫射，直至把火焰全部扑灭。

用干粉灭火器应注意灭火过程中始终保持直立状态，不得横卧或颠倒使用，否则不能喷粉；同时注意干粉灭火器灭火后应防止燃烧物复燃，因为干粉灭火器的冷却作用甚微，在燃烧物周围存在着炽热物的条件下，灭火后易产生复燃。

2. 二氧化碳灭火器

二氧化碳灭火器主要依靠窒息作用和部分冷却作用灭火。二氧化碳灭火器主要用于扑救贵重设备、档案资料、仪器仪表、600 V 以下电气设备及油类的初起火灾（见图 12-15）。

手提式二氧化碳灭火器（见图 12-16）的使用方法：手提灭火器至火灾现场，在距离燃烧物 5 m 左右处放下灭火器并拔出保险销（见图 12-17）；一只手握住喇叭筒根部的手柄，另一只手紧握启闭阀的压把，对没有喷射软管的二氧化碳灭火器，应把喇叭筒往上扳 70°～90°；压下压把，对准火焰根部由近及远进行喷射（见图 12-18）。

推车式二氧化碳灭火器（见图 12-19）的使用方法：一般由两人操作，使用时两人一起将灭火器推或拉至火灾现场，在离燃烧物 10 m 左右处停下，一人快速取下喇叭筒并展开喷射软管后，握住喇叭筒根部的手柄，另一人快速按逆时针方向旋动手轮，并开到最大位置，对准火焰根部由近及远进行喷射。

灭火时，当可燃液体呈流淌状燃烧时，使用者用二氧化碳灭火器由近而远向火焰喷射。如果可燃液体在容器内燃烧，使用者应将喇叭筒提起，从容器的一侧上部向燃烧的容器中喷射，但不能将二氧化碳射流直接冲击可燃液面，以防止将可燃液体冲出容器而扩大火势，造成灭火困难。

在使用二氧化碳灭火器时，操作者不能直接用手抓住喇叭筒外壁或金属连接管，以防止手

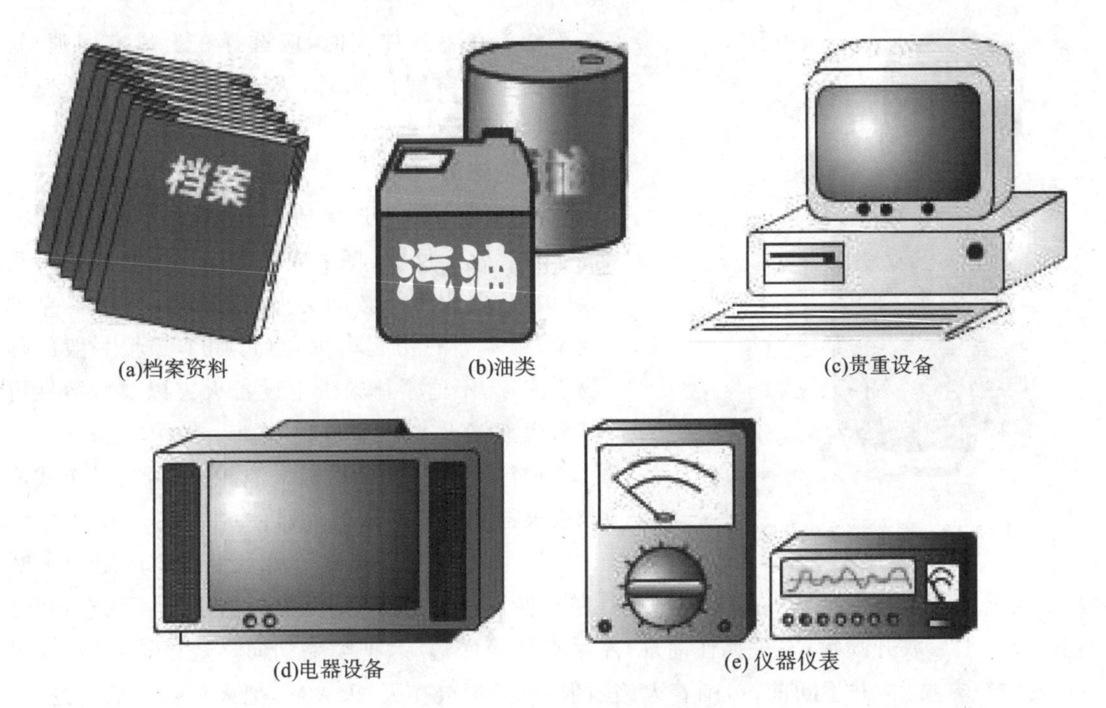

图 12-15　二氧化碳灭火器用途

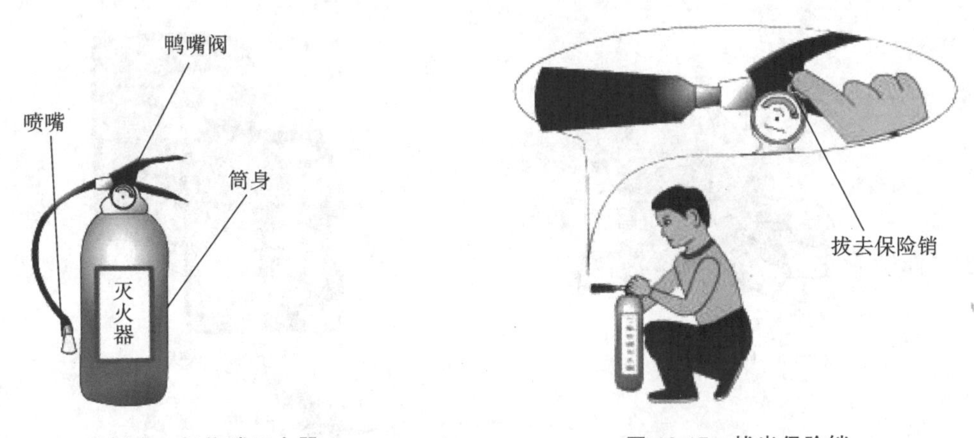

图 12-16　手提式二氧化碳灭火器

图 12-17　拔出保险销

图 12-18　对准火焰根部喷射

图 12-19　推车式二氧化碳灭火器

被冻伤。在室外使用时，应选择在上风方向喷射。在室内窄小空间使用时，灭火后操作者应迅速离开，以防窒息。

3. 泡沫灭火器

泡沫灭火器通过筒体内酸性溶液与碱性溶液混合发生化学反应，将生成的泡沫压出喷嘴进行灭火。它主要用于扑救油类火灾，如汽油、煤油、柴油及苯、甲苯等的初起火灾，也可用于扑救一般固体物质火灾，不适于扑救带电设备火灾以及水溶性可燃易燃液体火灾（见图 12-20）。

泡沫灭火器包括手提式泡沫灭火器、推车式泡沫灭火器和空气泡沫灭火器。

最常见的为手提式泡沫灭火器，其使用方法为：手提灭火器至火灾现场，右手捂住喷嘴，左手抓住筒底边缘；颠倒灭火器呈垂直状态，用劲上下晃动，然后放开喷嘴；右手抓住筒耳，左手抓住筒底边缘，把喷嘴朝向燃烧区，站在离火源 8 m 处的地方喷射，并不断前进，围着火焰喷射，直至把火扑灭；灭火后，把灭火器卧放在地上，喷嘴朝下。

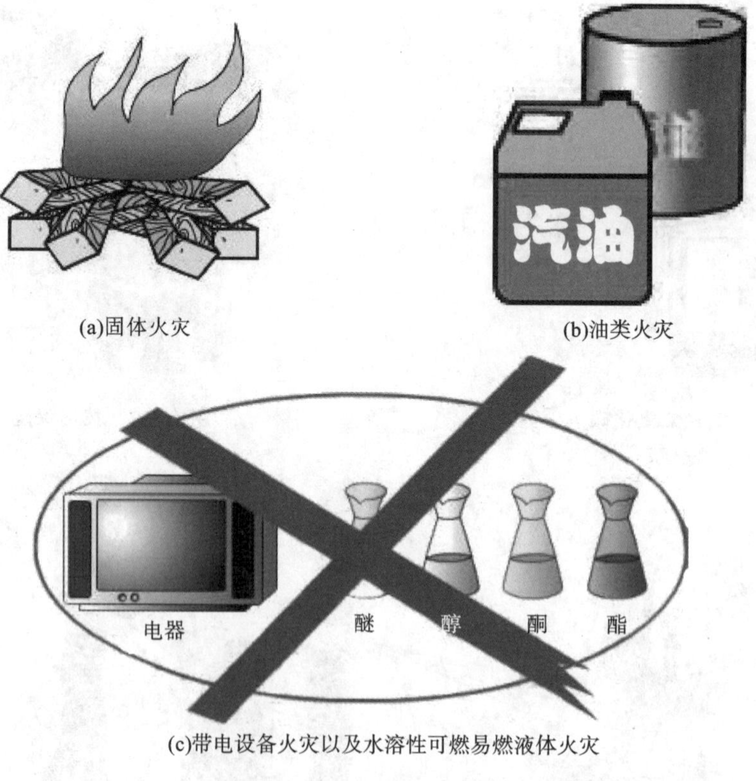

(a)固体火灾　(b)油类火灾

(c)带电设备火灾以及水溶性可燃易燃液体火灾

图 12-20　泡沫灭火器用途

学习任务 4 火灾自救与逃生

【知识链接】

火灾自救与逃生视频

火灾自救与逃生是人们在遭受火灾严重威胁的情况下，为了保全自己的性命不得已而采取的一种行为，是依靠个人的力量从着火场所撤离的一种行为。

一、火灾致死因素

火灾中致人死亡的因素，主要包括以下几个方面。

1. 缺氧

火灾发生时，燃烧的物体消耗了大量氧气，很容易造成室内缺氧，加上人在火场中过于紧张及快速奔跑，加大了对氧气的需求，更加容易出现缺氧症状。另外，火场燃烧中大量产生的二氧化碳，虽然其本身并无毒性，但它在火场中会降低空气中氧的含量，同样也会给人生命造成威胁。在普通大火中，二氧化碳浓度增加到 2%时，人就会感到呼吸困难，达到 5%以上时，人便会窒息死亡。

2. 火焰

烧伤主要是由人体与火焰直接接触或者热辐射引起。如果皮肤温度在 66 ℃以上，仅持续 1 s 就会造成烧伤，所以任何人在没有保护措施的情况下是绝不能在火焰中穿行的。火焰的外焰温度比焰心温度高出几倍，所以，人在火场中千万不能靠近外焰。热辐射也容易把人灼伤，人在火场周围经常感到一股热浪迎面而来，这股热浪就是热辐射。火场中热辐射往往非常强，即使与火焰相隔几米远，人体也会被灼伤。

3. 高温

高温对火场中的人员也具有危险性。火焰产生的热空气会引起人体烧伤、热虚脱、脱水和呼吸不畅。人的生存极限气温是 130 ℃，超过这个温度，就会使血压下降，毛细血管破坏，以致血液不能循环，严重的会导致脑神经中枢破坏而死亡。另外，物体发热还会使其强度下降、牢度降低，建筑物受热作用后容易倒塌。

4. 毒气

火场中的有毒气体对人体呼吸器官或感觉器官产生刺激，使人窒息或昏迷。火场中，一些材料燃烧后产生的气体种类很多，有时多达上百种，这个混合气体中包含着大量有毒气体，如一氧化碳、二氧化氮、硫化氢等。

大量火灾死亡统计资料显示，大部分人是因为吸入一氧化碳等有毒气体后在火场遇难。一般情况下，空气中一氧化碳含量达到 1%时，人吸气数次后就会丧失知觉，经 1～2 min 就可能中毒死亡。即使含量只有 0.5%，人体吸入 20～30 min 后也会有生命危险，甚至在火灾现场因吸入一氧化碳而昏倒的人被救醒后，往往还会留下不同程度的后遗症。

5. 烟

很多人认为，火灾中人员死亡的主要原因是被火烧死。其实，物体燃烧后产生的烟气，才是致死的主要原因。烟是物体燃烧的产物，由微小的固体、气体颗粒组成。建筑物起火后，大多数受害者首先见到的是烟。烟的迅速蔓延会使受灾者呼吸困难，心率加快，判断力下降，从而造成恐慌心理。更加严重的是，烟降低了能见度，隐蔽了逃生线路，恶化了人员疏散条件。

在火灾现场，人们经常会见到既没有烧伤又无压伤的尸体。科学家对火灾中人的死亡原因进行统计分析，发现因缺氧窒息和中毒死亡的人数要占 70%以上。因此可以说，火场上的浓烟比烈火更可怕，烟气是火场上的真正“杀手”。

二、火灾逃生时人的心理

1. 向光性

在火场中，因浓烟遮住了人们的视线或夜间突然停电导致照明灯熄灭，火场漆黑一片，人们会感觉不适应和惧怕。此时，人们趋向于去能见度好的地方躲避。通常情况下，烟雾少、能见度高的地方距火点更远，如有安全疏散通道，朝明亮方向逃生无疑是正确的。但若此方向无安全疏散通道或是火势蔓延的主要方向，则虽能暂时减轻烟热危害，随着时间的推移和火势的发展，却可能成为最危险的地方。实际火场中，有时走廊或楼梯的一段被烟火封阻，若采取自我防护措施，果断冲过这一段光线昏暗处，也有很大的逃生可能。

因此，火灾情况下仅具有单纯的向光性是不可取的，应在判断分析的基础上慎重决定躲避的地点和方向。

2. 回返性

在公共场所的顾客、游客由于对环境不熟和对避难路线不了解，当发生火灾的时候，绝大多数是奔向来时的路线，作逆向返回的逃生。回返性是人们在环境生疏的状况下的一种反应，具有普遍性。如果该通道畅通，则可逃生；倘若该通道被烟火封阻，则会感到无路可逃，从而丧失信心，严重影响顺利逃生的进行。

为了避免上述情况的出现，要求公共场所管理者在大厅或通道等处张贴“紧急情况安全疏散路线示意图”，让人们了解自我逃生的主要通道。

3. 从众性

从众性是在突发事件情况下，最容易发生的习惯性倾向。公共场所的人群在无任何指令或暗示的举动下形成的自然集结气氛，容易盲目走向更危险的地方。

4. 习惯性

如果平常习惯乘电梯上下楼，火灾发生时人们也会习惯性地往电梯间走，从而造成错误的选择。

5. 暂避倾向

火灾中，在火、烟、热、毒存在的情况下，人们往往倾向于朝着不见烟和火焰的方向逃避，因而将逃生仅着眼于脱离暂时的危险处境上。在意向性支配下，人们急于逃出火区导致无目的的乱跑乱窜或就地隐藏，钻入烟火暂时未延及的床下、桌下、厕所、卫生间等处，甚至从楼上跳下等。这样做往往会贻误自我逃生时机，将自己送到更加危险的境地。实际上，火灾时的床、桌椅等都是会被燃烧的可燃物，不采取任何保护措施的洗手间的门也是可燃的，烟、热、毒气足以使人达到无法忍受或致死的地步。火灾时暂避的处所必须采取有效的措施保护，否则会获得相反的结果。

6. 盲目臆断

盲目臆断是人凭自己的主观意念支配自己行为的一种倾向，也称意向性。意向性容易发生于性格内向的人身上。当发生火灾时，自己虽然对逃生方法和路线不熟，对火势实际情况了解很少，却靠主观臆断或不切实际的幻想，盲目地决定自己的行动。这种人在火场上最不愿意听从别人的规劝和指挥，因而往往陷入最危险的境地。因此，发生火灾时，应听从在场员工的指挥,冷静地判断火灾实际情况。

三、火灾逃生的原则

火灾逃生的原则为:确保安全、迅速撤离、顾全大局、救助结合。

"确保安全,迅速撤离"是指被火灾围困的人员或灭火人员,要抓住有利时机,就近、就便利用一切可利用的工具、物品,想方设法地迅速撤离火灾危险区。一个人的正确行为,能够带动更多人的跟随。不要因抢救个人贵重物品或钱财而贻误逃生良机。需要强调的是,如果逃生的通道均被封死,在无任何安全保障的情况下,不要急于采取过激的行为,以免造成不必要的伤亡。

"顾全大局,救助结合"包含以下三个方面的含义。

一是自救与互救相结合。当被困人员较多,特别是有老、弱、病、残、妇女、儿童在场时,要主动、积极帮助他们首先逃离危险区,有秩序地进行疏散。

二是自救与抢险相结合。火场是千变万化的,如不扑灭火灾,不及时消除险情,就会造成毁灭性灾害,带来更多的人员伤亡,给国家财产造成更大的经济损失。在能力和条件可能时要发扬自我牺牲精神,将自己的生死置之度外,千方百计、奋不顾身地消除险情,延缓灾害发生的时间。

三是当逃生的途径被火灾封死后,要注意保护自己,等待救援人员开辟通道,逃离火灾危险区。

四、火灾自救与逃生的方法

火灾自救与逃生的方法分为十三诀。

第一诀:逃生预演,临危不乱。

每个人对自己工作、学习或居住所在的建筑物的结构及逃生路径要做到了然于胸,必要时可集中组织应急逃生预演,使大家熟悉建筑物内的消防设施及自救逃生的方法。

请记住:事前预演,临危不乱。

第二诀:熟悉环境,暗记出口。

当你进入陌生环境时,为了自身安全,务必留心疏散通道、安全出口及楼梯方位等,以便关键时候能尽快逃离现场。

请记住:居安思危,预留通路。

第三诀:通道出口,畅通无阻。

楼梯、通道、安全出口等是火灾发生时最重要的逃生之路,应保证畅通无阻,切不可堆放杂物或设闸上锁,以便紧急时能安全迅速地通过。

请记住:自断后路,后患无穷。

第四诀:扑灭小火,惠及他人。

当发生火灾时,如果发现火势并不大,周围有足够的消防器材,应奋力将小火控制扑灭;千万不要惊慌失措地置小火于不顾而酿成大灾。

请记住:争分夺秒,扑灭小火。

第五诀:保持镇定,明辨方向,迅速撤离。

突遇火灾,面对浓烟和烈火,首先要保持镇定,迅速判断危险地点和安全地点,决定逃生的办法,尽快撤离险地。千万不要盲目地跟从人流和相互拥挤、乱冲乱窜。撤离时要注意朝明亮处或外面空旷地方跑，要尽量往楼层下面跑，若通道已被烟火封阻，则应背向烟火方向撤离，通过阳台、窗户、天台等往室外逃生。

请记住：沉着镇定，化险为夷。

第六诀：不入险地，不贪财物。

身处险境，应尽快撤离，不要因害羞或顾及贵重物品而把宝贵的逃生时间浪费在穿衣或寻找、搬离贵重物品上。已经逃离险境的人员，切莫重返险地。

请记住：莫惜钱财，生命第一。

第七诀：简易防护，蒙鼻匍匐。

逃生时经过充满烟雾的路线，要防止烟雾中毒，预防窒息。可采用毛巾、口罩蒙住鼻子，匍匐撤离的办法。烟气比空气轻，飘于空气上部，所以贴近地面撤离是避免烟气吸入、滤去毒气的最佳方法。穿过烟火封锁区，如果没有护具，可向头部、身上浇冷水或用湿毛巾、湿棉被、湿毯子等将头部、身体裹好再冲出去。

请记住：尽量防护，安全逃生。

第八诀：善用通道，莫入电梯。

电梯的供电系统在火灾时随时会断电，电梯也会因热作用变形，而使人被困在电梯内，同时由于电梯井犹如贯通的烟囱直通各楼层，有毒的烟雾会直接威胁被困人员的生命，因此，千万不要乘普通的电梯逃生。

请记住：电梯逃生，自陷困境。

第九诀：缓降逃生，滑绳自救。

高层、多层公共建筑内一般都设有高空缓降器或救生绳，人员可以通过这些设施安全地离开危险楼层。如果没有这些专用设施，而安全通道又已被堵，且救援人员不能及时赶到，可以迅速利用身边的绳索或床单、窗帘、衣服等自制简易救生绳，并用水打湿，从窗台或阳台沿绳缓慢滑到下面楼层或地面逃生。

请记住：胆大心细，善用工具。

第十诀：避难场所，固守待援。

逃生通道被切断且短时间内无人救援时，可采取创造避难场所、固守待援的办法。首先应关紧迎火面的门窗，打开背火面的门窗，用湿毛巾或湿布塞堵门窗缝或用水浸湿棉被蒙上门窗，然后不停用水淋透房间，防止烟火渗入，固守在房内，直到救援人员到达。

请记住：冒险逃生，莫若等待。

第十一诀：缓晃轻抛，寻求援助。

被烟火围困暂时无法逃离的人员，应尽量待在阳台、窗口等易于被人发现和能避免烟火近身的地方。在白天，可以向窗外晃动鲜艳衣物，或向外抛掷轻型晃眼的东西；在晚上可以用手电筒不停地在窗口闪动或者敲击东西，及时发出有效的求救信号，引起救援者的注意。通常消防人员进入室内都是沿墙壁摸索行进，所以在未被烟气窒息失去自救能力时，应努力停在墙边或门边，便于消防人员寻找、营救；此外，在墙边也可防止房屋结构塌落砸伤自己。

请记住：暴露自己，吸引注意。

第十二诀：火已及身，切勿惊跑。

火场上的人如果发现身上着火，千万不可惊跑或用手拍打，因为奔跑或拍打时会形成风势，加速氧气的补充，促旺火势。当身上衣服着火时，应赶紧脱掉衣服或就地打滚，压灭火苗；能及时跳进水中或让人往身上浇水、喷灭火剂则更有效。

请记住：滚压灭火，及时脱险。

第十三诀：跳楼有术，虽损求生。

身处火灾烟气中的人，精神上往往陷于极端恐慌和接近崩溃，极易导致伤害性行为，如跳楼逃生。应该注意的是：只有消防队员准备好救生气垫并指挥跳楼时才能采取跳楼的方法。跳楼也要讲技巧，跳楼时应尽量往救生气垫中部跳或选择有水池、草地的方向跳；如有可能，要尽量抱些棉被、沙发垫等松软物品或打开大雨伞跳下，以减缓冲击力。

请记住：绝处跳楼，慎选方法。

学习任务5 火灾人员疏散

【知识链接】

火灾人员疏散视频

《中华人民共和国消防法》于1998年4月29日第九届全国人民代表大会常务委员会第二次会议通过，2008年10月28日第十一届全国人民代表大会常务委员会第五次会议修订，2021年4月23日第十三届全国人民代表大会常务委员会第二十八次会议修正。其内容包括：第一章总则、第二章火灾预防、第三章消防组织、第四章灭火救援、第五章监督检查、第六章法律责任和第七章附则。

《中华人民共和国消防法》对人员密集场所的现场工作人员火灾时组织人员疏散进行了明确要求。其中，第四十四条规定："人员密集场所发生火灾，该场所的现场工作人员应当立即组织、引导在场人员疏散。"第六十八条规定："人员密集场所发生火灾，该场所的现场工作人员不履行组织、引导在场人员疏散的义务，情节严重，尚不构成犯罪的，处五日以上十日以下拘留。"

一、安全疏散设计

火灾事故中对人员疏散的要求是当火灾发展到对人员构成危险之前，将所有人员疏散至安全区域。对于人员密集场所，火灾情况下人员的安全疏散是消防安全设计的根本目标。

安全疏散设计是要根据建筑物的高度、规模、使用性质、耐火等级和人在火灾事故时的心理状态与行为特点，合理设置安全疏散和避难设施，包括疏散出口、疏散走道与避难走道、疏散楼梯与楼梯间、避难层(间)以及疏散指示标志等辅助设施，为人员的安全疏散创造有力条件。

1. 疏散出口

疏散出口包括安全出口和疏散门。

安全出口是供人员安全疏散用的楼梯间、室外楼梯的出入口或直通室外安全区域的出口。为了在发生火灾时能够迅速安全地疏散人员，在安全疏散设计时须保证足够数量的安全出口。每座建筑或每个防火分区的安全出口数目不应少于2个。安全出口应分散布置，并有明显标志。

疏散门是直接通向疏散走道的房间门、直接开向疏散楼梯间的门(如住宅的户门)或通向室外的门。疏散门是人员安全疏散的主要出口，其设置应满足下列要求。

(1)疏散门应向疏散方向开启。

(2)民用建筑及厂房的疏散门应采用平开门。

(3)当门开启时，门扇不应影响人员的紧急疏散。

(4)公共建筑内安全出口的门应设置在火灾时从内部易于开启的位置。

(5)人员密集的公共场所，疏散出口不应设置门槛。

2. 疏散走道与避难走道

疏散走道是指发生火灾时,建筑内人员从火灾现场逃往安全场所的通道。疏散走道的设置应保证逃离火场的人员进入走道后,能顺利地继续通行至楼梯间,到达安全地带。

避难走道是指设置防烟设施且两侧采用防火墙分隔,用于人员安全通行至室外的走道。

3. 疏散楼梯与楼梯间

楼梯是建筑物发生火灾时最主要的垂直疏散设施。为了提高安全可靠程度,疏散楼梯应满足以下防火要求。

(1)疏散楼梯宜设置在标准层(或防火分区)的两端。

(2)疏散楼梯宜靠近电梯设置。

(3)疏散楼梯宜靠外墙设置。

楼梯间有敞开式、封闭式、防烟式等种类。疏散楼梯间应满足以下要求。

(1)楼梯间应能天然采光和自然通风,并宜靠外墙设置。

(2)楼梯间不应设置烧水间、可燃材料储藏室。

(3)楼梯间不应设置卷帘。

(4)楼梯间不应有影响疏散的突出物或其他障碍物。

(5)楼梯间内不应敷设或穿越甲、乙、丙类液体的管道。

(6)除通向避难层错位的疏散楼梯外,不应改变建筑中的疏散楼梯间在各层的平面位置。

4. 避难层(间)

避难层是超高层建筑中专供发生火灾时人员临时避难使用的楼层。为保证避难层在建筑物起火时能正常发挥作用,避难层应至少有两个不同的疏散方向可供疏散。通向避难层的防烟楼梯间,其上、下层应错位或断开布置,以便为疏散人员提供继续疏散还是停留避难的选择机会。

5. 逃生疏散辅助设施

逃生疏散辅助设施主要包括以下几种。

(1)疏散指示标志。

(2)避难袋。

(3)缓降器。

(4)避难滑梯。

(5)室外疏散救援舱。

(6)缩放式滑道。

二、安全疏散组织

根据《中华人民共和国消防法》的规定,人员密集场所的现场工作人员具有引导在场人员疏散的义务。因此,要求现场工作人员不仅应掌握火场逃生的技能,熟悉逃生路线、安全出口的位置,能够进行火灾自救和逃生,更要履行组织疏散的义务,确保发生火灾时能够及时引导人员疏散和协助救援。

火灾发生时,安全疏散的组织人员须做到以下工作。

(1)冷静面对现场情况,及时做出是否需要组织人员疏散的判断。

(2)快速选择最适宜的疏散方向与疏散出口。

(3)通过喊话、手势等方式告知现场人员开始疏散。

(4)指挥疏散人群进入安全通道,对误入电梯或非安全通道的人员,阻止并引导其进入正确通道。

(5)告知现场人员自救方法,如遇到浓烟时保持捂口、匍匐前进等。

(6)劝说不愿疏散的人员放弃手中物品或工作,尽快进行疏散。

(7)帮助老人、孩子和其他行动不便的人员进行疏散。

(8)搜索现场,确认是否有未疏散的人员。

(9)疏散后,向单位消防安全负责人或专业救援人员报告所在区域的人员疏散情况。

学习任务6 消防安全事故处理案例分析

【知识链接】

火灾是危害城市轨道交通运营安全的重要因素,尤其是在地下空间中发生的火灾,比地面建筑发生的火灾更具危险性。

消防安全事故处理案例分析视频

一、事故基本情况

2005年8月26日上午7点23分,北京地铁2号线一列内环列车由于排风扇电路老化短路,在朝阳门站引发火灾,但列车内没有出现明火。列车驾驶员在调度员的指挥下将列车驶回积水潭车辆段。列车在经过和平门站时出现明火,冒出浓烟,并发出异味,导致内环地铁停运50多分钟。此次事故没有造成人员伤亡。

二、处置措施

事故发生后,北京市地铁运营公司立即启动应急预案,车站管理人员立即疏散车内乘客,调度命令驾驶员将列车驶回积水潭车辆段。同时,外环列车继续运营,环线各车站发布通告,建议乘客乘坐外环线路或选择地面交通工具,西直门站采取暂时限流措施,13号线不再发售与2号线的联票。车站工作人员持扩音器解释事故原因并指挥乘客有序乘车。7点40分左右,和平门站东南口通风井冒出浓烟。公安、消防和急救人员立即赶到和平门站东南口待命,和平门站的4个入口被封闭。8点30分,事故处理完毕,地铁内环恢复运营。

三、教训及启示

1. 存在的问题和漏洞

(1)车辆本身存在安全隐患。发生故障的列车已运行20多年,车辆上没有火灾探测报警系统,列车驾驶员无法及时掌握火灾信息;列车上没有有效的火灾传感装置,地铁运营公司无法及时发现此类危险因素,存在一定的安全隐患。

(2)应急预案有待完善。事故发生后调度命令车辆继续行驶至车辆段内,这种应急措施是否合理值得探讨。

(3)乘客疏散存在问题。事故发生后,地面交通未能及时配合乘客转移,造成地面交通发生拥堵。

2. 事故的启示

(1)应建立包括公安、消防、交通及医疗救护等部门的综合应急救援系统。

(2)应组织专家对应急预案进行评审,确保应急预案的科学性和可操作性。

3. 事故后的改进措施

(1)对地铁1号线和2号线的陈旧设备进行了改造和更新,提高了设备的安全可靠性。

(2)更新了部分车辆,通过维修将车辆分阶段进行升级改造。

(3)实施消除隐患改造工程。

(4)实施对车站环境与设备的综合监控。

小　结

本项目主要讲述了消防安全与公共安全的关系,消防安全工作的意义与方针;燃烧的定义、要素及类型;火灾的定义、分类及燃烧产物;防火、灭火的基本方法;火灾自动报警系统的组成、功能、工作原理及使用;自动灭火系统的种类与工作原理;消火栓的种类与操作方法;防烟排烟系统的作用与工作原理;应急广播、应急照明的作用;安全疏散设施的作用与种类;灭火器的种类,常见灭火器的使用方法;火灾致死的主要因素;火灾逃生时人的心理特征;火灾逃生的原理;火灾自救与逃生的方法;火灾人员疏散的安全设计与组织方法;等等。

【思考与练习】

(1)消防安全工作的意义与方针是什么?

(2)简述燃烧的定义。如何理解燃烧的条件?燃烧分为哪些类型?

(3)火灾按燃烧对象是如何分类的?

(4)举例说明燃烧产物的毒害作用。

(5)灭火的基本方法有哪些?

(6)什么是火灾自动报警系统?它由哪些部分组成?各组成部分的功能是什么?

(7)什么是火灾探测器?它有哪些种类?

(8)火灾自动报警系统的工作原理是什么?

(9)自动灭火系统有哪些种类?工作原理是什么?

(10)简述消火栓的操作方法。

(11)防烟排烟系统的作用是什么?

(12)应急广播、应急照明的作用是什么?

(13)安全疏散设施有哪些?

(14)简述干粉灭火器、二氧化碳灭火器的操作方法。

(15)火灾致死的因素有哪些?

(16)火灾自救与逃生的方法有哪些?

(17)火灾报警的方法有哪些?

(18)火灾人员疏散的组织工作有哪些?

项目13 设备安全

【学习目标】

1. 知识目标

(1)熟悉电气安全常识、电气化线路安全要求。

(2)了解高压电气安全知识、电焊作业安全知识。

(3)了解城市轨道交通机械安全知识。

(4)掌握屏蔽门安全知识。

2. 能力目标

(1)熟悉电梯维修作业安全要求。

(2)掌握接触轨区域作业安全要求。

【学习重点】

电气安全常识、电气化线路安全要求;高压电气安全知识、电焊作业安全知识;城市轨道交通机械安全知识;电梯维修作业安全要求;屏蔽门安全知识;接触轨区域作业安全要求。

【学习难点】

电气化线路安全要求;电梯维修作业安全要求;接触轨区域作业安全。

城市轨道交通系统的机电设备主要包括供电系统,通信系统,信号系统,通风、空调和采暖系统,给排水和消防系统,火灾自动报警系统,环境与设备监控系统,自动售检票系统,自动扶梯、电梯和自动人行道,屏蔽门与防盗门系统以及电客车等。在考虑安全问题时,还应考虑设备本身的安全。

学习任务1 电气安全

电能具有便于输送、容易控制和利用效率高的特点,在城市轨道交通领域有着广泛的应用。但是如果对其可能产生的危害认识不足,缺乏用电安全知识,使用不当,控制和防护措施不到位,安全管理不到位或运行维护不当等,一旦发生异常情况,极易造成人身伤害、财产损失或使运营服务受阻等。因此,城市轨道交通运营企业必须加强对电气安全的管理与人员电气安全知识的培训。

一、电气安全基本常识

1. 电气事故的特点

(1)危害大。电气事故往往会影响生产和生活,造成财产损失和人身伤害,甚至可能造成人员死亡,影响社会秩序。

(2)电气事故所引发的危险难以直接识别。由于电能看不见、听不到、嗅不着,比较抽象,不具备可直接识别的特征。

(3)电气事故涉及领域广。电气事故不仅发生在用电领域(如触电、设备和线路故障等),还可能发生在非用电场所,这是因为电能的释放也会造成灾害或伤害(如雷电、静电和电磁场危害等)。

2. 触电事故种类及电流对人体的危害

触电伤害指电流流过人体时对人体产生的生理和病理伤害。触电事故是电流流经人体造成生理伤害的事故(图 13-1)。

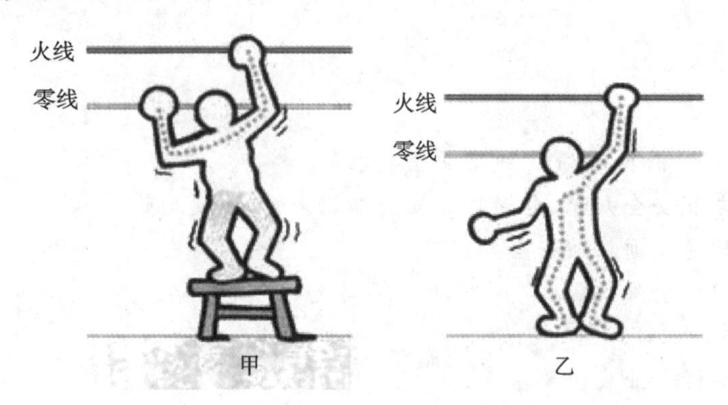

图 13-1 触电事故

(1)触电事故的种类。触电事故可分为电击和电伤两种类型。

①电击。电击是电流通过人体或动物体而引起的病理、生理效应,也就是通常说的触电。绝大部分触电事故都是由电击造成的。电击可分为直接接触电击和间接接触电击。前者是触及正常状态的带电体时发生的电击,后者是触及正常状态下不带电而在故障状态下意外带电的带电体时发生的电击。

②电伤。电伤是电流的热效应、化学效应、机械效应对人体外部组织或器官造成的伤害。如电弧烧伤、电灼伤、电烙印、皮肤金属化、机械性损伤、电光眼。

(2)电流对人体的危害。电流对人体的危害程度与通过人体的电流大小、通电持续时间、电流的种类、电流通过途径、触电者的健康状况以及作用于人体的电压等因素有关。

①通过人体的电流大小。电流越大,生理反应越强烈,病理状态越严重,伤害越大。

②通电持续时间。电流通过人体的持续时间越长,越容易引起心室颤动,触电后果越严重。

③电流的种类。直流、交流和高频电流对人体的危害程度不同,通常工频电流对人体的危害最为严重。

④电流通过途径。电流对人体的危害程度主要表现在心脏受损的程度,不同通过途径的电流对心脏有不同的损害程度。最危险的电流通过途径是从左手到前胸,从左手到脚或从右手到左手的电流通过途径也较危险。

⑤触电者的健康状况。触电者的性别、年龄、健康状况、精神状态和人体电阻都会影响触电后果。心脏病、肺病、内分泌失调及精神病等患者的触电后果最严重,死亡率最高。

⑥作用于人体的电压。作用于人体的电压越高,通过人体的电流就越大,对人体的伤害也越严重。我国规定适用于一般环境的安全电压为 36 V。

3. 电气安全常识

(1)不得私拉、乱拉电线(图 13-2),不得私用电炉。

(2)不得超负荷用电,不得随意加大熔断器的熔体规格或以铜丝、铁丝代替原有的铝锡合金熔丝(图 13-3)。

图 13-2　私拉、乱拉电线

图 13-3　以铜丝代替原有的铅锡合金熔丝

(3)装拆电线和电气设备应由电工进行，避免发生短路和触电事故。

(4)不能在电线上晾晒衣物，以防电线绝缘破损，漏电伤人。不得用电暖器烘烤衣服(图13-4)。

图 13-4　用电暖器烘烤衣服

(5)不得在架空线路和室外变配电装置附近放风筝，以免造成短路或接地故障。

(6)不得用鸟枪或弹弓打停在电线上的鸟，以免击毁线路绝缘子。

(7)不得攀登电线杆和变配电装置。

(8)移动电器的插座一般应采用带保护接地插孔的插座。

(9)所有可能被人触及的设备外漏可导电部分必须接地，或者接中性线(PEN 线)或保护线(PE 线)。

(10)当电线断落在地上时，不可走近，不能用手去捡。对落地的高压线，禁止人员进入距离落地点 8～10 m 的范围内；如果高压线落地时已有人在 8～10 m 内，不要跨步奔走，应单足跳离危险区，以防因跨步电压触电。遇断线接地故障，应划定禁止通行区，派人看守并及时通知电工或供电部门前往处理。

(11)在打扫卫生、擦拭设备时，严禁用水冲洗，或用湿抹布擦拭电气设备，以防发生短路和触电事故。

(12)如遇有人触电，应按规定方法进行急救处理(详见学习项目 14 学习任务 3)。

二、触电事故防护

触电事故可分为直接触电和间接触电两种。这两种事故发生在电路或电气设备的不同状态下，因而防护措施也不相同。

1. 直接触电防护措施

直接触电防护措施主要有绝缘、屏护和间距等。

(1)绝缘。绝缘是用绝缘材料把带电体封闭起来(图 13-5)。电气设备的绝缘应符合其相应的电压等级、环境条件和使用条件。绝缘良好是保证设备正常运行的必要条件；绝缘不良会导致设备漏电、短路，从而引发设备损坏甚至触电事故。因此，绝缘是最基本的安全防护措施。

图 13-5　绝缘

①常用绝缘材料。绝缘材料又称电介质，它在直流电压的作用下，只有极小的电流通过。电工技术上将电阻率大于 10^7 Ω · m 的材料称为绝缘材料。绝缘材料按形态可分为气体绝缘材料、液体绝缘材料和固体绝缘材料；按化学性质可分为无机绝缘材料、有机绝缘材料和混合绝缘材料。

常用的气体绝缘材料有空气、氮气、氢气、二氧化碳和六氟化硫等；常用的液体绝缘材料有矿物油、硅油、蓖麻油等；常用的混合绝缘材料有电工陶瓷、云母、玻璃、绝缘纤维制品、绝缘浸渍纤维制品、绝缘漆、绝缘胶、电工薄膜、胶黏带、电工用塑料和橡胶等。

②绝缘破坏。绝缘材料在运行中电气性能逐渐恶化甚至被击穿而发生短路或漏电事故的现象，称为绝缘破坏(图 13-6)。绝缘破坏分为绝缘击穿和绝缘老化两种情况。

(2)屏护。屏护是采用遮栏、护罩、护盖、箱盒、挡板等把带电体与外界隔离开来的防护措

图 13-6　绝缘破坏

施(图 13-7)。常见屏护装置如下。

图 13-7　屏护

①防止工作人员意外碰触或过分接近带电体的装置,如遮栏、栅栏、保护网、围墙等。

②检修部位与带电部位的距离小于安全距离时的安全装置,如绝缘隔板等。

③保护电气设备不受机械损伤的装置,如低压电器的箱、盒、盖、罩、挡板等。

屏护装置应与带电体保持足够的安全距离,并根据现场需要配以明显的标志以引起人们的注意,还应有足够的力学强度和良好的耐火性能。金属材料制造的屏护装置应可靠接地或接零。遮栏、栅栏应根据需要挂标示牌。遮栏出入口的门上应安装信号装置和联锁装置。

(3)间距。为防止发生触电事故和设备短路或接地故障,带电体与带电体之间、带电体与地面之间、带电体与其他设备之间，必须保持一定的安全距离或安全间距。安全距离的大小取决于电压等级、设备状况和安装方式等因素。

安全距离的项目较多，其中人员与各电压等级下的安全距离见表13-1。

表13-1 人员与各电压等级下的安全距离 单位：mm

电压等级	无防护栅	有防护栅
110 kV	1500	1000
35(33、20)kV	1000	600
10 kV(直流1500 V)及以下	700	350

在架空线路附近进行起重作业时，起重机具（包括被吊物）与线路导线之间的安全距离见表13-2。

表13-2 起重机具(包括被吊物)与线路导线之间的安全距离 单位：mm

电压(kV)	1以下	10	35
沿垂直方向	1500	3000	4000
沿水平方向	1500	2000	3500

机动车道与外电架空线路交叉时，架空线路的最低点与路面的安全距离见表13-3。

表13-3 架空线路最低点与路面的安全距离 单位：m

电压(kV)	1以下	10	35
最小垂直距离	6.0	7.0	7.0

2. 间接触电防护技术

电气设备在运行中发生漏电或击穿（俗称“碰壳”）时，正常运行时不带电的金属外壳以及与之相连的金属结构便带有电压，此时人体触及这些外露的金属部分所造成的触电，称为间接触电。间接触电防护技术有保护接地、保护接零等。

(1)IT系统。IT系统中所有设备的外露可导电部分都经各自的保护线（PE线）单独接地，如图13-8所示。IT系统的I表示配电网中性点不接地或经高阻抗接地，T表示电气设备外壳接地。保护接地的作用是将电气设备在故障情况下可能带有危险电压的金属部分经接地线、接地体与大地紧密连起来，把故障电压限制在安全范围内。

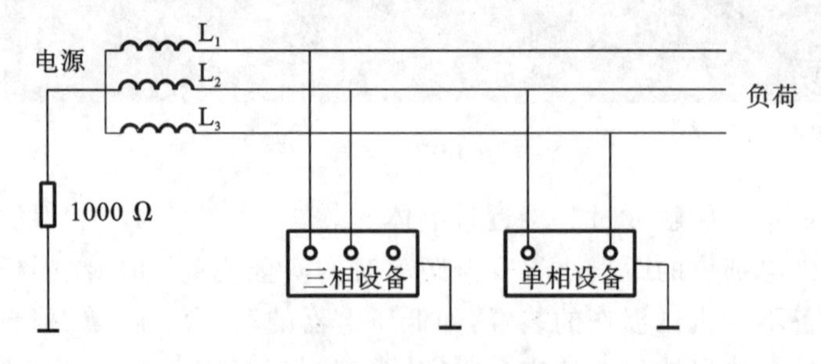

图13-8 IT系统示意图

(2)TT系统。TT系统中所有设备的外露可导电部分都经各自的保护线（PE线）单独接地，如图13-9所示。TT系统的第一个T表示配电网中性点直接接地，第二个T表示电气设备外壳接地。TT系统的带电部分碰到外壳时，接地电阻能大幅度降低漏电设备上的故障电

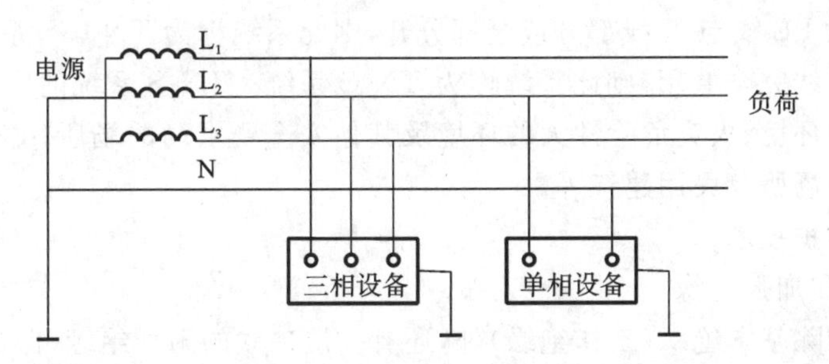

图 13-9　TT 系统示意图

压，从而避免触电事故的发生，但设备上的故障电压一般不能降低到安全范围内。因此，TT系统必须安装漏电保护装置或过电流保护装置。

(3)TN 系统(保护接零系统)。TN 系统中所有设备的外露可导电部分均接公共保护线(PE 线)，这种接公共 PE 线或 PEN 线的做法也称“接零”。TN 系统中的 N 表示电气设备在正常情况下不带电的金属部分与配电网中性点之间(即与保护零线之间)紧密连接。保护接零系统的安全原理是当某相带电部分碰到设备外壳时会短路，短路电流促使线路上的短路保护元件迅速动作，从而把故障设备电源断开，消除电击危险。

TN 系统分为 TN-S、TN-C-S、TN-C 三种类型，如图 13-10 所示。如果系统中的 N 线和 PE 线全部分开，则此系统称为 TN-S 系统；如果系统中干线部分的前一段 PE 线和 N 线共同

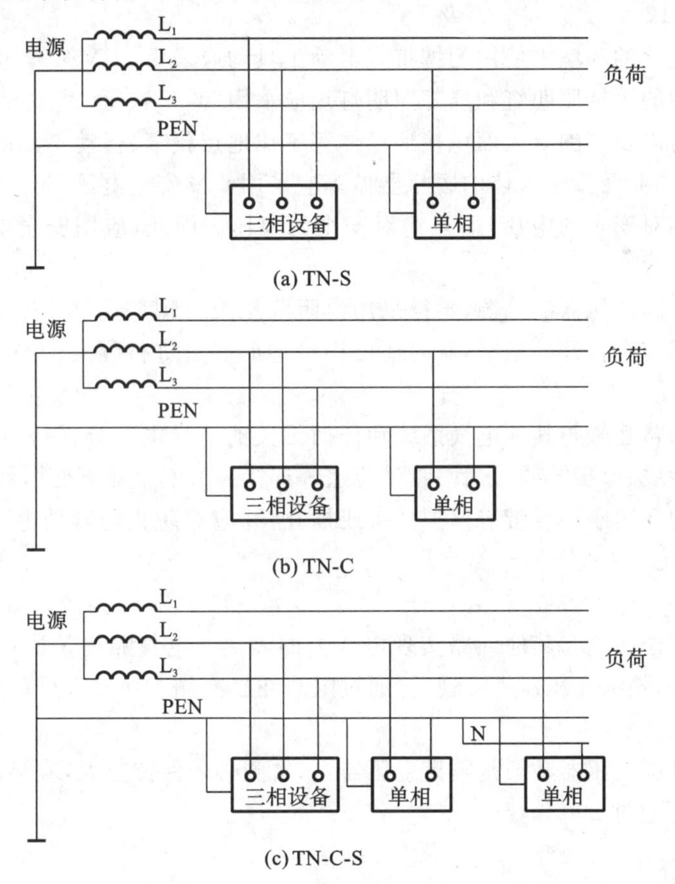

图 13-10　TN 系统示意图

为 PEN 线，后一段 PE 线与 N 线部分或全部分开，则此系统称为 TN-C-S 系统；如果系统中干线部分 PE 线与 N 线完全共用，则此系统称为 TN-C 系统。TN-S 系统的安全性能最好，常应用于有爆炸危险的环境、火灾危险性大的环境及其他安全要求高的场所；TN-C-S 系统常应用于厂内低压配电的场所及民用建筑等。

3. 其他触电防护技术

(1)双重绝缘和加强绝缘。

双重绝缘是指除基本绝缘(工作绝缘)外，还有一层独立的附加绝缘(保护绝缘)，用来保证在基本绝缘损坏时，对操作者进行触电保护。工作绝缘是带电体与不可触及的导体之间的绝缘，是保证设备正常工作和防止电击的基本绝缘；保护绝缘是不可触及的导体与可触及的导体之间的绝缘，是当工作绝缘损坏后用于防止电击的绝缘。

加强绝缘是指对绝缘材料力学强度和绝缘性能都加强了的基本绝缘，它具有与双重绝缘相同的触电保护能力。

具有双重绝缘的电气设备工作绝缘电阻不得低于 2 MΩ，保护绝缘的绝缘电阻不得低于 5 MΩ，加强绝缘的绝缘电阻不得低于 7 MΩ。

(2)安全电压。

安全电压是在一定条件下、一定时间内不危及生命安全的电压。它是根据人体电阻、安全电流、环境条件而制定的电压系列。我国根据工频电压有效值的额定值大小，将安全电压分为 42 V、36 V、24 V、12 V、6 V 五个等级。

凡是在特别危险的环境中使用的携带式电动工具均应采用 42 V 安全电压；凡是在有电击危险的环境中使用的手持照明灯和局部照明灯均应采用 36 V 或 24 V 安全电压；在金属容器内、隧道内、水井内以及周围有大面积接地导体等工作地点狭窄、行动不便的环境中应采用 12 V 安全电压；水下作业及接触人体的医疗器械等应采用 6 V 安全电压。

安全电压是相对安全的电压，而非绝对安全的电压。因此，应用安全电压时应注意下列事项。

①采用安全隔离变压器的电源，不得采用电阻降压或自耦变压器。安全隔离变压器的一次侧与二次侧之间应有良好的绝缘，其间还可用接地的屏蔽进行隔离。安全电压侧应与一次侧保持双重绝缘。

②安全电压回路必须与其他电气系统和任何无关的可导电部分保持电气隔离，防止接地(不得与大地、中性线、保护零线、水管、暖气管道等连接)，但安全隔离变压器的铁芯应该接地。

③安全电压的插销座不得带有保护插头或插孔，并应有防止与其他电压等级的插销座互相插错的安全措施。

(3)电气隔离。

电气隔离指工作回路与其他回路实现电气上的隔离。电气隔离是通过 1∶1(即一次侧、二次侧电压相等)的隔离变压器来实现的，通过阻断在二次侧工作的人员单相触电时电流的通路来确保人身安全。

电气隔离的电源变压器必须是隔离变压器，二次侧必须保持独立，应保证电源电压不超过 500 V、线路长度不超过 200 m。

(4)漏电保护。

漏电保护装置主要用于防止由漏电引起的触电事故或单相触电事故，也用于防止漏电火灾及监视或切除单相接地故障。漏电保护装置有电压型和电流型两大类，目前世界各国广泛采用电流型。

电流型漏电保护装置的动作电流分为0.006 A、0.01 A、0.015 A、0.03 A、0.05 A、0.075 A、0.1 A、0.2 A、0.3 A、0.5 A、1 A、3 A、5 A、10 A、20 A共十五个等级。其中30 A及以下的属高灵敏度，主要用于防止触电事故；30 A以上、1000 A及以下的属中灵敏度，主要用于防止漏电火灾和触电事故；1000 A以上的属低灵敏度，主要用于防止漏电火灾和监视单相接地故障。为了避免误动作，漏电保护装置的额定不动作电流不得低于额定动作电流的1/2。

漏电保护装置的动作时间指动作时的最大分断时间。为了防止各种触电事故，漏电保护装置宜采用高灵敏度、快速型的装置，其额定动作电流与动作时间的乘积不超过30 mA·s。

以下场所必须安装漏电保护装置。

①建筑施工场所、临时线路的用电设备。

②除Ⅲ类设备外的手持式电动工具、除Ⅲ类设备外的移动式日常生活电器、其他移动式机电设备及触电危险性大的用电设备。

③潮湿、高温、金属占有系数大的场所及其他导电良好的场所，以及锅炉房、水泵房、浴室、医院等场所。

④新制造的低压配电盘、动力柜、开关柜、操作台、试验台等。

三、雷电危害及安全防护

雷电是自然界的一种大气放电现象。当雷电流过地表的被击物时具有极大的破坏性，其电压可达数百万伏至数千万伏，电流达几十万安，造成人畜伤亡、建筑物燃烧或炸毁、供电线路停电、电气设备损坏及电子系统中断等严重事故。

1. 雷电的种类

从危害角度分类，雷电可分为直击雷、感应雷和雷电侵入波三种（图13-11）。

图13-11 雷电

从形状角度分类，雷电可分为片状雷、线状雷和球状雷三种。其中最常见的是线状雷。球状雷是雷电放电时产生的球状发光带电气体。

2. 雷电的危害

雷电有很大的破坏力，会产生电性质、热性质、机械性质等多方面的破坏作用，造成设备或设施的损坏，大面积停电和生命财产损失。其危害类型主要有火灾、爆炸、触电、设备和设施损坏、大面积停电等。

3. 雷电安全防护

(1)雷暴时，应尽量不要在户外或野外逗留；必须在户外或野外时，最好穿塑料材质且不浸水的雨衣、胶鞋；如有条件，可进入有宽大金属构架或有防雷设施的建筑物、汽车或船只。

(2)雷暴时，应尽量离开小山、小丘、隆起的小道、水面及水陆交界处，应尽量避开铁丝网、金属晒衣绳、旗杆及烟囱附近，不宜躲在大树下，不宜进入没有防雷设施的低矮建筑物。

(3)若遇到突发雷雨，当头发变硬或竖起来时，应该蹲下，降低自己的高度，同时将双脚并拢，减少电压带来的危害。

(4)若在高架、地面线路上遇到打雷，应尽量远离接触轨设备，双脚并拢蹲下，尽可能使身体高度低于周围设备设施，利用打雷的间隙，及时回到室内避雷、避雨。

(5)雷暴时，在室内应离开照明线、动力线、电话线、广播线、收音机和电视机电源线、收音机和电视机天线以及与其相连的各种金属设备。

(6)打雷时，应停止地面段及高架段接触轨区域的作业；禁止在露天段接触轨设备或与露天段接触轨设备有电气相连的设备上作业。

(7)雷雨天气时要注意关闭门窗。

四、静电危害与消除

1. 静电的产生

最常见的静电产生方式是接触-分离起电。当两种物体接触，其间距小于 25×10^{-8} cm 时将发生电子转移，并在分界面两侧出现大小相等、极性相反的两层电荷。当这两种物体迅速分离时会产生静电。

下列情况比较容易产生和积累危险静电。

(1)固体物质大面积摩擦。

(2)固体物质的粉碎、研磨过程，粉体物料的筛分、过滤、输送、干燥过程，悬浮粉尘的高速运动。

(3)在混合器内搅拌各种高电阻率物质。

(4)高电阻率液体在管道中高速流动、液体喷出管口、液体注入容器。

(5)液化气体、压缩气体或高压蒸汽在管道中流动或由管口喷出。

(6)穿化纤面料衣服、绝缘鞋的人员在操作时行走、起立等。

2. 静电的特点

(1)电压高。静电虽然能量不大，但其电压很高。固体静电电压可达 2.5×10^{5} V 以上，液体静电和粉尘静电电压可达数万伏，气体静电和蒸汽静电电压可达 1000 V 以上，人体静电电压也可达 1000 V 以上。

(2)泄漏慢。由于积累静电的材料的电阻率都很高，故静电泄漏很慢。即使在产生静电的过程停止以后的较长一段时间内，也仍然存在静电危险。

(3)产生感应电压。由于静电感应或感应起电，可能在导体上产生很高的电压，导致出现危险的火花。

(4)影响因素多。静电的产生和积累受材质、杂质、物料特征、工艺设备(如几何形状、接触面积)和工艺参数(如作业速度)、湿度和温度、带电历程等因素的影响。由于静电的影响因素多,静电事故的随机性也强。

3. 静电的危害

静电可能引起爆炸和火灾,也可能使人遭到电击(图 13-12),还可能妨碍生产。其中,爆炸和火灾是最为严重的静电危害。

图 13-12 静电危害

4. 防静电措施

(1)环境危害程度控制。静电引起爆炸和火灾的条件之一是有爆炸性混合物存在。为了防止静电危害,可采取取代易燃介质、降低爆炸性混合物的浓度、减少氧化剂含量等措施控制所在环境爆炸和火灾危害程度。

(2)工艺控制法。工艺控制法就是在工艺流程、设备结构、材料选择和操作管理等方面采取适当的措施,限制静电的产生或控制静电的积累,降低其危害的程度。

(3)泄漏导走法。泄漏导走法即在工艺过程中,采用空气增湿、加抗静电剂、静电接地和规定静电时间的方法将带电体上的电荷向大地泄漏消散,以保证安全生产。

(4)采用静电中和器。静电中和器是能产生电子和离子的装置。静电中和器产生的电子和离子能与物料上的静电电荷中和,从而消除静电的危害。静电中和器主要用来消除非导体上的静电。

(5)加强静电安全管理。静电安全管理包括制定静电安全操作规程、静电安全指标、静电安全教育、静电检测管理等内容。

(6)人体防静电措施。人体防静电主要是防止带电体向人体放电或人体带静电所造成的危害。可采用接地、穿防静电鞋和防静电工作服等具体措施,减少静电在人体的积累。

五、常用电气设备安全

1. 一般规定

电气设备应符合现行国家标准的规定,并应有合格证件和铭牌。使用中的电气设备应保持完好的工作状态，严禁带故障运行。电气设备不得超铭牌规格使用。固定式电气设备应标志齐全。

2. 配电箱和开关箱

配电箱和开关箱应安装牢固，便于操作和维修。落地安装的配电箱和开关箱，设置地点应平坦并高出地面，其附近不得堆放杂物。配电箱、开关箱的进线口和出线口宜设在配电箱、开关箱的下面或侧面，电源的引出线应穿管并设防水弯头。配电箱、开关箱内的导线应绝缘良好、排列整齐、固定牢固，导线端头应采用螺栓连接或压接。具有3个回路以上的配电箱应设总开关及分路开关；每一分路开关不应接2台或2台以上电气设备，不应供2个或2个以上作业组使用。照明、动力合一的配电箱应分别装设开关设备。配电箱、开关箱内安装的接触器、刀闸、开关等电气设备，应动作灵活，接触良好可靠，触头没有严重烧蚀现象。

3. 熔断器和插座

熔断器的规格应满足被保护线路和设备的要求；熔体不得分股或合股使用，严禁用金属线代替熔丝。熔体应有保护罩。管型熔断器不得无管使用；有填充材料的熔断器不得改装使用。熔体熔断后，必须查明原因并排除故障后方可更换，装好保护罩后方可送电。更换熔体时严禁采用不合规格的熔体。插销和插座必须配套使用。Ⅰ类电气设备应选用可接保护线的三孔插座，其保护端子应与保护地线或保护零线连接。

六、手持电动工具和移动式电气设备安全

手持电动工具和移动式电气设备是最常用的小型电气设备，也是容易造成触电事故的电气设备。手持电动工具包括手电钻、手砂轮、冲击电钻、电锤、手电锯等。移动式电气设备包括振捣器等。

1. 手持电动工具的分类

手持电动工具按电气安全保护措施分为Ⅰ、Ⅱ、Ⅲ类。Ⅰ类工具外壳为金属材质，电源部分具有绝缘性能，适用于干燥场所；Ⅱ类工具具有双重绝缘性能，不仅电源部分具有绝缘性能，外壳也是绝缘体，铭牌上有“回”字标记，适用于比较潮湿的作业场所；Ⅲ类工具采用安全电压，适用于特别潮湿的作业场所和在金属容器内作业。

2. 触电危险性

手持电动工具和移动式电气设备是容易造成触电事故的电气设备，主要有如下原因。

(1)因为是手持工具或设备，外壳带电，易造成操作者触电，并且操作者一旦触电，由于肌肉收缩而难以摆脱带电体，容易造成严重后果。

(2)由于工具和设备的移动性，其电源线容易受拉、磨而损坏，电源线连接处容易脱落而使金属外壳带电，进而造成严重后果。

(3)工具和设备没有固定安装，运行时振动大，在恶劣的条件下运行时容易损坏而使金属外壳带电，导致触电事故。

3. 安全使用条件

(1)Ⅱ、Ⅲ类工具、设备没有保护接地或保护接零的要求，Ⅰ类工具、设备必须采取保护接地或保护接零措施，设备的保护线应接到保护干线上。

(2)在潮湿或金属构架等场所作业，必须使用Ⅱ类或Ⅲ类工具、设备。在锅炉内、金属容器内、管道内等狭窄的特别危险场所作业，应使用Ⅲ类工具、设备。

(3)在一般场所，为保证安全，应选用Ⅱ类工具、设备，并装设漏电保护器、安全隔离变压器

等。否则,使用者必须戴绝缘手套、穿绝缘鞋或站在绝缘垫上。装设的漏电保护器的额定动作电流应不大于15 mA,动作时间应不大于0.1 s。

(4)使用Ⅰ类工具、设备时应配套使用绝缘手套、绝缘鞋、绝缘垫等安全用具。

(5)移动式电气设备的保护零线(或地线)不应单独敷设,而应与电源线采取同样的防护措施,即采用带有保护芯线的橡胶套软线作为电源线。

(6)移动式电气设备的电源插座和插销应有专用的接零(地)插孔和插头。其结构应能保证插入时接零(地)插头在导电插头之前接通,拔出时接零(地)插头在导电插头之后拔出。严禁直接将电线的金属丝插入插座。

(7)专用电缆不得有破损或龟裂形象,中间不得有接头。电源线与设备之间防止拉脱的紧固装置应保持完好。设备的软电缆及其插头不得任意接长、拆除或调换。

4. 使用要求

(1)使用前根据铭牌,检查工具或设备的性能是否与使用条件相适应。

(2)检查防护罩、防护盖、手柄防护装置等有无损伤、变形或松动。若发现外壳、手柄破裂,应停止使用并及时更换。

(3)检查开关是否失灵、破损,是否牢固,接线是否松动。

(4)电源线应采用橡皮绝缘电缆;单相用三芯电缆,三相用四芯电缆;电缆不得有破损或龟裂现象,中间不得有接头。

(5)Ⅰ类工具、设备应有良好的接零或接地措施,且保护导体应与工作零线分开;保护零线(或地线)应采用规定的多股软铜线,且保护零线(地线)最好与相线、工作零线在同一护套内。

(6)非专业人员不得擅自拆除和修理手持电动工具。

(7)严禁超载使用,使用时应注意声响和升温情况,发现异常应立即停机检查。

七、电焊安全

1. 电焊机通用要求(图13-13)

电焊机应集中设置并编号,室外的电焊机应设置在干燥场所,并应设棚遮蔽;电焊机的外壳应可靠接地,不得多台串联接地;电焊机的裸露导电部分应装设安全保护罩;电焊机的电源开关应单独设置;电焊把钳绝缘必须良好。

2. 线路安全要求

电焊机一次侧的电源线必须绝缘良好,不得随地拖拉,其长度不宜大于5 m,且一次侧绝缘电阻不应低于1 MΩ。电焊机二次侧的引出线宜采用橡皮绝缘铜芯软电缆,其长度不宜大于30 m,且二次侧绝缘电阻不应低于0.5 MΩ。严禁利用厂房、金属结构、管道、轨道和其他金属件搭接作导线用。电焊机应有可靠的接地接零措施,地线接头要牢固,禁止用钢丝绳或机电设备代替零线。

3. 防触电措施

要保证电焊机绝缘,并与所采用的电压等级相适应,防止周围环境和运行条件损坏绝缘。在潮湿地点作业时,应站在绝缘板或干木板上,采用护栏、护罩、盒箱等作为屏护,使带电体与外界隔开。另外,要保证设备的带电体与人体及其他设备保持一定间距。电焊机的电源上应装设隔离电器、主开关和短路保护装置,还可以安装空载自停装置。

4. 电焊作业环境

雷雨天气时禁止露天作业;禁止在带压力的容器和管道上施焊。在危险环境中作业,如在

图 13-13　电焊安全

油槽、锅炉、管道等金属构件和狭小场所内作业时，要使用安全电压，并用橡胶垫绝缘，同时设专人监护。焊接容器时，要防止残留气体或液化气导致爆炸事故。

5. 防弧光辐射

电焊工应按规定穿戴防护服、手套、鞋盖及面罩。在焊接固定场所应设置防护屏。电焊工的防护用品还应能防止烧伤和射线伤害。

6. 通风防尘

在各类电焊作业中，焊接烟尘是一个严重的问题。烟尘中含有大量有害物质，因此在作业时应加强通风。在室内或密闭场所施焊时，应使用局部抽风装置，抽风罩要尽可能接近作业点。焊接前，要清除焊点周围的涂料、塑料和污物，以减少烟尘。

7. 防电焊引起的火灾

电焊作业过程中，会产生大量的电火花或炙热的焊渣，周围有可燃物时极易引起火灾，烫伤人员。

八、电气化线路电气安全

1. 相关概念

(1)接触网：沿轨道线路架设，向电客车供给电能的特殊形式的输电线路，包括柔性架空接触网、刚性架空接触网和接触轨(图 13-14)。

(2)牵引轨：用来回流牵引电流的钢轨。

(3)隔离开关：用来在接触网无负荷情况下切断或闭合供电回路的电气设备。

(4)接触线：接触悬挂中与受电弓直接接触的传导电流的导线。

(5)承力索：接触悬挂中用来承受接触悬挂重量的缆索(图 13-15)。

(6)接触轨区域：安装有接触轨的轨行区。

图 13-14　接触网

图 13-15　承力索

2. 城市轨道交通电气化线路电气安全要求

(1)接触网的各导线(如接触线、承力索、馈线、吊弦等)及其相连部件(如腕臂、定位器、定位管、拉杆、避雷器等)都带有高压电,禁止直接或间接(指通过任何物件,如棒条、导线、水流等)与上述设备接触。

(2)当接触网的绝缘不良时,其支柱、支撑结构及金属结构上,回流电缆与钢轨的连接点上,都有可能出现高电压,因此应避免与上述结构接触。

(3)为保证人身安全,任何人员及其携带的物体(经检测合格的绝缘工具除外)应与带电接触网、受流器保持足够的安全距离。1500 V 的 DC 接触网的安全距离为 700 mm。

(4)进行在接触网上或与接触网距离小于安全距离的作业前,接触网必须停电并做好安全措施后方可开始作业。一般来说,安全措施是停电、验电、挂接地线和悬挂标志牌。

(5)接触网断线、部件损坏或接触网上挂有异物时,不得与其接触,并应对该处加以防护,任何人均应与断线落下点保持 8 m 以上的距离,以防跨步电压触电。

(6)当人员持木棒、竹竿、彩旗和皮鞭等物件走过道口并走近接触网下时,不允许高举挥动物件,须使物件保持水平状态走过道口。

(7)汽车通过道口时,货物装载高度(从地面算起)不得超过 4.5 m。通过道口时,装载高度超过 2 m 的货物上严禁坐人。

(8)当区段内接触网停电并接地时,不得向该区段接发电客车。当司机发现接触网异常或出现故障时,要立即停车并降下受电弓。

(9)在接触网没有停电并接地的情况下,禁止到电客车、内燃机车及工程车车顶上进行任何作业。检修库内,在接触网停电并接地之前,禁止登上车顶平台。

(10)凡是可能进入接触轨区域的地方,都必须张贴"当心触电"警告标志。

(11)所有进入接触轨区域的人员,都必须穿绝缘鞋(或绝缘靴)和有高可见度的反光背心。

(12)除接触网专业人员按规定检修接触轨设备外,其他任何人员,即使在接触轨已经停电挂地线的情况下,也不得擅自接触或踩踏接触轨及其附件。

(13)安装有接触轨的轨行区需疏散乘客时,原则上接触轨应停电,做好安全防护后再组织疏散。

(14)倒闸操作、验电、挂拆接地线、处理接触网(轨)上异物时,操作人员必须戴高压绝缘手套。

(15)带电更换低压熔断器时,操作人员要戴防护眼镜,站在绝缘垫上,并要使用绝缘夹钳或戴绝缘手套。

九、电气系统故障

电气系统故障引发的事故包括异常停电、异常带电、电气设备损坏、电气线路损坏、短路、断路、接地、电气火灾等。

异常停电指在正常生产过程中供电突然中断。异常停电会使生产过程陷入混乱,造成经济损失,甚至会造成人员伤亡。在工程设计和安全管理中,必须考虑到异常停电的可能,从技术和管理角度消除或尽量减少异常停电可能造成的损失。

异常带电指在正常情况下不应带电的设备设施或其中的部分意外带电。异常带电容易导致人员受到伤害,比异常停电危害更大。在工程设计和安全管理中,应当充分考虑到异常带电的可能,适当安装漏电保护器等安全装置和采取保护接地(零)措施,保证人员不受到伤害。

十、高压电气安全

运用中的电气设备是指全部带有电压、一部分带有电压或一经操作即带有电压的电气设备。电压等级在 1000 V 及以上的电气设备称为高压电气设备,电压等级在 1000 V 以下的电气设备称为低压电气设备。

1. 一般安全规定

(1)变电站的所有电气设备自第一次受电开始即认定为带电设备,其之后的一切作业都必须按安全工作规程严格执行。

(2)停电甚至是因事故停电的电气设备,在断开有关的断路器和隔离开关并按规定做好安全措施前,任何人不得进入相关的设备区,且不得触摸该设备,以防突然来电造成事故。

(3)任何人发现有违反规程的情况应立即制止,经纠正后才能恢复作业。各类作业人员有权拒绝违章指挥和强令冒险作业;在发现直接危及人身、电网和设备安全的紧急情况时,有权停止作业或者在采取可能的紧急措施后撤离作业场所,并立即报告。

(4)在设备因事故停电时,若已派出人员到现场巡查,在未与现场人员取得联系前,不得对停电设备重新送电。

(5)作业人员进入电容器室(柜)内或在电容器上工作前,要将电容器足够放电,并进行接地和做好其他安全措施后方可作业。

(6)当电气设备着火时,要立即将该设备电源切断,然后按规定采取有效措施灭火。

(7)在变电站内作业时,带电部分严禁用棉纱、人造纤维、汽油、酒精等易燃物擦拭,以防起火。

(8)在供电设备附近搬动梯子等较长、较大的工具、材料、部件时,要时刻注意与设备带电部分保持足够的安全距离。

2. 高压设备巡视规定

一般情况下,变电所巡视需两人同时进行。只有安全等级不低于三级的人员才可单独巡视。当一人单独巡视时,无论高压设备是否带电都不得进行其他作业,禁止打开高压设备室(柜)的防护栅或进入其内。如要打开变电器室的防护栅,要注意与带电部分保持足够的安全距离,并要有安全等级不低于三级的人员在场监护。

3. 倒闸操作规定

(1)由电力调度管辖的设备的倒闸操作,必须要由电力调度发布倒闸操作命令。遇到危及人身和设备安全的紧急情况,值班人员(巡检人员)可先行断开有关的断路器和隔离开关,再报告电力调度;再次合闸时,必须有电力调度的命令。

(2)倒闸操作必须由两人同时进行,一人操作、一人监护。就地操作时,操作人员和监护人员必须穿绝缘靴,同时操作人员还要戴绝缘手套。

4. 高、低压设备作业规定

高、低压设备作业分为高压设备的停电作业、高压设备的不停电作业、低压设备作业三类。

(1)高压设备的停电作业。

高压设备的停电作业是指在停电的高压设备上进行的作业及在低压设备和二次回路、照明回路、消防等设备上进行的需要高压设备停电的作业,包括以下内容。

①需检修的高压设备。

②工作人员正常活动范围与高压设备带电部分的距离小于规定的安全距离时。

③在二次回路上进行作业,可能引起一次设备中断供电或影响其安全运行的有关设备。

④带电部分在工作人员后方、两侧、上方或下方,且无可靠安全措施的设备。

(2)高压设备的不停电作业。

高压设备的不停电作业是指当作业人员与高压设备的带电部分之间保持规定的安全距离且没有偶然触及带电部分的危险时,许可在设备带电部分外壳附近进行的作业。

(3)低压设备作业。

低压设备作业分为在低压设备上进行的停电作业与不停电作业。

十一、保证电气作业人员安全的组织措施和技术措施

为了保证电气作业人员安全,防止触电伤害,应采取以下组织措施和技术措施。

(1)组织措施:在进行电气作业时,将与检修、试验、运行有关的部门组织起来,加强联系,密切配合,在统一指挥下,共同保证电气作业安全。对于在电气设备上的作业,要制定工作票制度,工作许可制度,工作监护制度,工作间断、转移和终结制度。

(2)技术措施:指为防止电气作业人员触电而采取的技术措施,主要包括停电、验电、装设接地线、挂标识牌和装设遮栏。

学习任务2 机械安全

城市轨道交通机械设备具有价格昂贵、现代化程度高、精确性高、作业场所特殊等特点。作业场所要求足够明亮,通风良好,地面无积水和积油。其他安全要求如下。

一、电客车安全要求

(1)轮对装置。轮对装置的作用是保证机车车辆在钢轨上的运行和转向。承受来自机车车辆的全部静载荷、动载荷,并把它们传递给钢轨。轮对装置应符合安全要求并装置完好,轮缘润滑装置应功能正常。

(2)制动装置。制动装置的作用是调节列车运行速度和及时、准确地在预定地点停车,保证列车安全、正点运行。要求功能完好,施加和缓解动作正常可控。

(3)减振装置。减振装置的作用是降低干扰力矩的能量,以衰减振动。要求外观及功能完好,无泄漏、无变形,且紧固良好。

(4)车底悬挂设备。车底悬挂设备主要包括各电气设备箱。要求箱盖须锁闭、紧固。

(5)驱动装置。驱动装置包括电动机、联轴器、齿轮箱。要求功能正常,没有卡死、变形及脱落的危险。

(6)车钩缓冲装置。车钩缓冲装置是用于使车辆与车辆、机车或动车互相连挂,传递牵引力、制动力并缓和纵向冲击力的车辆部件。它由车钩、缓冲器、钩尾框、从板等组成一个整体,安装于车底架构端的牵引梁内。要求功能良好,没有变形,紧固良好。

(7)贯通道。贯通道的作用是允许乘客从一节车厢自由地走到另一节车厢,并且使乘客感到安全和舒适。要求装置完好,锁闭正常,无破损。

(8)车厢内立柱扶手,要求牢固,无松动,无裂纹。

(9)车厢天花板和活动盖板,要求安装牢固、锁闭,无脱落危险。

(10)车辆空气管道,要求安装牢固,无泄漏。

(11)受电弓。受电弓是从接触网受取电能的电气设备,安装在车顶上。要求功能正常,无变形、无损坏、无松动和脱落危险。

(12)车厢内消防设备,要求配备到位、稳妥,功能良好。

(13)司机室,要求有良好视野和适当通风,有便于司机操作车辆的环境。

(14)车辆逃生设备,要求功能正常。

(15)客室和司机室车门,要求关闭和锁闭功能良好。

(16)车辆设备的连接,要求紧固良好。

(17)空气压缩机。空气压缩机的作用主要是为制动和开关车门提供驱动用压缩空气。要求运行良好,没有空气和润滑油泄漏。

(18)车辆接地装置,要求功能正常,无损坏,无松动、断裂及脱落危险。

(19)车门保护功能。车门保护功能作用是当车门出现故障或夹人、夹物而没有完全关闭并锁好时,通过电气联锁使电客车不能启动。要求功能良好。

(20)司机控制器。司机控制器是司机驾驶控制电客车启动、加速、制动、停车的装置。要求功能正常,控制良好。

(21)车辆头灯。车辆头灯是为司机提供驾驶照明的设备。要求功能良好,亮度足够。

(22)车厢照明。车厢照明为乘客提供照明,以保证车辆在隧道内运行时车厢内有足够的亮度,有正常照明和应急照明两种。

(23)车厢通风及温度调节功能。车厢通风及温度调节功能的作用是保证车厢内的温度和空气质量,让乘客感到舒适。要求功能良好。

(24)刮雨器。刮雨器是雨天时为司机提供良好视野的设备。要求动作平滑,移动范围及速度可调节。

(25)继电器。继电器是以一定的输入信号(如电流、电压)或热、光等非电信号实现自动切换电路的"开关"。要求功能正常,动作正常。

(26)气压欠压不动保护功能。气压欠压不动保护功能作用是当主风管压力未达到一定数值时,通过电气联锁使电客车不能启动。要求功能良好。

(27)蓄电池及应急充电机。蓄电池是将化学能直接转变成电能的装置,应急充电机则是给蓄电池进行应急充电的设备。要求状态和功能良好。

二、列车清洗机安全要求

列车清洗机为室内式,由列车自行牵引,通过水、清洗剂及清洗刷的作用,自动清洗列车外表面的灰尘、油污及其他污渍(图13-16)。

图13-16 列车清洗机

列车清洗机使用时有以下安全要求。

(1)各旋转件转动正常。

(2)各管路无漏水、漏气现象。

(3)供电系统正常,电源线无损坏、松脱现象。

(4)线路出清,无障碍物、无浸线现象。

(5)只能清洗与设备相匹配的车型。

三、架车机安全要求

架车机是一种特殊的起重设备。在城市轨道交通车辆检修时,用于支承城市轨道交通车辆的车身重量,以使车辆的承重设备(如转向架、轮对等)可以拆卸、分解出来(图 13-17)。

图 13-17 架车机

架车机使用时有以下安全要求。

(1)不允许超过最大负载使用。

(2)钢轨桥防滑安全锁的功能正常。

(3)供电系统正常,电源线无损坏、松脱现象。

(4)最低位、最高位行程开关的位置正常、动作灵敏。

(5)架车时不允许人员进入架车区域。

四、不落轮镟床安全要求

不落轮镟床使用时有以下安全要求。

(1)操作人员不得披长发、穿宽松衣服、佩戴饰物,必须佩戴防护眼镜,无关人员不得在作业场所停留,不得阻碍操作人员。

(2)不能超过允许的最大载荷操作。

(3)不得利用不落轮镟床作镟削轮对以外的用途。

(4)主驱动电动机的 V 带正常。

(5)所有电缆无破损。

(6)所有安全装置能起作用且灵敏。

学习任务3 特种设备与特种作业安全

通常所说的特种设备是指涉及生命安全、危险性较大的锅炉、压力容器(含气瓶),压力管道、电梯、起重机械、客运索道、大型游乐设施、场(厂)内专用机动车辆等。特种设备包括其附属的安全附件、安全保护装置和与安全保护装置相关的设施。《中华人民共和国安全生产法》第三十四条规定:"生产经营单位使用的危险物品的容器、运输工具,以及涉及人身安全、危险性较大的海洋石油开采特种设备和矿山井下特种设备,必须按照国家有关规定,由专业生产单位生产,并经具有专业资质的检测、检验机构检测、检验合格,取得安全使用证或者安全标志,方可投入使用。检测、检验机构对检测、检验结果负责。"

特种设备事故是指在使用特种设备时突然发生的、造成或可能造成人员和财产损失的事故。城市轨道交通运营过程中发生的特种设备事故的类型主要有:电梯困人故障或由于剪切、坠落等原因造成的事故;扶梯伤人事故;起重设备造成的人身伤亡事故;压力容器(含固定式、移动式)和压力管道泄漏、爆炸事故;厂内机动车辆造成的事故等。

一、特种设备安全管理

1. 特种设备使用单位安全管理内容

特种设备使用单位应当严格执行《特种设备安全监察条例》和有关安全生产的法律、行政法规的规定,保证特种设备的安全使用。

特种设备在投入使用前或者投入使用后30日内,特种设备使用单位应当向直辖市或者设区的市的特种设备安全监督管理部门登记。登记标志应当置于或者附着于该特种设备的显著位置。

特种设备使用单位应当按照安全技术规范的定期检验要求,在安全检验合格有效期届满前1个月向特种设备检验检测机构提出定期检验要求。未经定期检验或者检验不合格的特种设备不得继续使用。

特种设备使用单位应当建立特种设备安全技术档案。安全技术档案应当包括以下内容。

(1)特种设备的设计文件、制造单位、产品质量合格证明、使用维护说明等文件以及安装技术文件和资料。

(2)特种设备的定期检验和定期自行检查的记录。

(3)特种设备的日常使用状况记录。

(4)特种设备及其安全附件、安全保护装置、测量调控装置及有关附属仪器仪表的日常维护保养记录。

(5)特种设备运行故障和事故记录。

(6)高耗能特种设备的能效测试报告、能耗状况记录以及节能改造技术资料。

特种设备使用单位应当对在用特种设备进行经常性日常维护保养,并定期自行检查,做出记录。对在用特种设备进行自行检查和日常维护保养时发现异常情况的,应当及时处理。

特种设备使用单位应当对在用特种设备的安全附件、安全保护装置、测量调控装置及有关附属仪器仪表进行定期校验、检修,并做出记录。

特种设备使用单位应当对特种设备作业人员进行特种设备安全教育和培训,保证特种设备作业人员具备必要的特种设备安全作业知识。

若特种设备出现故障或者发生异常情况，使用单位应当对其进行全面检查，消除事故隐患后方可重新投入使用。若特种设备存在严重事故隐患，无改造、维修价值，或者超过安全技术规范规定的使用年限，特种设备使用单位应当及时予以报废，并应当向原登记的特种设备安全监督管理部门办理注销。

2. 特种设备作业人员职责

(1)持有效“特种设备作业人员操作证”上岗操作。

(2)操作的设备项目必须与“特种设备作业人员操作证”上所规定的作业项目对应，严禁操作不在作业范围内的设备。

(3)对所操作的特种设备进行经常性检查，若发现事故隐患或者其他不安全因素，应当立即向现场安全管理人员和单位有关负责人报告。

(4)做好特种设备的运行记录。

(5)定期参加培训，熟悉操作规程，增强安全意识。

(6)保证不使用“三无”(无证制造、无证安装、无证使用)特种设备。

(7)在作业中严格执行特种设备的操作规程和有关的安全规章制度。

二、特种作业定义及分类

特种作业是指容易发生人员伤亡事故，对操作者本人、他人及周围设施的安全可能造成重大危害的作业。直接从事特种作业的人员称为特种作业人员。城市轨道交通运营范围内涉及的特种作业主要包括以下类别。

(1)电工作业。其对应特种作业人员包括发电工、送电工、变电工、配电工，电气设备的安装工、运行工、检修(维修)、试验工。

(2)焊接与热切割作业。其对应特种作业人员包括焊接工、切割工。

(3)企业内机动车辆作业。

(4)高处作业。其对应特种作业人员包括 2 m 以上登高架设工、拆除工、维修工。

(5)制冷与空调作业。其对应特种作业人员包括制冷设备操作工、维修工。

(6)危险化学品装卸、押运作业。其对应特种作业人员包括危险化学品、民用爆炸品、放射性物品的运输押运工、储存保管员。

(7)锅炉作业。其对应特种作业人员包括承压锅炉的操作工、锅炉水质化验工。

(8)压力容器作业。其对应特种作业人员包括压力容器罐装工、检验工、运输押运工，大型空气压缩机操作工。

(9)起重机械作业。其对应特种作业人员包括起重机械司机、司索工、信号指挥工、安装与维修工。

(10)电梯作业。

(11)各单位根据各自作业特点确定的本单位的特种作业项目。如高压运行作业、信号系统操作作业、电客车和工程车驾驶等。

三、特种作业安全知识

1. 特种作业人员的基本条件

各单位从事特种作业的人员应具备以下基本条件。

(1)年龄满 18 周岁。

(2)经县级及以上医院体检合格,无妨碍从事相应特种作业的疾病和生理缺陷。

(3)初中及以上文化程度。

(4)符合相应特种作业需要的其他条件。

2. 特种作业人员培训与复审

各单位应教育特种从业人员,没有特种作业操作资格证书不得从事特种作业,并经常检查,以及时发现、制止未持证者进行特种作业。

特种作业操作资格证书每两年复审一次;连续从事本工种 10 年以上的,经知识更新教育后,复审时间可延长至每四年一次。

特种作业操作资格证书需复审的,应当于有效期届满前 30 个工作日内,由特种作业人员本人或用人单位提出申请,并由当地的考核、发证机构负责复审。

四、特种作业人员管理

各单位应建立健全特种作业人员管理档案,内容包括个人资料、安全培训教育记录、证件资料、违章记录、事故记录和奖惩记录等。

特种作业人员及安全管理人员必须由质量监督检验部门考核合格,取得国家统一格式的特种作业人员证书,方可从事相应的作业或管理工作。

特种作业人员应当严格按照作业程序和要求作业或操作,严禁违章作业。

离开特种作业岗位达 6 个月以上,重新回到原岗位从事特种作业的人员,应当重新进行实际操作考核,经有关管理部门确认合格后方可上岗作业。

学习任务 4　电梯安全

电梯是指由动力驱动,利用沿刚性导轨运行的箱体或者沿固定线路运行的梯级(踏步)进行升降或者平行运送人、货物的机电设备,包括载人(货)电梯、自动扶梯、自动人行道等。电梯应每年检验一次。

1. 电梯安全装置

电梯安全装置包括防止轿厢下降速度过大和坠落的防超速和断绳保护装置,防止超过顶、底端行程的防越程保护装置,防止轿厢或对重蹲底的缓冲装置,防止剪切的轿、厅门防护装置,防止超重的超载装置,报警、救援装置以及其他安全保护装置。

自动扶梯安全装置包括工作制动器、超速限速器、电动机过热保护装置、急停按钮、扶手带入口保护装置、梳齿板保护装置、防逆转保护装置、供电系统断相错相保护装置、梯阶和梯阶轮断裂保护装置、梯阶轮上提保护装置、裙板保护装置、驱动链断裂保护装置、扶手带断裂保护装置、扶手带同步监控装置等。

2. 电梯事故类型

电梯可能发生的事故一般有:人员被挤压、撞击、剪切和发生坠落、电击;轿厢超越极限行程时发生撞击;轿厢因超速或断绳造成坠落;由于材料失效而造成结构破坏等。

3. 电梯维修作业安全要求

(1)电梯维修作业人员应严格按照国家有关行业规程,持有效“特种设备作业人员操作证”上岗作业。

(2)进行电梯维修时,要设置标志明显的围栏。

(3)在梯井内作业时,要保证有足够的照明,并做好相应的安全措施。

(4)作业时,应设专人监护,禁止单独作业。

(5)进行设备检查和维修前,应先确认设备已断电,机械部分完全停止,才可进行。

(6)自动扶梯维修人员进行设备吊装时,吊装物下方 1 m 范围内不允许站人。

(7)拆卸的物品要堆放好,禁止乱堆乱放。

(8)作业结束后,作业人员应清扫、整理现场。作业负责人应进行周密检查,确认后方可离开。

学习任务 5　屏蔽门(安全门)安全

一、使用注意事项

(1)工作人员如需打开滑动门使其处于开门状态,必须跟门单元隔离并加强监控,以免影响行车安全。

(2)除非因列车停车位置超出误差范围而使用应急门,任何正常行车状态下,严禁打开应急门;应急门一经应急使用后,必须确认关闭并锁紧,严禁使用异物阻挡应急门关闭。

(3)任何工作人员使用端门后,都必须确认其关闭并锁紧;严禁端门打开后无人守护,严禁使用异物阻挡端门关闭。

(4)严禁放置任何物品在滑动门槛上,严禁将任何物品靠放在门体上。

(5)严禁乘客倚靠在滑动门体上。

(6)清洁门体、地板、隧道时,不得使底座绝缘套受潮。

(7)严禁使距离屏蔽门门体边缘 2.1 m 范围内的绝缘套受潮。

(8)打开应急门及滑动门时必须使用屏蔽门菱形头三角钥匙,拔出钥匙时必须逆时针复回原位拔出;严禁使用圆头三角钥匙开启应急门及滑动门,以防止关门时锁芯错位致使关门不紧。

(9)严禁任何人在正常运营列车进出站产生活塞风时,打开端门或应急门。

(10)为防止在站台边缘装卸重物时使门槛变形,勿使屏蔽门门槛承受超过 150 kg 的设计载荷。

二、维修保养注意事项

(1)在系统站级控制模式运营时,如需对屏蔽门单元进行维修,必须在隔离或测试模式下进行,确保门关闭且锁紧信号形成,以免影响列车进出车站。

(2)由于屏蔽门主控制器断电后其时钟信息不能保持,系统重新上电后必须重设时间。

(3)人工关闭滑动门时,禁止快速拉动或冲击滑动门。

(4)需反复人工打开滑动门或人工推动滑动门的行程较大时,要依次做以下安全操作:隔离屏蔽门;断开门机电源;松开门控制单元(DCU)与电动机的连接。完成以上安全操作后,方可进行人工开关门操作。恢复正常时,需要依次做以下操作:恢复 DCU 与电动机的连接;恢复门机电源;恢复自动工作模式。

学习任务 6　接触轨区域作业安全

一、一般规定

(1)在接触轨区域内的作业,必须先向 OCC 或 DCC 请点,经批准后方可进入接触轨区域;作业完毕后,作业人员要认真检查,出清线路后方可销点。未请点并办理书面许可手续,禁止任何人进入接触轨区域。

(2)进入接触轨区域作业时,作业负责人应向作业人员进行安全交底,交底内容主要有作业区域、携带工器具的安全注意事项等;同时指定安全监护人员,监护人员应全程监护作业人员行为,对可能不安全的作业行为及时予以制止。

(3)进入接触轨区域必须严格按照“接触轨区域安全行走线路图”行走。

(4)进入接触轨区域人员必须经接触轨安全教育培训并取得合格证书。

(5)所有进入接触轨区域的人员(包含客车及工程车司机)必须穿绝缘鞋或绝缘靴。

(6)任何人员及其所持物件(经检测合格的绝缘工具除外)与带电接触轨的距离不得小于 700 mm;若小于 700 mm,接触轨必须停电并验电接地,同时分段隔离器隔离并采取上锁保护。

(7)运营期间特殊情况下需要接触轨停电时,由当事人向控制中心提出申请,控制中心立即向公司领导请示;如情况紧急,可先停电后再行汇报。

(8)在未确认接触轨是否断电的情况下,视接触轨为带电设备;严禁擅自接触或踩踏接触轨及其附件。

(9)在接触轨设备上挂设地线前必须先验电。

(10)在接触轨区域不停电情况下行走时,工具应尽可能放在工具包内;在疏散平台或轨道上行走时,禁止同向并排行走,前后人员之间应保持 500 mm 以上间隔。

(11)工程车(包括打磨车、检测车)司机在接触轨不停电情况下,需下到轨行区时,必须锁闭接触轨侧的司机室门,从非接触轨侧下线路,且与集电靴、接触轨保持 700 mm 以上距离。

(12)工程车调车作业现场需要停电挂设接地线时,先停电,将工程车调到作业区域,待做好安全措施后方可挂设接地线;作业完毕后,工程车调出作业区域前,必须先拆除所有挂设的接地线。

(13)雷电天气时须停止地面段及高架段接触轨区域的作业;禁止在线路露天段接触轨设备或与露天段接触轨设备电气相连的设备上进行作业。

二、作业人员安全防护用品

(1)所有进入接触轨区域的作业人员都必须戴安全帽(检修帽)、穿绝缘鞋和荧光衣;上线的客车、工程车司机必须穿绝缘鞋。

(2)作业人员的个人防护用品与使用的工器具必须符合国家和行业标准,且必须按规定检验,同时确保在有效期内使用。

(3)验电、挂拆接地线、距离接触轨 700 mm 范围内处理异物作业时,必须穿绝缘靴,戴专用绝缘手套。

(4)绝缘手套、绝缘鞋、绝缘靴使用前应检查有无破裂、漏气和潮湿等不良现象,戴绝缘手套时应将外衣袖口放入手套的伸长部分。

三、接触轨区域内的作业分类

(1)接触轨不停电作业,如人工手摇道岔、开行工程车、登乘电客车或工程车通过疏散平台进入泵房、在接触轨区域使用绝缘杆或绝缘夹处理异物(大雨天气除外)等。

(2)接触轨停电但不挂设接地线作业,如处理区间进人、人车冲突、通过疏散平台巡视等。

(3)接触轨停电并挂设接地线作业,如区间线路维修施工作业等。

四、配合区间疏散乘客的原则

(1)组织区间乘客疏散时,客车司机在接到行调通知接触轨已停电后,方可组织乘客疏散;同时电调和相应变电所值班人员应采取必要的防止向疏散区间送电的安全措施。若采用来车接驳方式疏散乘客,则接触轨不停电。

(2)在正线遇火灾、爆炸、毒气等危及乘客安全的紧急情况时,客车司机应立即报告行调,同时组织乘客疏散;行调应要求电调组织相应上、下行接触轨停电。

(3)雷电、大雨与台风等恶劣天气时,高架段原则上不组织乘客步行疏散,遇火灾、爆炸、毒气等危及乘客安全的紧急情况除外。

学习任务 7　高处作业安全

一、概念

(1)高处作业:《高处作业分级》(GB/T 3608—2008)中规定,在距坠落高度基准面 2 m 或 2 m 以上有可能坠落的高处进行的作业,都称为高处作业。

(2)坠落高度基准面:在可能坠落范围内最低处的水平面,称为坠落高度基准面。

(3)最低坠落着落点:在作业位置可能坠落到的最低点,称为该作业位置的最低坠落着落点。

(4)高处作业高度:作业区各作业位置至相应坠落高度基准面的垂直距离中的最大值,称为该作业区的高处作业高度。

(5)可能坠落范围半径 R:为确定可能坠落范围而规定的相对于作业位置的一段水平距离。根据基础高度 h(以作业位置为中心,6 m 为半径,划出的垂直于水平面的柱形空间内的最低处与作业位置间的高度差)不同,R 分别是:当 h 为 2~5 m 时,R 为 3 m;当 h 为 5 m 以上至 15 m 时,R 为 4 m;当 h 为 15 m 以上至 30 m 时,R 为 5 m;当 h 为 30 m 以上时,R 为 6 m。

二、高处作业的级别

(1)高处作业高度在 2~5 m 时,为Ⅰ级高处作业。

(2)高处作业高度在 5 m 以上至 15 m 时,为Ⅱ级高处作业。

(3)高处作业高度在 15 m 以上至 30 m 时,为Ⅲ级高处作业。

(4)高处作业高度在 30 m 以上时,为Ⅳ级高处作业。

三、高处作业的种类和特殊高处作业的类别

高处作业分为一般高处作业和特殊高处作业两种。一般高处作业是指除特殊高处作业以

外的高处作业。特殊高处作业包括以下几个类别。

(1)在阵风风力六级(风速10.8 m/s)以上的情况下进行的高处作业,称为强风高处作业。

(2)在高温或低温环境中进行的高处作业,称为异温高处作业。

(3)降雪时进行的高处作业,称为雪天高处作业。

(4)降雨时进行的高处作业,称为雨天高处作业。

(5)室外完全采用人工照明时进行的高处作业,称为夜间高处作业。

(6)在接近或接触带电体条件下进行的高处作业,称为带电高处作业。

(7)在无立足点或无牢靠立足点的条件下进行的高处作业,称为悬空高处作业。

(8)对突然发生的各种灾害事故进行抢救的高处作业,称为抢救高处作业。

四、城市轨道交通高处作业安全要求

(1)高处作业前,应系好安全带,穿好防滑软底鞋,扎紧袖口,衣着轻便;凡从事2 m以上高处作业人员,须定期进行体检;凡不适合高处作业者,均不得从事高处作业。

(2)高处作业前,应检查作业点行走和站立处的脚手板,临空处的栏杆或安全网,以及上、下梯子,确认符合安全规定后,方可进行作业。

(3)作业过程中,需搭设脚手板时,应搭设好后再作业。如需要临时拆除已搭好的脚手板或安全网,完工后应及时恢复。

(4)高处作业所用的料具,应用绳索捆扎牢靠;小型料具应装在工具袋内吊运,并摆放在牢靠处,以防坠落伤人;严禁抛掷料具。

(5)移动式的梯子与地面宜成60°~70°,梯子底部应设防滑装置。使用移动式的人字梯中间应设有防止张开的装置。

(6)悬挂的梯子悬挂点和捆扎应牢固可靠,使用时应有人定期检查,发现异常及时处理。

(7)如必须站在移动的梯子上操作,与梯子顶端距离应不少于1 m;禁止站在梯子最高一层上作业,站立位置与基准面距离应在2 m以下。

(8)严禁在尚未固定牢靠的脚手架和不稳定的结构上行走和作业;特殊情况下必须通过时,应以骑马式的方式向前通行。

(9)安全带应挂在作业人员上方的牢靠处,流动作业时随摘随挂。

(10)作业区域的风力达到六级(包括六级)以上时,应停止高处和起重作业。

(11)在易断裂的工作面作业时,应先搭好脚手板,站在脚手板上作业,严禁直接踩在作业面上操作。

学习任务8 设备安全案例

某公司引进各类大型、现代化、高效率机械设备,确保了公司近年在公路建设市场快速发展期间的市场份额。各类设施设备的规范使用和安全管理保证了机械效率的最好发挥,创造出了更好的经济效益。

一、设施设备

公司各类机械设备、生产设施,在进场前首先完成维护、保养工作,确保机械设备主要机械性能满足施工需要,各类生产设施处于良好工作状态与安全状态后,再投入使用。同时,为保

证机械操作人员安全，配备有效的劳动防护用品，在机械集中停放现场配备了干粉灭火器，将废弃的油料装入专用回收桶。

对用于作业的设施设备，使用期间均能定期检验，确保检验证书合法有效。对操作人员持证情况进行检查，确保操作证有效并及时延期注册。

在大型拌和站设备旁，设置安全警告标志、指示牌。告知外来人员、非工作人员不得随意入内。在各类大型混凝土拌和站、水稳拌和站、沥青混合料拌和站配置灭火器，同时设置防雷击、防静电装置。

二、设施安全管理

活动板房、临时驻地建设，预制场、拌和站、变压器、临时供电线路架设与拆除，均由承建项目施工任务的分公司与项目经理部实施。要求变压器、临时供电线路架设与拆除均须与当地电力管理单位沟通，办理相关手续，由电力管理单位专业安装队伍进行施工，确保运行期间安全。对活动板房、临时驻地建设，除租用个人或单位现有房屋外，活动板房须采用正规厂家生产的材料并由厂家现场指导安装；拆除时严格按照拆除程序、方法，由项目专职安全人员负责现场拆除工作。预制场、拌和站的基础设施建设、安装、拆除，均由项目经理部、设备租赁维修公司相互协助、共同实施。

公司各类设施设备，均有产品合格证、安全生产许可证、检验合格证等证件，操作人员有特种设备操作证等相应证件。投入到施工一线的各类设施设备，进场后进行检验、登记，并及时保养、维护，确保其工作期间处于受控状态。

在转移或冬季完成施工任务回到基地后，对各类设施设备进行保养，根据使用年限与工作性能考核，适时进行小修、中修、大修、对外转让或报废。同时，公司根据每年承建项目的主要特点，到目前已引进和购置了一批国际先进水平、适应高等级公路建设的安迈 UG320 沥青拌和站，玛连尼 MAC320 沥青拌和站，福格勒 1800-2 摊铺机，宝马、戴纳派克双钢轮压路机，智能沥青碎石同步封层车，宝峨旋挖钻机，大吨位架桥机等 500 余台(套)精良设备，以满足目前施工需要。

在每年组织的两次综合考核月度检查工作中，材料设备部针对各待检项目、分(子)公司材料设备及其安全管理方面存在的问题与工作中的亮点或特色，在月度综合考核检查反馈会上进行反馈，并针对存在的问题提出整改要求与完成期限。同时，安全环保部会同材料设备部及主管设备领导，对公司门式起重机等特种设备开展专项检查。

制定特种设备专人管理制度。建立各类设施设备台账，将各类设施设备目前的使用状态进行明确的描述，对验收不合格、工作状态不符合使用要求的设施设备，不再列入固定资产。

三、电气安全管理

为保障施工现场用电安全，防止触电和电气火灾事故的发生，公司严格按照《施工现场临时用电安全技术规范(附条文说明)》(JGJ 46—2005)要求进行施工现场临时用电管理。为防止触电事故、雷击事故、静电事故、电气设备事故的发生，项目均配置了专业的电工进行日常维护，编制了详细的“各工种安全操作规程”，制定了安全用电控制措施并要求严格按照岗位安全操作规程和控制措施进行各项作业，有效地预防了与电有关的人身和设备事故的发生。

对高压作业严格要求不得低于规定的最小距离。起重设备与各类线路的水平与垂直距离符合规范要求。做好电气设备绝缘，并采取栅栏围护，设置明显的安全警示标志，确保非工作人员不能靠近和随意攀爬变压器。施工现场各类临时用电设备直接接地，要求必须按照TN-S系统接线，且做到“一机一闸一箱一漏”。

为防止雷击可能造成火灾、触电、爆炸、设施设备毁坏、大规模停电等严重后果，公司要求在水泥储存罐、拌和站等高大设备上安装避雷针。为了防止二次放电，要求保证引下线、接地装置与邻近导体有足够的安全距离（一般按不小于3 m执行）。

通过开展静电安全教育、进行静电检测、保证金属导体直接接地、保持工作环境湿润（高温作业除外）等措施，防止静电事故的发生。

对变压器设置、高压线路架设、低压用电规范连接、总配电箱与分配电箱的合理选择使用、小型电动工具和电焊设备使用等的安全操作及注意事项，给予了明确要求，并严格按照国家现行规定、要求执行，确保施工生产期间电气设备与装置的安全。

小　结

本项目主要讲述了电气安全、机械安全、特种设备与特种作业安全、电梯安全、屏蔽门安全、接触轨区域作业安全、高处作业安全等。

【思考与练习】

(1)简述城市轨道交通电气化线路电气安全要求。

(2)安全电压分哪些等级？如何选用？

(3)电梯维修时如何保证作业安全？

(4)屏蔽门使用应注意哪些问题？

(5)简述接触轨区域作业安全要求。

(6)高处作业如何分级？

(7)高处作业有哪些安全要求？

项目14　突发事件现场应急处置

【学习目标】

1.知识目标

(1)掌握突发事件的分类、特点。

(2)了解突发事件的预防。

(3)了解突发事件信息通报的内容及流程。

(4)掌握列车应急设备及其使用方法。

(5)掌握机械伤害的急救方法。

(6)了解触电伤害的急救方法。

(7)掌握应急预案编制等环节。

突发事件现场应急处置课件

2.能力目标

(1)能够理解突发事件预防是重点。

(2)能够理解列车应急设备使用方法。

(3)能够理解机械与触电伤害急救方法。

(4)能够通过案例理解应急预案编制、实施、应急队伍、事故调查处理等环节。

【学习重点】

突发事件预防;突发事件信息通报的内容及流程;机械伤害的急救方法;触电伤害的急救方法;应急预案编制、实施等。

【学习难点】

突发事件的处理原则;机械伤害的急救方法;触电伤害的急救方法;应急预案编制;应急演练。

城市轨道交通受各种外界条件、设备因素及人员因素的影响,不能完全保证不发生突发事件,发生突发事件后,正确地进行应急处置,往往能最大限度地减少人员伤亡与财产损失。

本项目将重点介绍突发事故的应急处置(图14-1)。

图14-1　突发事件应急处置

学习任务 1　突发事件概述

一、突发事件的定义、分类和特点

突发事件概述视频

1. 定义

根据 2007 年 11 月 1 日起施行的《中华人民共和国突发事件应对法》的规定，突发事件是指突然发生，造成或者可能造成严重社会危害，需要采取应急处置措施予以应对的自然灾害、事故灾难、公共卫生事件和社会安全事件。

2. 分类

(1)依据影响类型划分。

突发事件依据影响类型可分为自然灾害、事故灾难、公共卫生事件、社会安全事件四类。

①自然灾害：主要包括强台风、强降雨和地震等。

②事故灾难：主要包括火灾、爆炸、列车脱轨、列车冲突、列车颠覆、接触网断线、严重浸水、大面积停电和地铁构筑物坍塌等。

③公共卫生事件：主要包括恶性传染病、食品安全与职业危害事件等。

④社会安全事件：主要包括突发性大客流、重大刑事案件(炸弹恐吓、施放毒气及劫持)、有毒物质泄漏和放射性物质扩散等。

(2)依据危害程度等划分。

突发事件依据可能造成的危害程度、波及范围、影响力、人员及财产损失等情况，由高到低划分为特别重大(Ⅰ级)、重大(Ⅱ级)、较大(Ⅲ级)、一般(Ⅳ级)四个级别，并依次采用红色、橙色、黄色、蓝色来表示。

3. 特点

(1)引发突然性。突发事件是事物内在矛盾由量变到质变的过程，是通过一定的契机诱发的。诱因具有一定的偶然性和隐蔽性，它以什么方式出现，在什么时候出现，是人们所无法把握的；也就是说突发事件发生的时间、规模、态势和影响深度，是难以预测的。

(2)目的明确性。任何突发事件(除自然事件外)的处理都有明确的目的性。突发事件本身虽无目的性，但是在处理突发事件的过程中，人们的目的性是十分明显的。

(3)瞬间的聚众性。任何突发事件，都必然会涉及一些人的切身利益，使其产生心理压力。尤其是社会性的突发事件，多是由少数人操纵，通过宣传鼓动把一些群众卷到事件中来。

(4)行为的破坏性。不论什么性质和规模的突发事件，都必然会在不同程度上给国家和人民造成政治、经济和精神上的损失。

(5)状态的失衡性。如果将社会的正常秩序看作是均衡状态，那么突发事件则使社会偏离正常发展轨道而出现了失衡。突发事件的发生，会使人们的生活处于不稳定状态，破坏和谐、安宁、有序的社会环境，使正常工作方式和工作程序失去作用。

二、突发事件的处理

1. 原则

突发事件的处理原则是：以人为本，减轻危害；统一领导，分级负责；社会动员，协调联动；属地先期处置；依靠科学，专业处置；鼓励创新，迅速高效。具体内容如下。

（1）坚持高度集中、统一指挥、逐级负责的原则。

（2）坚持“先救人，后救物；先全面，后局部”的原则，优先组织人员疏散、伤员抢救，同时兼顾重点设备和环境的防护，将损失降至最低。

（3）处理突发事件时应沉着冷静，反应迅速，积极开展工作，做到“早发现、早报告、早控制”。严格执行规定的程序，做好人员疏导和安抚工作，维持秩序，减少恐慌。通知车站员工执行紧急疏散程序时，应使用统一代号，以免引起恐慌。

（4）在突发事件应急处理过程中，应兼顾现场的保护工作，以利于公安、消防和事件调查部门的现场取证。

（5）坚持就近处理的原则：突发事件发生时，在上一级应急处理负责人到达现场前，车站员工按规定担任现场临时应急处理负责人；在上一级应急处理负责人到达现场后，则由上一级应急处理负责人担任现场指挥。

2. 环节

突发事件的处理环节为：接警与初步研判，先期处置，启动应急预案，现场指挥与协调，抢险救援，扩大应急，信息沟通，临时恢复，应急救援行动结束，调查评估。

三、突发事件的预防

1. 健全体系

应健全社会预警体系，加强应急管理工作。突发事件发生前的预防是突发事件管理的重点，也是最简便、成本最低的方法。各监测部门应做好监测、预测工作，及时收集各种信息，并对这些信息进行分析、辨别，有效觉察潜在的危机，对危机可能造成的后果事先加以估计和做准备，预先制定科学而周密的危机应变计划，建立一套规范、全面的危机管理预警体系，明确各部门的责任，对危机果断采取措施，为危机处理赢得先机，从而预防和减少突发事件及其造成的损失，保障国家安全、人民群众生命财产安全，维护社会稳定发展。

2. 加强协调

各部门应加强协调，对突发事件迅速做出反应。应建立突发事件应急反应机制，进一步明确各部门的职责，将部门行动制度化，以保障各部门能在第一时间对危机做出判断，迅速反应，协调配合，临事不乱。各地区、各部门要树立大局意识和责任意识，不仅要加强本地区、本部门的应急管理工作，落实好自己责任范围内的专项预案；还要按照总体应急预案的要求，做好纵向和横向的协同配合工作。

3. 健全法制

应加快应急管理的法制建设。突发事件的不确定性可能导致在采取应急处理措施时没有相应的法律来支撑，可能对应急管理造成障碍，使事件形势不能及时得到遏止，因此，要把应急管理纳入规范化、制度化、法制化轨道，使法律跟上突发事件的发展要求。还要高度重视运用科技提高应对突发事件的能力，加强应急管理科学研究，提高应急装备和技术水平，加强应急管理信息平台建设，形成国家公共安全和应急管理的科技支撑体系。

四、突发事件信息通报的内容及流程

1. 突发事件信息通报的内容

（1）信息通报的通信方法如下。

①同一现场人员信息通报可采用面对面口述的方法。

②同一地点不同岗位间信息通报可使用各种通信工具，尽力保障信息迅速传递。

③通常，控制中心调度值班主任设有一部专门的内线电话作为事故(事件)专用报告电话，供没有直通调度电话的员工用于事故(事件)应急报告。

(2)突发事件信息通报的内容，一般应包括以下几点。

①报告人姓名、职务及单位。

②事件类别、时间及地点。

③事件概况、原因(若能初步判断)及影响程度。

④人员伤亡情况、设施设备损毁情况。

⑤已采取的措施。

⑥需要的援助(包括救援、救护、支援)。

⑦其他必须说明的内容及要求。

2. 突发事件信息通报的流程

一般来说，信息通报遵循这样一个流程：突发事件现场→控制中心→应急处理专业机构和外部支援。

发生立即需要外部支援的突发事件，如火灾、爆炸、人员伤亡、治安(刑事)事件等时，应就近迅速通报。城市轨道交通突发事件信息通报流程如图 14-2 所示。

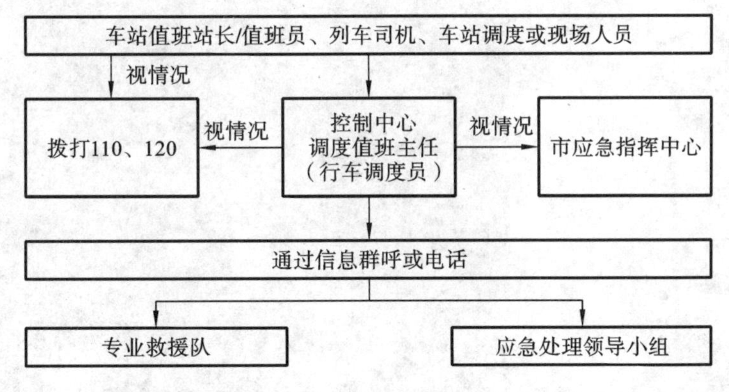

图 14-2　城市轨道交通突发事件信息通报流程

学习任务 2　应急设备及设施

城市轨道交通系统的列车(地铁)是在封闭状态下运营的大型载客交通工具，设备故障、技术问题、人为破坏、不可抗力等原因，均可能造成突发事故。为了保证紧急情况下乘客的人身安全，列车和车站都安装有应急设备，当出现紧急情况时，乘客可以通过应急设备进行报警或自救。

应急设备及其操作视频

一、列车应急设备

一般情况下，列车上应配备的应急设备有紧急对讲装置、紧急解锁装置、灭火器、逃生锤。

列车的紧急对讲装置(图 14-3)位于列车门区的立柱罩板上，每节车厢设有 4 个。紧急情况下，乘客可打破防护盖，根据防护罩板上的提示进行操作，与驾驶室内的驾驶人员对话。

列车的紧急解锁装置(图 14-4)安装于客室门区侧上方的盒体内，每节车厢设有 4 个。紧急情况下，乘客可打开盒盖，旋转把手，把锁闭的车门打开，一旦车门被打开，列车将立即失去牵引力，并实施紧急制动。

列车的灭火器(图 14-5)布置在客室座椅下方(拖车每节车厢 4 个，动车每节车厢 6 个)，其对应的上方设有相应标志。列车若出现火情，乘客可自行取出灭火器，按要求进行灭火作业。

图 14-3　列车紧急对讲装置

图 14-4　列车紧急解锁装置

列车的逃生锤(图 14-6)安装于列车侧上方的盒体内，每节车厢设有 2 个。当列车发生紧急状况时，乘客可打开盒盖，取出逃生锤，用锤子击碎玻璃逃生。

图 14-5　列车的灭火器

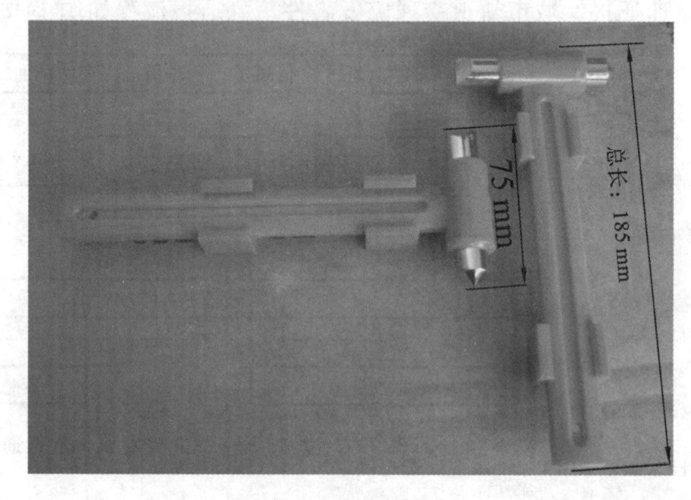

图 14-6　列车的逃生锤

需要注意的是，上述各种应急设备，只限在列车发生紧急情况，需要灭火或逃生时方可使用。日常运营过程中，如有乘客擅自使用，对列车的运营秩序造成影响，运营公司将按相关规定，对当事人进行处罚。

二、车站应急设施

(1)火灾紧急报警器。每个车站的站厅、站台墙上均安装有火灾紧急报警器，发生火灾时可以使用。

(2)自动扶梯紧停装置。车站内所有自动扶梯两端都安装有自动扶梯紧停装置。发生紧急情况时，可按压紧停按钮使扶梯停止运行。

(3)车站站台紧急停车按钮。每个站台墙上或立柱上都设有 2 个紧急停车按钮。发生危及安全的情况时，击碎玻璃并按压按钮 3 秒以上即可。

(4)安全门手动解锁装置。每个车门对应的安全门上均安装有手动解锁装置。当列车进站并停稳，安全门无法自动开启时使用。

(5)乘客紧急报警器。每节车厢均设有乘客紧急报警器。发生紧急情况时，可按压按钮与司机对话。

(6)紧急开门装置。列车的车门附近都设有紧急开门装置。如发生紧急情况，可待列车停稳，人工打开车门时使用。

(7)每个车站的车控室都配备有一个紧急用品箱，箱子上印有“紧急用品”字样。箱内配备有应急工具和用品(图 14-7)。

图 14-7 车站应急工具和用品

学习任务 3 伤害急救常识

在任何生产活动过程中，都可能会发生人身伤害事故，城市轨道交通系统也不例外。发生事故后的现场急救非常关键，如果现场急救正确、及时，不仅可以减轻伤员的痛苦，降低事故的严重程度；而且可以争取抢救时间，挽救伤员的生命。

伤害急救常识视频

一、机械伤害的急救方法

机械伤害造成的受伤部位非常多，如头部、眼部、颈部、胸部、腰部、脊柱、四肢等；有些机械伤害甚至会造成人体多处受伤，后果非常严重。

1. 机械伤害急救基本要点

(1)发生机械伤害事故后，现场人员不要害怕和慌乱，要保持冷静，迅速对伤员进行检查。应先检查其神志、呼吸情况，接着摸脉搏、听心跳，再看瞳孔，有条件时可测血压。检查局部有无创伤、出血、骨折、畸形等。根据伤者的情况，有针对性地采取人工呼吸、心脏按压、止血、包扎、固定等临时急救措施。

(2)迅速拨打急救电话，向医疗救护单位求援。记住急救电话很重要，我国通用的医疗急救电话为 120，但除了 120 以外，各地还有其他的急救电话，也要适当留意。在发生伤害事故后，要迅速拨打急救电话，拨打急救电话时，要注意以下问题：①在电话中向医生讲清伤员的确切地点、联系方式(如电话号码)、行驶路线。②简要说明伤员的受伤情况、症状等,并询问在救护车到来之前自己应该做些什么。③派人到路口等候救护人员。

(3)遵循“先救命、后救肢”的原则,优先处理颅脑、胸、肝、脾等的损伤,然后处理肢体出血、骨折等损伤。

(4)检查伤员呼吸道是否被舌头、分泌物或其他异物堵塞。

(5)如果伤员呼吸已经停止,立即实施人工呼吸。

(6)如果伤员无脉搏,心脏停止跳动,立即进行心肺复苏。

(7)如果伤员出血,进行必要的止血及包扎。

(8)大多数伤员可以直接被抬送至医院,但对于颈部、背部严重受损者要慎重,以防止其进一步受伤。

(9)让伤员平卧并保持平静,如有呕吐症状,同时颈部未骨折时,应将其头部侧向一边以防止噎塞。

(10)动作轻柔地检查伤员,必要时可剪开其衣物,避免被挪动时衣物摩擦伤口增加伤员痛苦。

(11)救护人员既要安慰伤员,自己也应尽量保持镇静,以消除伤员的恐惧。

(12)不要给昏迷或半昏迷的伤员喝水,以防液体进入呼吸道导致窒息,也不要用拍打或摇动的方式试图唤醒昏迷的伤员。

2. 现场急救方法

(1)人工呼吸(图 14-8)。对口吹气是现场急救中采用最多的一种人工呼吸方法,其具体操作方法如下。

图 14-8 人工呼吸

①对伤员进行初步处理:将需要进行人工呼吸的伤员移到通风良好、空气新鲜、气温适宜的地方,解开伤员的衣领、腰带、内衣,清除口鼻分泌物、呕吐物及其他杂物,保证其呼吸道畅通。

②使伤员仰卧,施救人员位于其头部一侧,捏住伤员的鼻孔,深吸气后,将自己的嘴紧贴伤员的嘴吹气。然后,离开伤员的嘴,放开鼻孔,以一手压伤员胸部,帮助其呼出体内气体。反复进行上述操作,每分钟 15 次。吹气时不要过度用力,以免造成伤员肺泡破裂。

③吹气时,应同时对伤员进行胸外心脏按压。一般吹一次气后,做四次心脏按压。

(2)心肺复苏(图 14-9)。胸外心脏按压是心肺复苏的主要方法,它是通过压迫胸骨,间接对心脏按压,使心脏参与血液循环,以恢复心脏的自主跳动。其具体操作方法如下。

①让伤员仰卧在平整的地面或木板上。

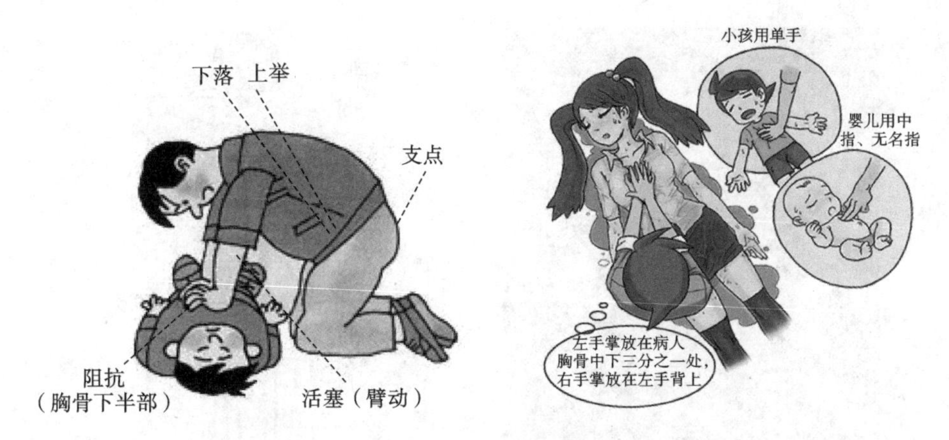

图 14-9　心肺复苏

②施救人员位于伤员一侧，双手重叠放在伤员胸部正中间处，用力向下按压胸骨，使胸骨下陷 3～4 cm，然后迅速放松，放松时手不离开胸部。如此反复有规律地进行，每分钟 60～80 次。

胸外心脏按压的注意事项如下。a. 胸部严重损伤、肋骨骨折、气胸或心包填塞的伤员，不应采用此法。b. 胸外心脏按压应与人工呼吸配合进行。c. 按压时，用力要均匀，用力大小依据伤员的身体及胸部情况而定；按压时手臂不要弯曲，用力不要过猛，以免使伤员肋骨骨折。d. 随时观察伤员情况，做出相应的处理。

(3)止血。

当伤员有外伤出血现象时，应及时采取止血措施。

常用的止血方法有以下几种。

①伤口加压法(图 14-10)。这种方法主要适用于出血量不太大的一般伤口，通过对伤口的加压和包扎，减少出血量，让血液尽快凝固。其具体做法是：如果伤口处没有异物，用干净的纱布、布块、手绢、绷带等物或直接用手紧压伤口止血；如果出血量较大，可以将纱布、毛巾等柔软物垫在伤口上，再用绷带包扎以增加压力，达到止血的目的。

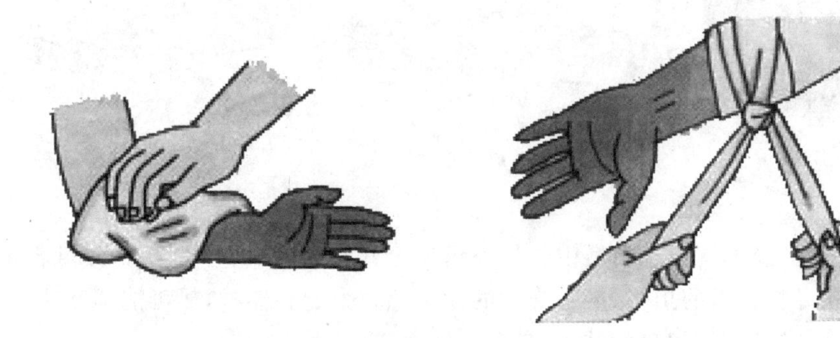

图 14-10　伤口加压法

②手压止血法(图 14-11)。用手指或手掌压迫伤口靠近心脏的动脉，将动脉压向深处的骨头，阻断血液的流通，从而达到临时止血的目的。这种方法通常在急救中和其他止血方法配合使用，其关键是要掌握身体各部位血管止血的压迫点。手压止血法仅限用于无法止住伤口出血，或准备敷料包扎伤口的时候。施压时间切勿超过 15 min；如施压过久，肢体组织可能因缺氧而损坏，以致不能康复，甚至可能需要截肢。

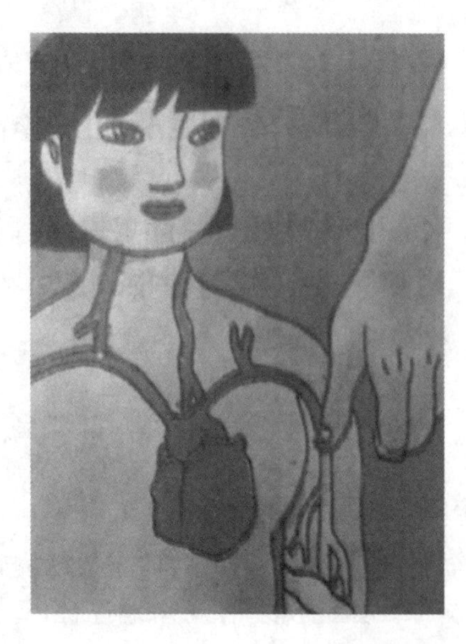

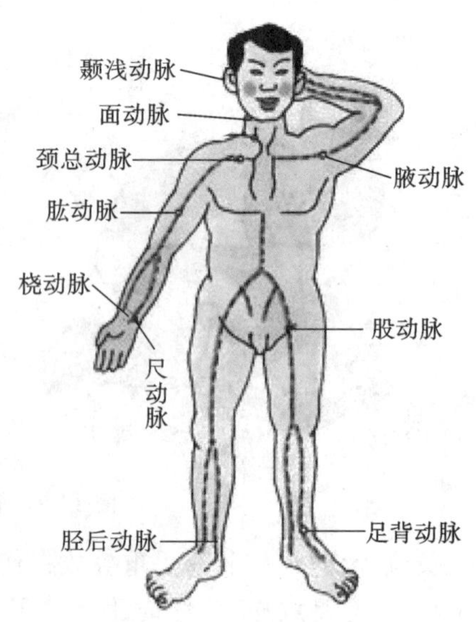

图 14-11　手压止血法

③止血带法(图 14-12)。这种方法适用于四肢伤口大量出血时,主要有布止血带绞紧止血法、布止血带加垫止血法、橡皮止血带止血法三种。使用止血带法止血时,绑扎松紧度要适宜,以出血停止、肢体远端不能摸到脉搏为准。使用止血带的时间越短越好,最长不宜超过 3 h;并每隔 0.5 h(寒冷天气)或 1 h 慢慢解开、放松一次;每次放松 1～2 min,放松时可用手压止血法临时止血。不到万不得已时不要轻易使用止血带法,因为绑好的止血带会把肢体远端的全部血流阻断,造成肢体组织缺血,时间过长会引起肢体坏死。

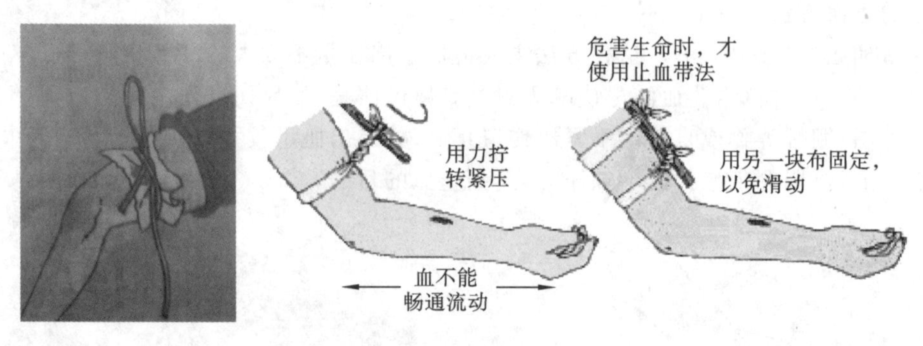

图 14-12　止血带法

3. 搬运转送

转送是危重伤员经过现场急救后由救护人员安全送往医院的过程,是急救过程中的重要环节。因此,必须寻找合适的担架,准备必要的途中急救力量和器材,尽可能调度速度快、震动弱的运输工具。同时,应注意掌握不同伤员搬运转送方式(图 14-13)。

(1)上肢骨折的伤员,托住并固定伤肢后,可让其自行行走。

(2)下肢骨折的伤员,用担架抬送。

(3)脊柱骨折伤员,用硬板或其他宽布带将伤员绑在担架上再抬送。

(4)昏迷的伤员,可将其头部稍垫高并转向一侧,以免呕吐物被吸入气管。

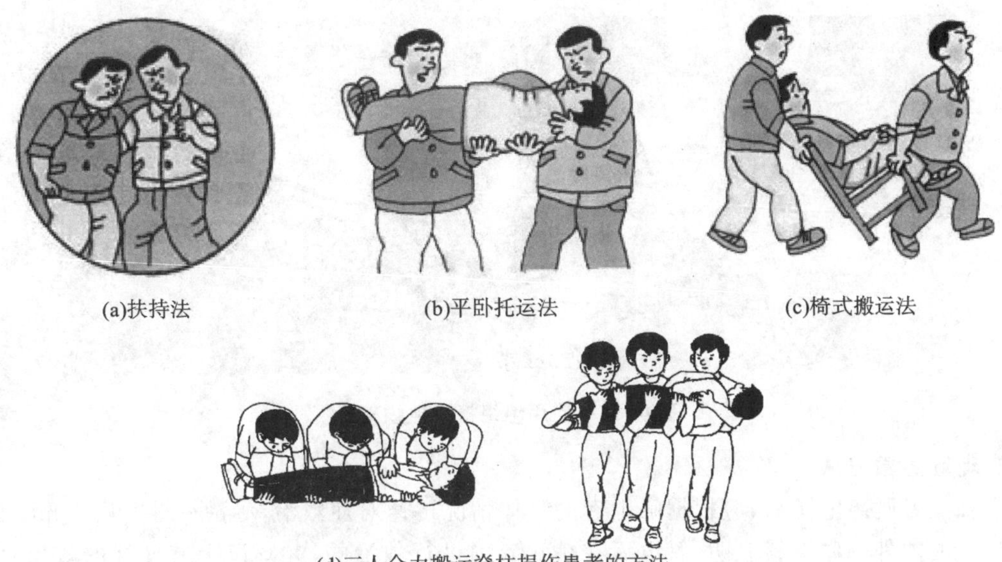

(a)扶持法　(b)平卧托运法　(c)椅式搬运法

(d)三人合力搬运脊柱损伤患者的方法

图 14-13　搬运转送

二、触电伤害的急救方法

触电伤害急救的基本原则是动作迅速、方法正确。

1. 脱离电源方法

人体触电以后，可能由于痉挛或失去知觉等原因而抓紧带电体，不能自主摆脱电源。抢救触电者的首要步骤就是使触电者尽快脱离电源。

使触电者脱离电源的方法如下。

①立即将拉闸切断电源(图 14-14)。要注意，普通的电灯开关(如拉线开关)只能关一根线，有时关的不是相线，并未真正切断电源。

图 14-14　拉闸

②找不到电闸或插头时，可用绝缘的物体(如干燥的木棒、竹竿、手套等)将电线拨开，使触电者脱离电源(图 14-15)。

③用绝缘工具(如绝缘的电工钳、木柄斧头以及锄头等)切断电线来切断电源。

④遇高压触电事故，立即报告有关部门采取停电措施。

总之，要因地制宜，灵活运用各种方法，快速切断电源，防止事故扩大。

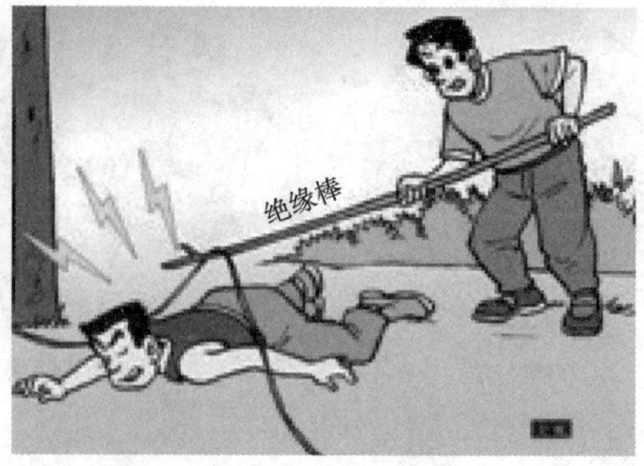

图 14-15 使用绝缘棒将电线拨开

2. 现场急救方法

当触电者脱离电源后，应根据触电者的具体情况迅速对症救治，尽量在触电后 1 min 内进行救治。国内外一些资料表明，触电后在 1 min 内进行救治的，90%以上有良好的效果；而超过 12 min 开始救治的，基本无救活的可能。现场急救的主要方法是口对口人工呼吸法和胸外心脏挤压法，严禁打强心针。

口对口人工呼吸法：用人工的方法来代替肺的呼吸活动，使空气有节奏地进入和排出肺，保证体内有足够的氧气并充分排出二氧化碳，维持正常的通气功能。

胸外心脏挤压法：有节奏地对心脏进行按压，用人工的方法代替心脏的自然收缩，使心脏恢复搏动，维持血液循环。

触电病人一般有以下四种症状，可分别给予正确的对症救治措施。

①神志清醒，但心慌力乏、四肢麻木。一般只需将该类病人扶到清凉通风之处休息，让其慢慢自然恢复。但要派专人照料护理，避免有的病人在几小时后发生病变而突然死亡。

②有心跳，但呼吸停止或极微弱。应该采用口对口人工呼吸法对该类病人进行急救。人工呼吸可按下述口诀进行，频率是每分钟约 12 次：清理口腔防堵塞，鼻孔朝天头后仰；贴嘴吹气胸扩张，放开口鼻换气畅。

③有呼吸，但心跳停止或极微弱。应该采用胸外心脏挤压法来恢复该类病人的心跳。一般可以按下述口诀进行，频率是每分钟 60～80 次：当胸一手掌，中指对凹膛；掌根用力向下压，压下突然收。

④心跳、呼吸均已停止。该类病人的危险性最大，抢救的难度也最大，应该采用“人工氧合”的方法。最好由两人一起抢救，如果仅由一人抢救，应先吹气 2～3 次，再挤压心脏 15 次，如此反复交替进行。

三、其他伤害的急救方法

1. 中暑

中暑是指人长时间处于高温环境，不能充分出汗降低体温而引起的威胁生命的疾病。其症状通常发展很快，需要立即处理。中暑根据临床表现不同可分为先兆中暑、轻症中暑、重症中暑。其中重症中暑又可根据发病机制不同分为热痉挛、热衰竭、热射病等类型。

(1)中暑的因素。

人们在高温(一般指温度超过 35 ℃)环境中或烈日曝晒下从事一定时间的劳动，且无足够的防暑降温的措施时，易发生中暑。有时气温虽未达高温，但由于湿度较高和通风不良，也会发生中暑。常见的中暑因素如下。

①环境因素。环境因素为必备因素，包括高温、高湿度、通风不良，导致机体获热增多而出现散热障碍。

②机体热适应障碍。慢性疾病、肥胖、营养不良、年老体弱、怀孕、衣着过多、过度疲劳、缺少体育锻炼、睡眠不足、饮酒、脱水等均可造成机体热适应障碍。

③机体产热增多。从事重体力劳动或代谢亢进(如感染、发热、甲状腺功能亢进)等，均会使机体产热增多。

④机体散热障碍。主要原因是汗腺功能障碍，如先天性汗腺发育不良、汗腺损伤、皮肤广泛受损(大面积烧伤、硬皮病等)、过敏性疾病以及服用抗胆碱能药物(如阿托品)等；在湿度较高和通风不良的环境，也容易发生散热障碍；心血管疾病患者的心血管调节反应迟钝也可影响散热机制。

(2)中暑的急救方法。

一般中暑的急救方法(图14-16)：给患者降温；尽快将患者移至清凉的地方；用凉的湿毛巾敷其前额和躯干，或用大的湿毛巾、床单等将患者包起来；用电风扇、有凉风的电吹风或手持扇子使其降温。注意不要用酒精擦其身体，不要让其进食或喝水。

图14-16　一般中暑急救方法

严重中暑的急救方法：将患者移至清凉处；让患者躺下或坐下，并抬高下肢；用凉的湿毛巾敷其前额和躯干，或用大的湿毛巾、床单等把患者包起来；用电风扇，有凉风的电吹风或手持扇子以促其降温。注意不要用酒精擦患者的身体；让神志清楚的患者喝清凉的饮料，如果患者神志、呼吸及吞咽均无问题，可以让他喝盐水(每100 mL水加0.9 g盐)，不要让其喝酒或咖啡；如果患者病情未好转，应送医院急救。

2. 高处坠落

高处坠落是建筑业“三大伤害”之一，发生率最高、危险性极大。

(1)基本分类。

高处坠落事故是由于高处作业引起的，故可以根据高处作业的分类对高处坠落事故进行简单的分类。根据《高处作业分级》(GB/T 3608—2008)的规定，在距坠落高度基准面2 m或

2 m以上有可能坠落的高处进行的作业，均称为高处作业。根据高处作业者工作时所处的位置不同，高处作业坠落事故可分为临边作业高处坠落事故，洞口作业高处坠落事故，攀登作业高处坠落事故，悬空作业高处坠落事故，操作平台作业高处坠落事故，交叉作业高处坠落事故等。

了解高处作业坠落事故的分类，对于在工作中对高处作业坠落事故进行原因分析及采取预防措施是有帮助的。

(2)原因。

根据事故致因理论，事故致因因素主要包括人的因素和物的因素两个方面。从人的因素分析主要有以下原因。

①违章指挥、违章作业、违反劳动纪律的“三违”行为，主要表现为：

a. 指派无登高架设作业操作资格的人员从事登高架设作业，比如项目经理指派无架子工操作证的人员搭拆脚手架；

b. 不具备高处作业资格(条件)的人员擅自从事高处作业(根据《建筑安装工人安全技术操作规程》的有关规定，从事高处作业的人员要定期体检，凡患高血压、心脏病、贫血病、癫痫病以及其他不适合从事高处作业的人员不得从事高处作业)；

c. 未经现场安全人员同意擅自拆除安全防护设施，比如砌体作业班组在进行楼层周边砌体作业时擅自拆除楼层周边防护栏杆；

d. 不按规定的通道进入作业面，而是随意攀爬阳台、吊车臂架等非规定通道；

e. 拆除脚手架、井字架、塔式起重机或模板支撑系统时无专人监护且未按规定设置可靠的防护措施(许多高处坠落事故都是在这种情况下发生的)；

f. 高处作业时不按规定穿戴个人劳动防护用品(安全帽、安全带、防滑鞋)等等。

②操作失误，主要表现为：

a. 在洞口、临边作业时因踩空、踩滑而坠落；

b. 在转移作业地点时，因没有及时系好安全带或安全带系挂不牢而坠落；

c. 在安装建筑构件时，因配合失误而导致相关人员坠落。

③注意力不集中，主要表现为作业或行动前不注意观察周围的环境是否安全而轻率行动，比如没有看到脚下的脚手板是探头板或已腐朽的板而踩上去以致坠落，或者误入危险部位。

从物的因素分析主要有以下原因。

①高处作业的安全防护设施的材质强度不够、安装不稳、磨损、老化等，主要表现为：

a. 用作防护栏杆的钢管、扣件等材料因壁厚不足、腐蚀、质量不合格而折断、变形，失去防护作用；

b. 吊篮脚手架钢丝绳因摩擦、锈蚀而破断，导致吊篮倾斜、坠落，造成人员坠落；

c. 施工脚手板因强度不够而弯曲、变形、折断等，导致其上的人员坠落；

d. 其他设施设备(手拉葫芦、电动葫芦等)破坏而导致相关人员坠落。

②安全防护设施不合格、装置失灵而导致事故，主要表现为：

a. 临边、洞口、操作平台周边的防护设施不合格；

b. 整体提升脚手架、施工电梯等设施的防坠装置失灵而导致脚手架、施工电梯坠落。

③劳动防护用品缺陷，主要表现为高处作业人员的安全帽、安全带、安全绳、防滑鞋等用品因内在缺陷而破损、断裂、失去防滑功能等。一些单位贪图便宜，购买劳动防护用品时只考虑价格高低，而不管其是否有生产许可证、产品合格证，导致作业人员所用的劳动防护用品质量

存在问题，起不到安全防护作用。

(3)急救方法。

当发生高处坠落事故后，抢救的重点是对伤员休克、骨折和出血情况进行处理。

①对于颌面部受伤的伤员，首先应保持其呼吸道畅通，摘除义齿，清除移位的组织碎片、血液凝块、口腔分泌物等，同时松开伤员的颈、胸部衣扣。若伤员舌头已后坠或口腔内异物无法清除，可用12号粗针穿刺环甲膜，维持其呼吸，尽可能早做气管切开术。

②对于脊椎受伤的伤员，用消毒的纱布或清洁的布等覆盖其伤口，再用绷带或布条包扎。搬运时，将伤员平放在帆布担架或硬板上，以免其受伤的脊椎移位、断裂进而造成截瘫，甚至导致死亡。搬运过程严禁只抬伤员的两肩与两腿或单肩背运。

③如伤员手足骨折，不要盲目搬动伤员，应将其骨折部位用夹板临时固定，使骨折处不再移位或刺伤肌肉、神经、血管。固定时以固定骨折处上下关节为准，可就地取材，用木板、竹片等进行固定。

④对于复合伤伤员，要使其平仰，保持其呼吸道畅通，解开衣领扣。

⑤对于周围血管伤伤员，压迫其受伤部位以上动脉干至骨骼；直接在其伤口上放置厚敷料，用绷带加压包扎，以不出血和不影响肢体血循环为宜。当上述方法无效时可采用止血带，使用止血带时间不宜过长，一般以不超过1 h为宜；使用止血带时做好标记，注明使用止血带时间。

(4)预防措施。

①加强自我安全保护意识教育，强化安全防护用品的管理和使用。

②对于重点部位和项目，严格执行安全管理专业人员旁站监督制度。

③根据施工进度，及时完善各项安全防护设施，各类竖井安全门和护栏必须设置警示牌。

④各类脚手架及垂直运输设备搭设、安装完毕后，未经验收禁止使用。

⑤安全专业人员要加强安全防护设施巡查，发现隐患及时解决。

3. 中毒

中毒的急救方法如下。

(1)发现有人中毒或受其他伤害，应立即打电话通知急救部门。

(2)救护人员须佩戴好防护器材，以两人为一组相互照应，进入毒区抢救中毒者。如进入酸区，必须穿戴好防酸衣靴和手套。

(3)迅速将中毒者抬到空气新鲜、温度适宜处，解开其领口、腰带，脱去被毒物污染的衣物，清除呼吸道异物，注意保暖，根据毒物的性质和中毒的程度予以急救。

(4)受害者如在塔、罐、容器内部中毒，一时难以救出，应先给其戴上防护面具，以防进一步中毒，再设法或等待专业人员到场急救。

(5)多人中毒时，救护人员须听从当班负责人统一指挥；在处理机器、设备事故时，必须听从车间负责人意见，不得擅自指挥和操作，以防事故扩大。

(6)在抢救工作中，救护人员必须随时注意自己的防护器材情况，若感到身体不适、呼吸困难或发现空气瓶压力降到40 kg/cm^2，应立即撤出毒区，有疾病的人员不得参加抢救。

(7)在救护骨折、烫伤者时，应细心加以保护，用担架转移伤员以免其伤势加重；从空中转移伤员时，应用救生带将其捆好，严防碰撞、摔伤。

(8)对麻醉性、窒息性气体中毒者，若其已停止呼吸，应立即施行人工呼吸和强制输氧，不得中断，直至其呼吸恢复正常，或经医生确认死亡时方可停止。

(9)对氨气、氯气、硫化氢、氟化氢、二氧化硫、三氧化硫等刺激性毒物中毒者,除电击式的停止呼吸外,一般情况禁止施行人工呼吸,只能给予输氧,并尽快送医院处理。

(10)对于呼吸转弱和面色青紫的缺氧者,应迅速给予自主输氧;对于一氧化碳中毒者,最好给予含5%~7%二氧化碳的氧气,并应予以较长时间的自主输氧。

(11)当眼睛、皮肤被酸、碱等液体灼伤时,应用大量水冲洗;但被浓硫酸灼伤时,切不可直接用水冲洗,应迅速将酸液擦去,再用大量水冲洗,以免发热过高造成伤害。

(12)当强碱物质溅入眼内时,要用3%的硼酸溶液清洗,再用净水冲洗;当酸类物质溅入眼内时,要用4%的碳酸氢钠溶液冲洗,再用净水冲洗。

学习任务4 突发事件应急处理案例

应急救援体系
应急机制视频

某公司高度重视应急预案编制的可行性,一旦发生安全事故,立即结合已有应急演练经验,各小组人员严格按照预案工作程序紧张有序地执行各自的任务;同时,第一时间向上级管理单位及领导上报应急救援进展和安全事故处理情况。

1. 预案编制

公司建立了事故应急预案制度,要求各单位都根据识别出的重大危险源和重要环境因素,对潜在事故和紧急事件编制应急计划或应急预案。按照规定每年至少组织一次应急预案救援演练,验证应急预案与相关准备、响应的有效性。

公司各单位除履行好职责、遵循规范要求外,应积极配合和协调当地政府、安全生产监督部门、工会、纪检监察部门、公安交警和消防部门、卫生医疗部门、技术监督部门以及其他有关部门(单位)。

公司编制了《生产安全事故应急救援预案》,其中综合性应急预案《某公司生产安全事故综合应急救援预案》1份,《坍塌事故专项应急救援预案》等专项应急预案7份。

公司严格按照程序文件的要求,对各种应急预案进行定期评审和修订。

2. 预案实施

应急预案包括各项目部承建的所有公路、桥梁、隧道施工过程中的水灾、中毒、坍塌、高处坠落、触电、机械伤害、爆炸、交通伤害等安全生产事故及重大异常情况。实施应急救援预案时,实行统一指挥,分级管理,分级实施;各司其职,各负其责。

接警后,公司主要领导询问事故现状并亲自指挥或委派专人负责指挥,立即组织人员赶赴现场了解并核实有关情况,听取现场救援小组应急救援措施后,可补充完善临时应急救援措施和制定临时现场实施方案,及时进行救援、抢险,有效控制事故,防止事故的蔓延。

公司各有关领导和相关部门严格按照职责做好救援、抢险和救援响应工作,随时向上级部门报告事故情况及所需的应急救援响应工作情况;并要求现场应急救援小组及有关人员切实做好救援、抢险、善后处理等各项工作。

3. 应急队伍

公司人力资源中心负责组建抢险、救灾预备队,人数不少于50人,应在事故发生地附近的在建项目人员中组建,以满足抢险、救灾工作的紧迫性。

公司各单位经常组织职工学习有关安全生产法律、法规、规章制度和安全生产专业技能知识,广泛开展自查自纠工作,增强职工的应急应变技能和自我保护能力,提高全员安全素质。

4. 应急装备

公司材料设备部负责组织抢险设备，包括挖掘机 2 台、装载机 2 台、推土机 4 台、8 t 自卸车 10 辆、8 t 起重机一辆、25 t 起重机一辆，设备主要来源于设备租赁维修公司和事故发生地附近的在建项目。

公司行政办公室负责抢险物资的采购和储备，包括装砂编织袋、铁锹、绳索、钢丝、石料、救生衣、安全帽、消防用具、急救设备和用具、生活用品、行政车辆等。

公司选择工作状态良好的机械设备投入应急抢险，并定期进行检测与维护。应急救援结束后，及时补充应急救援物资。

5. 应急演练

公司机关总部组织了破坏性地震应急演练，并对演练情况及时进行评估。

部分分公司组织了火灾事故应急演练。一些项目部根据项目特点及施工需要，进行了防洪防汛、火灾、高处坠落等应急演练。

6. 事故报告

依据《生产安全事故报告和调查处理条例》(国务院令第 493 号)，根据生产安全事故造成的人员伤亡或者直接经济损失，确定事故等级。事故报告应当及时、准确、完整，任何单位和个人不得迟报、漏报、谎报或者瞒报。发生一般以上(包括一般)生产安全事故，必须用最快方式将事故发生的时间、地点、经过、原因、直接经济损失及现场控制措施向公司及总公司报告，总公司接到报告后，应当于 1 h 内向事故发生地的市、县级安全生产监督管理部门报告，并在 24 h 内写出书面报告，逐级上报；发生一般以下生产安全事故，应 24 h 内向总公司上报。

公司、分公司、项目部及时上报生产安全事故，严格实行“零事故”上报制度。

7. 事故调查处理

现场负责人接到事故报告后，立即启动相应应急预案，迅速组织人员采取有效措施抢救伤员和财产，防止事故继续扩大，减少伤亡和经济损失。同时严格保护事故现场，通知当事人、目击者在现场等候，禁止无关人员进入，保护现场状况，防止因二次事故造成不必要的伤亡和经济损失。因抢救人员、疏导交通等原因，需要移动现场物件时，应当做出标志，绘制现场简图并做出书面记录，妥善保存现场重要痕迹、物证，有条件时可以拍照或录像。任何单位和个人不得破坏事故现场，毁灭相关证据。

一般生产安全事故的调查处理由事故发生地的县级人民政府组织安全生产监督管理部门、建设行政主管部门、公安部门、检察部门、劳动保障部门、工会等成立调查组负责。公司积极配合各级人民政府组织的事故调查，随时接受事故调查组的询问，如实提供有关情况。

事故调查处理坚持实事求是、尊重科学的原则，及时、准确地查清事故经过、事故原因和事故损失，查明事故性质，认定事故责任，总结事故教训，提出整改措施，修订完善管理中的薄弱环节和安全措施，杜绝重大生产安全事故的发生，并对事故责任者依法追究责任。

发生事故后，及时召开生产安全事故分析通报会，对事故当事人的聘用、培训、考评、上岗以及安全管理等情况进行责任倒查。

事故处理坚持“事故原因未查清不放过、责任人员未处理不放过、整改措施未落实不放过、有关人员未受到教育不放过”的“四不放过”原则。

小　　结

本项目主要讲了突发事件的定义、分类、特点；突发事件的处理原则、环节；突发事件的预防;突发事件信息通报的内容及流程;列车应急设备、车站应急设施及其使用方法;机械伤害的急救方法;触电伤害的急救方法;中暑、高处坠落、中毒等其他伤害的急救方法;用案例说明了应急救援和事故处理步骤。

【思考与练习】

(1)什么是突发事件?

(2)简述突发事件分类、特点。

(3)简述突发事件的处理原则、环节。

(4)如何预防突发事件?

(5)简述突发事件信息通报的内容及流程。

(6)列车应急设备有哪些?

(7)车站应急设施有哪些?

(8)如何使用人字梯?

(9)如何进行站厅火灾的应急处理?

(10)简述机械伤害的急救方法。

(11)简述触电伤害的急救方法。

(12)简述中暑、高处坠落、中毒等其他伤害的急救方法。

(13)举例说明应急救援和事故处理步骤。

项目 15　职业健康安全管理体系

【学习目标】

1. 知识目标

(1)掌握职业健康安全管理体系的概念。

(2)掌握职业健康安全管理体系运行模式。

(3)掌握职业健康安全管理体系的建立步骤。

(4)掌握职业健康安全管理体系认证审核步骤。

职业健康安全管理体系课件

2. 能力目标

(1)能够理解职业健康安全管理体系作用与工作方法。

(2)能够理解职业健康安全管理体系运行模式。

(3)能够理解职业健康安全管理体系案例。

【学习重点】

职业健康安全管理体系;职业健康安全管理体系运行模式;职业健康安全管理体系认证文件审核步骤;职业健康安全管理体系管理制度案例;员工职业健康检查。

【学习难点】

职业健康安全管理体系运行模式;职业健康安全管理体系认证审核;职业健康安全管理体系案例分析。

学习任务 1　概述

一、概念及产生原因

1. 概念

职业健康安全管理体系是 20 世纪 80 年代后期在国际上兴起的现代安全生产管理模式,它与 ISO9000 和 ISO14000 等标准体系一并被称为"后工业化时代的管理方法"。

2. 产生原因

职业健康安全管理体系产生的主要原因是企业自身发展的要求。企业规模的扩大和生产集约化程度的提高,对企业的质量管理和经营模式提出了更高的要求。企业必须采用现代化的管理模式,使包括安全生产管理在内的所有生产经营活动科学化、规范化和法制化。

职业健康安全管理体系产生的另外一个重要原因是世界经济全球化和国际贸易发展的需要。世界贸易组织(WTO)的最基本原则是"公平竞争",其中包含环境和职业健康安全问题。关税及贸易总协定(GATT,世界贸易组织前身)乌拉圭回合谈判协议提出:"各国不应由法规和标准的差异而造成非关税壁垒和不公平贸易,应尽量采用国际标准。"北美洲和欧洲都在自由贸易区协议中规定:"只有采取同一职业健康安全标准的国家与地区才能参加贸易区的国际贸易活动。”

我国已经加入世界贸易组织，在国际贸易中享有与其他成员国相同的待遇。职业健康安全问题对我国社会与经济发展有潜在和巨大的影响。因此，在我国必须大力推广职业健康安全管理体系。

二、发展情况

1996年，英国颁布了《职业健康安全管理体系指南》(BS 8800:1996)；1996年，美国工业卫生协会制定了《职业健康安全管理体系》指导性文件；1997年，澳大利亚和新西兰提出了《职业健康安全管理体系原则、体系和支持技术通用指南》草案，日本工业安全卫生协会(JISHA)提出了《职业健康安全管理体系导则》，挪威船级社(DNV)制定了《职业健康安全管理体系认证标准》；1999年，英国标准协会(BSI)、挪威船级社(DNV)等13个组织提出了职业健康安全评价系列(OHSAS)标准，即《职业健康安全管理体系规范》(OHSAS 18001)、《职业健康安全管理体系指南》(OHSAS 18002)，此标准并非国际标准化组织(ISO)制定的，因此不能写成“ISO 18001”；1999年10月，国家经济贸易委员会颁布了《职业安全卫生管理体系试行标准》；2001年11月12日，国家质量监督检验检疫总局(现国家市场监督管理总局)正式颁布了《职业健康安全管理体系　规范》，自2002年1月1日起实施，标准编号为GB/T 28001—2001，属推荐性国家标准，该标准与OHSAS 18001内容基本一致，现已被《职业健康安全管理体系　要求及使用指南》(GB/T 45001—2020)代替。

三、作用、特点与工作方法

1. 职业健康安全管理体系的作用

(1)危险源辨识、风险评价和风险控制的策划是职业健康安全管理体系的基础；

(2)职业健康安全管理体系具有实现遵守法规要求的承诺的功能；

(3)职业健康安全管理体系的监控系统是体系运行的保障；

(4)明确组织结构和职责是实施职业健康安全管理体系的必要前提；

(5)职业健康安全管理体系具有独特的管理作用。

2. 职业健康安全管理体系的特点

(1)采用建立管理体系的方式对职业健康安全绩效进行控制；

(2)采用PDCA循环(又称戴明模式，P是指计划，D是指执行，C是指检查，A是指改进)的管理思想；

(3)强调预防为主、持续改进以及动态管理；

(4)遵守法规的要求贯穿管理体系的始终；

(5)要求全员参与；

(6)适用于各行各业，并可作为认证的依据。

3. 职业健康安全管理体系工作方法

职业健康安全管理体系工作方法可以概括为六个字：“说、做、记、查、改、验。”“说”：阐述组织的方针。“做”：按照方针的要求去实施。“记”：将实施的具体情况记录在案。“查”：检查实施的情况和对实施情况所做的记录。“改”：对实施过程中出现的问题及时进行整改。“验”：对整改的情况及时进行追踪、验证。

学习任务 2 运行模式与基本要素

一、运行模式

运行模式与
建立方法视频

职业健康安全管理体系是一套系统化、程序化，同时具有高度自我约束、自我完善机制的科学管理体系。实施职业健康安全管理体系，不仅可以强化企业的安全管理，完善企业安全生产的自我约束机制和激励机制，达到保护职工安全与健康的目的，也有利于增强企业的凝聚力和竞争力。

职业健康安全管理体系以戴明管理思想，即 PDCA 循环为基础。一个组织的活动可由计划(plan)、执行(do)、检查(check)、改进(action)四个相互联系的环节来实现。PDCA 循环可有效改善组织的职业健康安全管理绩效。

(1)计划环节。计划环节是对管理体系的总体规划，包括确定组织的方针、目标；配备必要的资源，如人力、物力资源等；建立组织机构，规定相应的职责、权限及其相关关系；识别管理体系运行的相关活动，并规定活动或过程的实施程序和作业方法等。

(2)执行环节。按照计划所规定的程序(如组织机构、程序和作业方法等)实施。实施过程与计划的符合性及实施的结果决定了能否达到预期目标，所以保证所有活动在受控状态下进行是实施的关键。

(3)检查环节。检查环节是为了确保计划与执行环节的有效实施，需要对计划实施效果进行检查、衡量，并采取措施修正可能产生的偏差。

(4)改进环节。管理过程不是一个封闭的系统，而是需要随着管理的进程，针对管理活动中发现的缺陷或根据变化的内外部条件，不断进行管理活动的调整、完善。

二、基本要素

《职业健康安全管理体系　要求及使用指南》所规定的职业健康安全管理体系依据 PDCA 循环管理模式，提出了由职业健康安全方针、策划、实施与运行、检查与纠正措施、管理评审所组成的五大基本运行过程。其要素包括：

1. 总要求

组织应建立并保持职业健康安全管理体系。

2. 职业健康安全方针

职业健康安全方针必须经过最高管理者批准，必须包括最高管理者对遵守法规和持续改进的承诺，应符合下列要求。

①与组织的职业健康安全风险的性质和规模相适应。

②包括持续改进的承诺。

③包括组织遵守的现行职业健康安全法规和组织接受的其他要求的承诺。

④形成文件，实施并保持。

⑤传达到全体员工，使其认识各自的职业健康安全义务。

⑥可为相关方所获取。

⑦定期评审，以确保其与组织保持相关性和适宜性。

3. 策划

策划是组织建立与运行职业健康安全管理体系的启动阶段，目的是对如何实现职业健康安全方针做出明确的规划，包括对危险源辨识、风险评价和风险控制的策划，法规和其他要求，目标，职业健康安全管理方案共四个要素。

(1)对危险源辨识、风险评价和风险控制的策划。辨识危险源时必须考虑：①常规和非常规活动；②所有进入工作场所的人员(包括合同方人员和来访者)的活动；③工作场所的设施(无论由本组织还是由外界所提供)。另外，危险源辨识是一个动态的过程，每当工作场所发生变化(如办公地点搬迁等)或者设备设施(如新购进一台搅拌机)及工艺(如由合成生产改为来料加工)发生改变时，都要重新进行危险源辨识。

(2)法规和其他要求。职业健康安全管理体系必须遵守现行的职业健康安全相关法律法规和其他要求，并将法律法规的文本进行收集，识别需要遵守或适用的条款。

(3)目标。目标和职业健康安全管理方案通常是用来控制不可容许风险的，目标必须是能够完成的。如果条件允许，目标应当量化，以便于考核，如实现1000天无安全事故、驾驶员持证上岗率100%、重大责任事故为0等。

(4)职业健康安全管理方案。职业健康安全管理方案要与组织的实际情况相适应，并且必须具备职责、权限和完成时间表等要素，否则就不是一个完整的、规范的管理方案。

4. 实施与运行

实施与运行的目的是开发实现组织的方针、目标和指标所需要的能力和支持机制，以确保体系的有效运行和计划内容的有效实施，包括机构和职责，培训意识和能力，协商和沟通，文件和资料控制，运行控制，应急准备和响应共六个要素。

(1)结构和职责。最高管理者应指定一名成员作为管理者代表承担特定职责，管理者代表的职责是负责体系的建立和实施。除管理者代表之外，职业健康安全管理体系还应有一名或几名员工代表，参加协商和沟通。

(2)培训意识和能力。培训的目的在于提高员工的安全意识，使其具有在安全的前提下完成工作的能力。本要素重点关注的是员工的上岗资质以及安全意识和能力，如驾驶员的驾驶证和上岗证，稽查人员的检查证和执法证，炊事员的健康证等。

(3)协商和沟通。协商和沟通的主要内容有：参与风险管理、方针和程序的制定和评审；参与商讨影响工作场所职业健康安全的任何变化；参与职业健康安全事务；了解谁是职业健康安全的员工代表和管理者代表；提出关于职业健康安全的意见和建议。

(4)文件和资料控制。本要素主要目的是便于查找，当文件发生变化时要及时传达给员工，保证重要岗位人员的作业手册是最新版本。

(5)运行控制。组织应确定与已辨识的、需实施必要控制措施的危险源相关的运行和活动，以控制职业健康安全风险。

(6)应急准备和响应。组织应建立、实施并保持一个或多个程序以识别潜在的紧急情况并对此紧急情况做出响应。如果可能，这些程序应当定期进行测试，也就是通常所说的应急预案演练。演练的目的是检测预案的可行性。

5. 检查与纠正措施

组织应通过检查与纠正措施这一基本过程来经常和定期地监督、测量和评价管理体系的运行情况，对发生偏离职业健康安全方针、目标和指标的情况及时加以纠正，并防止事故、事件和不符合事项的再次发生。检查与纠正措施包括绩效测量和监视，事故、事件、不符合事项、纠正和预防措施,记录和记录管理,审核共四个要素。

(1)绩效测量和监视:主要是对结果进行监测和检查的过程。

(2)事故、事件、不符合事项、纠正和预防措施:主要是指在监测或检查时发现不遵守法律法规、制度、流程等方面的行为而采取的纠正、整改措施。

(3)记录和记录管理:记录指体系运行中的各种记录,记录的意义在于它的可追溯性,也就是"有据可查"。记录必须规定保存期限和保存地点,且必须便于检索,即需要查记录时,必须能在很短的时间内找到该记录。

(4)审核:是指职业健康安全管理体系的内部审核,即组织自我审核,也称为"第一方审核"或者通常所说的"内审"。审核是检验职业健康安全管理体系的运行情况的重要手段。

6. 管理评审

管理评审是最高管理者的职责,一般至少每年进行一次,管理评审的目的是确保职业健康安全管理体系的持续适宜性、充分性和有效性。通俗地说,管理评审是指组织的某个部门在改进体系的职业健康安全业绩时,需要别的部门配合、协助或者准备购买某种物品而需要使用资金等重大、涉及面较广、本部门不能独立完成、需要上级批准的问题的解决过程。

管理评审应根据职业健康安全管理体系审核的结果、环境的变化和对持续改进的承诺,指出方针、目标以及职业健康安全管理体系其他要素可能需要进行的修改。

管理评审工作应形成文件,并将有关结果向负责职业健康安全管理体系相关要素的人员、职业健康安全委员会、员工及其代表通报,以便他们采取适当措施。

学习任务3 建立方法与步骤

建立职业健康安全管理体系是指企业将原有的职业健康安全管理按照体系管理的方法予以补充、完善以及实施的过程。不同的组织在建立、完善职业健康安全管理体系时,可根据自己的特点和具体情况,采取不同的方法和步骤。但总体来说,建立职业健康安全管理体系可参考如下6个步骤。

1. 学习与培训

培养的对象主要分3个层次,即管理层培训、内审员培训和全体员工培训。管理层培训的内容主要是职业健康安全管理体系的基本要求、主要内容和特点,以及建立与实施职业健康安全管理体系的重要意义与作用。培训的目的是统一思想,在推进体系工作中给予企业有力的支持和配合。

内审员培训是建立和实施职业健康安全管理体系的关键,应该根据专业的需要,通过培训确保他们具备开展初始评审、编写体系文件和进行审核等工作的能力。

全体员工培训的目的是使他们了解职业健康安全管理体系,并在今后的工作中能够积极主动地参与职业健康安全管理体系的各项实践。

2. 初始评审

初始评审的目的是为职业健康安全管理体系的建立和实施提供基础,为职业健康安全管理体系的持续改进建立绩效基准。初始评审主要包括以下内容:

①对相关的职业健康安全法律、法规和其他要求的适用性及需遵守的内容进行确认,并对遵守情况进行调查和评价;

②对现有的或计划的作业活动进行危险源辨识和风险评价;

③确定现有措施和计划采取的措施是否能够消除危害或控制风险；

④对所有现行职业健康安全管理的规定、过程和程序进行检查，并评价其对管理体系要求的有效性和适用性；

⑤分析企业以往安全事故情况以及员工健康监护数据等相关资料，包括人员伤亡、职业病、财产损失的统计、记录和趋势分析；

⑥对现行组织机构、资源配备和职责分工等情况进行评价。

初始评审的结果应形成文件，并作为建立职业健康安全管理体系的基础。为实现职业健康安全管理体系绩效的持续改进，企业还应参照初始评审的要求定期进行复评。

3. 体系策划

体系策划包括：制定职业健康安全方针、目标和管理方案；进行职能分析和机构确定；进行职能分配；确定职业健康安全管理体系文件的结构和各层次文件清单；为建立和实施职业健康安全管理体系准备必要的资源等。

4. 文件编写

文件是职业健康安全管理体系的主要特点之一。文件编写是按照职业健康安全管理体系的要求，根据企业自身的特点，对企业职业健康安全管理方针和目标，职业健康安全管理的关键岗位与职责，主要的职业健康安全风险及其预防和控制措施，以及职业健康安全管理体系框架内的管理方案、程序、作业指导书和其他内部文件予以文件化的规定，以确保所建立的职业健康安全管理体系在任何情况下均能得到充分理解和有效运行。职业健康安全管理文件多数情况下是采用手册、程序文件以及作业指导书的形式。

5. 体系试运行

各个部门和所有人员都应按照职业健康安全管理体系的要求开展相关的职业健康安全管理活动，对职业健康安全管理体系进行试运行，以检验体系策划与文件化规定的充分性、有效性和适宜性。

6. 评审完善

通过职业健康安全管理体系的试运行，特别是依据绩效监测和测量、审核以及管理评审的结果，检查与确认职业健康安全管理体系各要素是否按照计划有效运行，是否达到了预期的目标，并采取相应的改进措施，使所建立的职业健康安全管理体系得到进一步完善。

学习任务4 认证审核

审核与认证视频

职业健康安全管理体系认证是依据审核准则，由获得认可资格的认证机构，对受审核方的职业健康安全管理体系实施认证及认证评定，确认受审核方的职业健康安全管理体系的符合性，并颁发认证证书（图15-1）与标志的过程。认证的对象是受审核方的职业健康安全管理体系；认证的依据是职业健康安全管理体系规范。

职业健康安全管理体系认证是第三方从事的活动，第三方是独立于第一方（供方）和第二方（需方）之外的一方，强调这一点是为了确保认证活动的公正性。

职业健康安全管理体系认证审核通常分为两个阶段，即第一阶段审核和第二阶段现场审核。第一阶段审核又由文件审核和第一阶段现场审核两部分组成。

北京振业兴管理体系认证有限公司

职业健康安全管理体系认证证书

兹证明

正光阀门集团有限公司

地址：浙江省温州市永嘉县瓯北镇堡一　邮编：325105

质量管理体系符合

GB/T28001-2001

本证书覆盖范围如下

正光阀门集团有限公司

位于浙江省永嘉县瓯北镇堡一的正光阀门集团有限公司有关闸阀、截止阀、止回阀、碟阀的设计开发、生产与服务的职业健康安全管理活动***

发证日期：2006年08月22日　　有效期至：2009年08月21日

证书编号：11906S10234R0S　　公司经理：

认可注册号：CNAB119-S

监督审核记录：

第一次监督　第二次监督　第三次监督

(本证书自有效期起应进行监督审核，证书是否继续有效以加贴监督合格标志为准)

图 15-1　职业健康安全管理体系认证证书

1. 第一阶段审核

(1)文件审核。

文件审核的目的是了解受审核方的职业健康安全管理体系文件(主要是管理手册和程序文件)是否符合职业健康安全管理体系审核标准的要求，从而确定是否进行现场审核；同时了解受审核方的职业健康安全管理体系运行情况，以便为现场审核做准备。

(2)第一阶段现场审核。

第一阶段现场审核的目的主要有三个：一是在文件审核的基础上，通过了解现场情况充分收集信息，确认体系实施和运行的基本情况和存在的问题，并确定第二阶段现场审核的重点；二是确定进行第二阶段现场审核的可行性和条件，即通过第一阶段审核，审核组提出体系存在的问题，受审核方应按期进行整改，只有在整改完成以后，方可进行第二阶段现场审核；三是现场对用人单位的管理权限、活动领域和限产区域等各个方面加以明确，以便确认前期双方商定的审核范围是否合理。

2. 第二阶段现场审核

第二阶段现场审核是职业健康安全管理体系认证审核的主要内容，其主要目的是：证实受审核方实施了其职业健康安全管理方针、目标，并遵守了体系的各项程序；证实受审核方的职业健康安全管理体系符合相应审核标准的要求，并能够实现其方针和目标。第二阶段现场审核后，审核组要对受审核方的职业健康安全管理体系能否通过现场审核做出结论。

学习任务 5　职业健康安全管理案例

一、案例一

某公司管理制度如下。

1. 目的

为了预防职业病危害，保护劳动者健康，增强员工安全生产意识，确保生产安全，特制定本制度。

2. 适用范围

(1)适用于本公司范围内的职业健康管理。

(2)职业病是指企业、事业单位和个体经济组织(统称用人单位)的劳动者在职业活动中，因接触粉尘、放射性物质和其他有毒、有害物质、物理因素等而引起的疾病。

(3)职业病危害是指对从事职业活动的劳动者可能导致职业病的各种危害。

(4)本公司职业病危害因素包括：无。

3. 职责

(1)主要负责人对本公司职业健康管理全面负责。

(2)安全主任负责为易患职业病岗位的相关工作人员做安全培训，监督检查员工佩戴劳保用品的情况。

(3)各班组负责人每日巡查员工佩戴劳保用品的情况，负责作业场所职业卫生隐患检查及治理。

(4)公司组织从事接触职业病危害因素作业的劳动者进行职业病检查，并建立相关的健康监护档案。

4. 工作程序及要求

(1)职业病危害的预防及现场管理。

①职业病防治工作坚持“预防为主，防治结合”的方针，实行分类管理、综合治理。

②员工依法参加工伤社会保险，确保职业病劳动者依法享受工伤社会保险待遇，工伤保险的缴纳由公司负责。

③定期组织有关职业病防治的宣传教育，普及职业病防治的知识，增强职业病防治观念，提高劳动者自我健康保护意识。宣传教育由安全主任负责。

④员工应当学习和掌握相关的职业卫生知识，遵守职业病防治法律、法规、规章和操作规程，正确使用、维护职业病防治设施和个人使用的职业病防护用品，发现职业病危害事故隐患应当及时报告。

⑤公司提供符合防治职业病要求的职业病防护设施和个人使用的职业病防护用品，要经常性地维护、检修，定期检测其性能和效果，确保其处于正常状态，不得擅自拆除或者停用。

⑥每年对工作场所进行职业病危害因素检测。检测结果存入公司职业卫生档案。在醒目位置设置公告栏，公布有关职业病防治的规章制度、操作规程、职业病危害事故应急救援措施和职业病危害因素检测结果。

⑦不安排孕期、哺乳期的职工从事对本人和胎儿、婴儿有危害的作业。

⑧可能产生职业病危害的建设项目在可行性论证阶段应当向卫生部门提出职业病危害预评价报告，对于职业病危害因素和工作场所及其对职工健康的影响做出评价，确定危害类别和职业病防护措施。防护设施费用应当纳入建设项目工程预算，并与主体工程同时设计、同时施工、同时投入生产和使用。

⑨生产流程、生产布局必须合理，应确保使用有毒物品的作业场所与生活区分开，作业场所不得住人；有害作业与无害作业分开，高毒作业场所与其他作业场所隔离，使员工尽可能减少接触职业危害因素。

⑩在有可能发生急性职业损伤的有毒有害作业场所按规定设置警示标志、报警设施、冲洗设施、防护急救器具专柜、应急撤离通道和必要的泄险区。确定责任人和检查周期，定期检查、维护并记录，确保其处于正常状态。

⑪安全主任应根据作业场所存在的职业危害，制定切实可行的职业病危害防治计划和实施方案。防治计划或实施方案要明确责任人、责任部门、目标、方法、资金、时间表等，对防治计划和实施方案的落实情况要定期检查，确保职业病危害的防治与控制效果。

⑫公司发现职业病人或疑似职业病人时，应当及时向所在地卫生部门报告；如确诊，还应当向所在地劳动保障部门报告。

(2)职业健康检查的管理。

①公司负责组织从事接触职业病危害因素作业的人员进行上岗前、在岗期间、离岗职业健康检查。不得安排未进行职业健康检查的人员从事接触职业病危害因素作业，不得安排有职业病禁忌证者从事禁忌的工作。

②公司对职业健康检查中查出的职业病禁忌证者以及疑似职业病者，应根据职业病防治机构提出的处理意见，安排其调离原有害作业岗位，并进行诊断、治疗等，同时进行观察。发现存在法定职业病目录所列的职业病危害因素，应及时、如实向当地安全生产监督管理部门申报并接受其监督。

③公司按规定建立健全员工职业健康监护档案，并按照国家规定的保存期限妥善保存，生产部对在生产作业过程中遭受或者可能遭受急性职业病危害的员工应及时组织救治或医学观察，并记入个人健康监护档案。

④体检中若发现群体反应，并与接触有毒有害因素有关时，公司应及时组织对生产作业场所进行调查，并会同政府有关部门提出防治措施。

⑤所有职业健康检查结果及处理意见，均须如实记入员工职业健康监护档案，并由公司自体检结束之日起一个月内，反馈给员工。

⑥应严格执行女职工劳动保护相关法规条例，及时安排女职工进行健康体检。安排工作时应充分考虑和照顾女职工生理特点，不得安排女职工从事特别繁重或有害妇女生理机能的工作；不得安排孕期、哺乳期(婴儿一周岁内)女职工从事对本人、胎儿或婴儿有危害的作业；不得安排育龄期女职工从事有可能引起不孕症或妇女生殖机能障碍的有毒作业。

(3)职业健康教育与培训。

①安全主任每年至少应组织一次全体员工安全培训，培训职业病防治的法规、预防措施等

知识。

②生产岗位管理和作业人员必须掌握并能正确使用、维护职业病防护设施和个人使用的职业病防护用品，掌握生产现场中毒自救互救基本知识和技能，开展相应的演练活动。

③接触危险化学品、生产性粉尘、噪音等职业病危害因素的员工上岗前必须接受职业卫生和职业病防治教育、岗位劳动保护知识教育及防护用具使用方法的培训，经考试合格后方可上岗操作。

二、案例二

某公司在全面开展生产经营活动的同时，也积极通过员工职业健康检查、工伤保险缴纳、劳动防护用品的配置、增加劳动保护设施等措施确保工作期间员工与作业人员职业健康。

1. 健康管理

公司成立了职业健康安全管理领导小组，配备了专(兼)职管理人员。

公司按规定对员工进行职业健康体检。40 岁以下每两年检查一次，40 岁以上每一年检查一次。

2. 工伤保险

公司为从事危险作业人员办理了意外伤害险。

3. 危害告知

根据“某路桥工程股份有限公司安全生产管理办法”中安全培训教育制度和职业健康安全管理制度要求，各项目对所有从业人员必须进行岗前安全教育、职业健康宣传教育，使其了解其作业场所和工作岗位存在的危险因素和职业危害、防范措施和应急处理措施。未参加培训或培训不合格的人员，一律不得上岗作业。

4. 劳动保护

分公司、各项目部必须为从业人员提供符合职业健康要求的工作环境和条件，配备与职业健康保护相适应的设施、工具。在人员集中场所，严禁个人使用电热水器私自加热烧水，公司要求各项目部为员工、民工统一购置烧水器供给热水。对于高空作业，要求作业人员必须正确佩戴与使用安全帽、安全绳、安全网等劳动防护用品。对于电力作业，要求电工必须戴绝缘手套、穿绝缘鞋，并确保作业期间自身的人身安全。对于沥青混凝土面层铺筑现场，要求摊铺机操作人员、沥青温度检测人员、沥青混合料虚铺厚度检测人员及摊铺作业靠近摊铺作业面施工人员必须正确佩戴和使用防毒气口罩，杜绝和预防职业病的发生；每天及时向摊铺现场送去矿泉水、绿豆汤、冰糖茶水等防暑降温饮料，为一线作业人员及时消暑降温。统一要求各项目部为员工建立淋浴间，方便员工在工地工作后能及时洗上热水澡。

公司在严格要求作业人员遵守劳动纪律的同时，也在积极尝试各种办法做好作业人员劳动防护工作。针对沥青混凝土面层摊铺、高空作业等高强度工作岗位实行四小时换班制，关注作业人员高温作业条件下防暑降温、缓解疲劳措施，对身体状况不佳、精神状态不佳，不能从事工作的作业人员及时调换，确保施工作业连续开展，减少体力不支怠倦作业，避免造成安全隐患。

小　结

本项目主要讲了职业健康安全管理体系概念、产生原因、发展情况；职业健康安全管理体系作用、特点、工作方法;职业健康安全管理体系运行模式与基本要素;职业健康安全管理体系建立方法与步骤;职业健康安全管理体系认证文件审核、第一阶段现场审核、第二阶段现场审核步骤;案例等。

【思考与练习】

(1)什么是职业健康安全管理体系?

(2)简述职业健康安全管理体系产生原因。

(3)简述职业健康安全管理体系发展情况。

(4)简述职业健康安全管理体系作用、特点、方法。

(5)简述职业健康安全管理体系运行模式。

(6)简述职业健康安全管理体系基本要素。

(7)简述建立职业健康安全管理体系的步骤。

(8)简述职业健康安全管理体系认证文件审核、第一阶段现场审核、第二阶段现场审核步骤。

(9)举例分析职业健康安全管理体系应用情况。

项目16　安全案例分析

【学习目标】

1.知识目标

(1)了解杭州地铁湘湖站坍塌事故。

(2)了解某铁路隧道口重大坍塌事故。

(3)了解珠海"6·16"特大火灾和厂房倒塌事故。

(4)了解工程安全综合分析工作程序。

(5)了解主要危险、有害因素辨识。

(6)了解分析单元的划分和分析方法的选择。

(7)了解安全综合分析方法。

安全案例分析课件

2.能力目标

(1)掌握杭州地铁湘湖站坍塌事故原因分析方法。

(2)掌握某铁路隧道口重大坍塌事故原因分析方法。

(3)掌握珠海"6·16"特大火灾和厂房倒塌事故原因分析方法。

(4)理解工程安全综合分析报告编写内容。

安全案例分析视频

【学习重点】

杭州地铁湘湖站坍塌事故原因分析和安全启示;某铁路隧道口重大坍塌事故原因分析;珠海"6·16"特大火灾和厂房倒塌事故原因分析;工程安全综合分析工作程序;分析单元的划分和分析方法的选择;安全综合分析方法;工程安全综合分析报告内容。

【学习难点】

坍塌事故原因分析和安全启示;安全综合分析工作程序;安全综合分析方法。

学习任务1　杭州地铁湘湖站坍塌事故

1.事故概况

2008年11月15日15时,杭州风情大道地铁施工工地,正在施工的杭州地铁湘湖站北2基坑现场发生大面积坍塌事故(图16-1、图16-2),造成21人死亡,24人受伤,直接经济损失达4962万余元,属重大事故。

2.事故简介

杭州地铁事故基坑,长107.8 m,宽21 m,开挖深度15.7～16.3 m。设计采用800 mm厚地下连续墙结合四道ϕ609钢管支撑的围护方案。地下连续墙深度为31.5～34.5 m。基坑西侧紧临风情大道,风情大道交通繁忙,重载车辆多,道路下有较多市政管线穿过,东侧有一河道。

基坑土方开挖共分为6个施工段,总体由北向南组织施工。至事故发生前,第1施工段完成底板混凝土施工;第2施工段完成底板垫层混凝土施工;第3施工段完成土方开挖及全部钢支撑施工;第4施工段完成土方开挖及3道钢支撑施工,开始安装第4道钢支撑,第5、6施工

图 16-1　杭州地铁湘湖站北 2 基坑坍塌事故现场图片一

图 16-2　杭州地铁湘湖站北 2 基坑坍塌事故现场图片二

段已完成 3 道钢支撑施工，正开挖至基底的第 5 层土方。同时，第 1 施工段木工、钢筋工正在作业；第 3 施工段杂工正在进行基坑基底清理，技术人员在安装接地铜条；第 4 施工段正在安装支撑，施加预应力，第 5、6 施工段坑内 2 台挖掘机正在进行第 5 层土方开挖。

事故发生前，出现地裂缝(图 16-3)。事故发生过程如下：首先西侧中部地下连续墙横向断裂并倒塌(图 16-4)，倒塌长度约 75 m，墙体横向断裂处最大位移约 7.5 m；然后，东侧地下连续墙产生严重位移，最大位移约 3.5 m。由于大量淤泥涌入坑内，风情大道随后开始塌陷，塌陷最大深度约 6.5 m。地面塌陷导致地下污水等管道破裂，河水倒灌，造成基坑和地面塌陷处进水，基坑内最大水深约 9 m。

图 16-3　事故的征兆

图 16-4　地下连续墙横向断裂并倒塌

3. 原因分析

事故发生后，事故调查组形成了“杭州地铁湘湖站“11·15”基坑坍塌事故技术分析报告”以及“岩土工程勘察调查分析”等9项专项调查分析报告，已查明，北2基坑坍塌是由于参与项目建设及管理的勘察、设计、施工、检测、管理咨询、地铁等单位工作中存在一些严重缺陷和问题，且没有重视和积极防范整改，多方面因素综合作用最终导致了事故的发生，这是一起重大责任事故。

(1)直接原因。

根据勘查结果对基坑土体破坏滑动面及地下连续墙破坏模式进行了分析，结果如下。

①西侧地下连续墙静力触探试验表明，在绝对标高－10～－8 m处(近基坑底部)，q_c(贯入锥尖阻力)值为0.20 MPa(q_c值仅为原状土的30%左右)，土体受到严重扰动，接近于重塑土强度，证明土体产生侧向流变，存在明显的滑动面。

②西侧地下连续墙墙底(相对标高－27.0 m左右)，C1孔静探q_c值约为0.6 MPa(q_c值为原状土的70%左右)，土体受到较大的扰动，但没有产生明显的侧向流变，其破坏主要是地下连续墙底部产生过大位移所致。

(2)勘察单位的主要问题：不符合规范要求。

①基坑采取原状土样，相应主要力学试验指标较少，不能完全反映基坑土性的真实情况。

②勘察单位未考虑薄壁取土器对基坑设计参数的影响，以及未根据当地软土特点综合判断并选用推荐土体力学参数。

③勘察报告推荐的直剪试验固结快剪指标c、Φ值采用平均值，未按规范要求采用标准值，数值偏高。

④勘察报告提供的2层的比例系数m值($m=2500\ kN/m^4$)与类似工程经验值差异显著。

⑤提供的土体力学参数互相矛盾，不符合土力学基本理论。

a. 推荐用于设计的主要地层土的三轴CU试验指标、UU试验指标、无侧限抗压强度指标与验证值、类似工程经验值差异显著。

b. 试验原始记录已遗失，无法判断其数据的真实性。

(3)设计单位出现的问题。

①设计单位未能根据当地软土特点综合判断、合理选用基坑围护设计参数，力学参数选用偏高，降低了基坑围护结构体系的安全储备。

②设计中考虑地面超载20 kPa，但基坑西侧为风情大道，因此设计单位对汽车动荷载考虑不足。根据实际情况，重载土方车及混凝土泵车对地面超载宜取30 kPa，与设计方案的20 kPa相比，挖土至坑底时第三道支撑的轴力、地下连续墙的最大弯矩及剪力均增加4%～5%，也降低了一定的安全储备。

③设计单位考虑不周，经验欠缺。

a. 设计图纸中未提供钢管支撑与地下连续墙的连接节点详图及钢管节点连接大样，没有提出相应的施工安装技术要求，没有提出对钢管支撑与地下连续墙预埋件焊接要求。

b. 同意取消施工图中的基坑坑底以下3 m深土体抽条加固措施，降低了基坑围护结构体系的安全储备。经计算，采取坑底抽条加固措施后，地下连续墙的最大弯矩降低20%左右，第三道支撑轴力降低14%左右，地下连续墙的最大剪力降低13%左右。由于坑底形成了一道暗撑，抗倾覆安全系数大大降低。

③从地质剖面和地下连续墙分布图中可以看出，本工程事故诱发段的地下连续墙插入深

度略显不足，对于本工程，应考虑墙底的落底问题。

④设计提出的监测内容相对于规范少了3项必测内容。

(4)施工方面的主要问题。

①土方超挖。土方开挖未按照设计工况进行，存在严重超挖现象。特别是最后两层土方(第四层、第五层)同时开挖，垂直方向超挖约3 m，开挖到基底后水平方向多达26 m范围内未架设第四道钢支撑，第三施工段和第四施工段开挖土方到基底后约有43 m未浇筑混凝土垫层。土方超挖导致地下连续墙侧向变形、墙身弯矩和支撑轴力增大。

②支撑设计不合理。第三道支撑施加完成后，在没有设置第四道支撑的情况下，直接挖土至坑底，第三道支撑的轴力增加约43%；作用在围护体上的最大弯矩增加约48%，最大剪力增加约38%；超过截面抗弯承载力设计值1463 kN/m。

③钢管支撑与地下连续墙预埋件未进行有效连接。钢管支撑与地下连续墙预埋件没有焊接，直接搁置在钢牛腿上，未有效连接可导致支撑钢管在偶发冲击荷载或地下连续墙异常变形情况下丧失支撑功能。

(5)监测问题。

①监测数据不全。计算机中的原始数据被人为删除，通过对监测人员使用的计算机进行的数据恢复，发现以下3个问题。

a. 2008年10月9日开始，路面沉降监测点有11个，至11月15日发生事故前最大沉降达316 mm，但监测报表没有相应的记录。

b. 2008年11月1日49号(北端头井东侧地连墙)测斜管18 m深处最大位移达43.7 mm，与监测报表不符。

c. 2008年11月13日CX45号测斜管最大变形量达65 mm，超过报警值(40 mm)，与监测报表不符。

通过以上可以发现，计算机中的数据与报表中的数据不一致，实际变形已超过设计报警值而未报警，可以认为监测方有伪造数据或对内对外两套数据的可能性。

②专项方案审批、管理混乱，未严格按设计及规范要求监理。

③监理未按规定程序验收，违反监理规范。

④发现存在严重质量安全隐患，而未采取进一步措施予以控制。

(6)环境因素。

①经勘探发现，事发路段土壤属于淤泥质黏土，含水量大，流动性强，强度低，变形大。

②事故坍塌所在地点风情大道来往车流量大，荷载量很大的客车、货车都来往于这条路上，这给基坑西面的承重墙带来太大冲击。

③2008年10月份杭州出现的一次罕见的持续性降雨，使得地基土含水量和流动性进一步加大。

4. 深基坑安全事故启示

杭州地铁坍塌事故调查结束，10名责任人被追究法律责任，另有11名责任人受到政纪处分。

本次深基坑安全事故给我们的启示如下。

(1)要认真做好工程地质勘察工作，提供可靠的工程地质勘察报告。地铁车站、线路选择应尽量避开不良地质区段。

(2)施工应严格按经审查的施工组织设计进行，及时安装支撑(钢支撑)，及时分段分块浇筑垫层和底板，严禁超挖。基坑围护结构设计应方便施工，基坑工程施工应有合理工期。

(3)基坑工程不确定因素多时，应实施信息化施工。监测点设置应符合规范和设计要求。监测单位应认真进行科学测试，及时如实报告各项监测数据。项目各方要重视基坑的监测工作，通过监测施工过程中的土体位移、围护结构内力等指标的变化，及时发现隐患，采取相应的补救措施，确保基坑安全。

(4)有多道内支撑的基坑围护体系应加强支撑体系的整体稳定性。对钢支撑体系应改进钢支撑节点连接形式，加强节点构造，确保连接节点满足强度及刚度要求。施工过程中应合理施加钢管支撑预应力。应明确钢支撑的质量检查及安装验收要求，加强对检查和验收工作的监督管理。

(5)施工中应加强基坑工程风险管理，建立基坑工程风险管理制度，落实风险管理责任。每个环节都要重视工程风险管理，要加强技术培训、安全教育和考核，严格执行基坑工程风险管理制度，确保基坑工程安全。

学习任务 2　某铁路隧道口重大坍塌事故

1. 事故发生情况

2007 年 11 月 20 日 7 时 15 分，领工员兼爆破员点火起爆，8 时 44 分，挖掘机正开始对导洞地板进行清理，洞内开始掉碴，洞外岩石坍塌，坍塌体造成正在洞外排架上作业的 4 名施工人员 1 人死亡、1 人受伤、2 人失踪。与此同时，一辆客车正好经过事故发生处，被超过 3000 m^3 的坍塌体中的部分岩体砸中，并被完全掩埋(图 16-5)。经核查确认，共有 35 人在事故中死亡，1 人受伤，直接经济损失达 1498.68 万元。

图 16-5　某铁路隧道口重大坍塌事故现场

2. 事故原因分析及事故性质认定

(1)直接原因。调查组调查认定，事故直接原因是隧道洞口边坡岩体受施工爆破力作用，致使边坡岩石沿原生节理面与母岩分离，在其自身重力作用下失稳并向坡外滑出，岩体瞬间向下崩塌解体，导致事故发生。

(2)间接原因。一是勘察设计单位提交的勘察文件中有关该隧道边坡稳定性的地质勘察结论与现场实际不符，地质勘察工作深度不够，勘察设计方案中的部分措施指导性不够。二是施工单位的施工超前地质预报工作不到位，施工地质工作有缺陷，洞口段未严格按照批准的设计方案组织爆破施工，对导洞施工、洞口围岩监控监测和高边坡防护工程技术措施不到位。三是监理单位的部分监理人员不具备隧道监理资质，现场监理力量不足；未做到旁站监理，疏于现场监理。四是建设管理单位对勘察设计的技术管理不够严格；日常施工安全检查不严格；对监理单位的合同履约疏于监管，对现场监理的管理不到位。

(3)事故性质。经调查认定，某铁路隧道口重大坍塌事故是一起生产安全责任事故。

3. 对事故有关责任人员和单位的处理

给予党纪、政纪处分的人员共 26 人。对事故有关责任人员和单位的行政处罚如下。

(1)责令某铁路建设总公司向国务院国有资产监督管理委员会、国家安全生产监督管理总局做出深刻检查。

(2)依据《安全生产法》《生产安全事故报告和调查处理条例》《建设工程安全生产管理条例》等法律规定，对相关责任单位和责任人员予以行政和经济处罚。

学习任务 3 其他安全案例介绍

其他安全案例介绍

某工程安全综合分析案例

工程安全管理台账

小 结

本项目主要讲了杭州地铁湘湖站坍塌事故原因分析、安全启示；某铁路隧道口重大坍塌事故原因分析及事故性质认定；珠海“6・16”特大火灾和厂房倒塌事故原因分析；某工程安全综合分析工作程序，主要危险、有害因素辨识，分析单元的划分和分析方法的选择，安全综合分析方法，工程安全综合分析报告内容，工程安全管理台账等。

【思考与练习】

(1)简述杭州地铁湘湖站坍塌事故原因与安全启示。

(2)简述某铁路隧道口重大坍塌事故原因及安全启示。

(3)简述珠海“6・16”特大火灾和厂房倒塌事故原因与安全启示。

(4)简述某工程安全综合分析工作程序。

(5)简述某工程主要危险、有害因素辨识内容。

(6)简述某工程安全分析单元的划分和分析方法的选择。

(7)简述某工程安全综合分析方法。

(8)工程安全综合分析报告主要包括哪些内容？

参考文献

[1] 张新宇,王富饶.城市轨道交通安全管理[M].北京:人民交通出版社,2012.

[2] 耿幸福,宁斌.城市轨道交通运营安全[M].北京:人民交通出版社,2010.

[3] 刘志钢,谭复兴.城市轨道交通安全工程概论[M].北京:中国铁道出版社,2010.

[4] 连义平.城市轨道交通安全管理[M].成都:西南交通大学出版社,2011.

[5] 交通运输部道路运输司.国内外城市轨道交通事故案例评析[M].北京:人民交通出版社,2011.

[6] 李宇辉.城市轨道交通应急处理[M].北京:人民交通出版社,2011.

[7] 徐新玉.城市轨道交通运营管理规章[M].北京:人民交通出版社,2011.

[8] 肖贵平,朱晓宁.交通安全工程[M].2版.北京:中国铁道出版社,2011.

[9] 王艳辉,祝凌曦.城市轨道交通运营安全管理方法与技术[M].北京:清华大学出版社,2011.

[10] 李慧玲,刘冰.城市轨道交通安全管理[M].北京:人民交通出版社,2011.

[11] 韩买良.铁路行车安全管理[M].北京:中国铁道出版社,2014.

[12] 马成正,张明春.城市轨道交通运营安全管理[M].北京:中国电力出版社,2015.

[13] 邢娟娟.企业事故应急救援与预案编制技术[M].北京:气象出版社,2008.